古典文獻研究輯刊

三二編

潘美月・杜潔祥 主編

第 20 冊

晚清上海的物質生活新貌
——《游戲報》（1897～1908）廣告文本研究

李 瓛 真 著

國家圖書館出版品預行編目資料

晚清上海的物質生活新貌——《游戲報》（1897～1908）廣告
文本研究／李瓌真 著 -- 初版 -- 新北市：花木蘭文化事業有
限公司，2021〔民110〕
目 4+214 面；19×26 公分
（古典文獻研究輯刊 三二編；第 20 冊）
ISBN 978-986-518-401-8（精裝）
1. 中國報業史 2. 廣告業 3. 晚清史 4. 上海市
011.08   110000600

古典文獻研究輯刊
三二編　第二十冊　　　　　　　ISBN：978-986-518-401-8

晚清上海的物質生活新貌
——《游戲報》（1897～1908）廣告文本研究

作　　者　李瓌真
主　　編　潘美月、杜潔祥
總 編 輯　杜潔祥
副總編輯　楊嘉樂
編　　輯　許郁翎、張雅淋　美術編輯　陳逸婷
出　　版　花木蘭文化事業有限公司
發 行 人　高小娟
聯絡地址　235 新北市中和區中安街七二號十三樓
　　　　　電話：02-2923-1455／傳真：02-2923-1452
網　　址　http://www.huamulan.tw 信箱 service@huamulans.com
印　　刷　普羅文化出版廣告事業
初　　版　2021 年 3 月
全書字數　152147 字
定　　價　三二編 47 冊（精裝）台幣 120,000 元　　　版權所有·請勿翻印

晚清上海的物質生活新貌
——《游戲報》（1897～1908）廣告文本研究

李瓖真　著

作者簡介

李瓖真，臺灣南投人，現居台中。

「完成學位論文」是人生一個重要的頓點，因想探尋生命中其他面向與意涵、想要發現更多可能，於是暫且放下書本和鍵盤，轉而投身咖啡專業工作。

近幾年主要鑽研虹吸式咖啡的精準萃取，亦旁及手沖咖啡、摩卡壺與義式咖啡，細究水溫火候對於咖啡風味的沖煮影響。現於台中南屯經營精品咖啡館——〔 ZAN Coffee 真咖啡 〕。

提　　要

《游戲報》是晚清時期的第一份小報，「小報」是一種與大報截然不同的文化載體，無論是顯露於外的報刊形式，或隱含於內的辦報精神、文章風格及報上刊載之廣告內容，都與大報有著明顯的不同。本論文以《游戲報》廣告群體為研究對象，藉由對廣告內容的分析和討論，側視晚清時期的城市生活與物質風貌。

全文共分六章，緒論部分闡述本論文的題旨與意涵，同時梳理前人研究成果以確立方法取徑和撰寫次第的書寫可能。第二章「認識《游戲報》」，試圖建立對《游戲報》與《游戲報》廣告的基礎認知，全章分為「《游戲報》的發行」和「《游戲報》的廣告」兩部份。首先討論創辦人背景、辦報目的、版式與內容、報紙售價、銷售網絡與銷售量及報館營運問題，勾勒與《游戲報》發行有關之內外因緣。接著探討《游戲報》廣告的內涵，包括「廣告涵括的面向」、「廣告主類型」與「讀者」，透過這些討論，釐清《游戲報》廣告對人們日常生活的涉入程度及廣告主、廣告受眾為何。

而後將《游戲報》廣告群體分為「器械類」、「醫藥保健類」、「西式娛樂類」三大類型，分別以專章進行細部討論，並結合時人詩文雜著與新聞時事報導等資料互為映照。期望透過這樣的個案研究，一窺晚清上海的城市生活樣貌。

目次

第一章　緒　論

第一節　研究動機與目的

　　晚清報刊的研究，近幾年已沸沸揚揚，儼然成為一門顯學。對十九世紀的中國人而言，報紙這一新興的媒體（載體），無論功能或性質，均與傳統的紙書資料迥異；它非但是新舊文學體裁創作的實驗場地，同時也是日用物類的展示櫥窗。欲研究一份報紙，可以從文學、史學、社會學、經濟學、人類學等角度切入，其所具備之多元、複雜特性，在研讀報刊時不可能忽略，而研究者必須跳脫「竭澤而漁」的研究習慣，帶入文化史、文學場域的眼界和思路，方能在廣大卻瑣碎的有趣史料堆中不感到迷失，進而見其大、且力爭成一家之言。〔註1〕

　　以往晚清報刊研究的切入重點，或屬宏觀性質的討論，如李仁淵《晚清的新式傳播媒體與知識份子：以報刊出版為中心的討論》〔註2〕，或屬報刊史、文學史等歷史背景的耙梳，如秦紹德《上海近代報刊史論》〔註3〕、孟兆臣《中國近代小報史》〔註4〕等。另外又如徐松榮《維新派與近代報刊》

〔註1〕 詳見陳平原主講，梅家玲編訂：《晚清文學教室：從北大到台大》（臺北：麥田出版，2005年），頁24～42。
〔註2〕 詳見李仁淵：《晚清的新式傳播媒體與知識份子：以報刊出版為中心的討論》，臺北：稻鄉出版社，2005年。
〔註3〕 詳見秦紹德：《上海近代報刊史論》，上海：復旦大學出版社，1993年。
〔註4〕 詳見孟兆臣：《中國近代小報史》，北京：社會科學文獻出版社，2005年。

〔註5〕與方漢奇《中國近代報刊史》〔註6〕，前者聚焦於清末受維新派思潮影響而創立的革命機關報紙，主要討論重心在「維新」與「報刊」二者的聯繫關係；後者則對晚清至民國初年（1815～1915）的機關大報多所著墨。此外亦有以報刊群體或個案為討論對象者，研究成果以學位論文為夥，如：林冠瑩《晚清公共空間中的上海婦女：以晚清上海婦女報刊為研究中心》〔註7〕、鄭世芸《傳播‧權力‧文化的新場域──以晚清留日學生報刊為研究中心》〔註8〕，及鄧淑英《晚清通俗性報刊與現代知識啟蒙：以《圖畫日報》為中心》〔註9〕等。近十年來，以個案方式研究近代報刊的比例逐漸增多，關注對象也開始出現性質不同於大報的刊物，如內容多情色勾欄的風月小報，或頗具文藝性質的日報和畫報，其研究重心多傾向文學內容之探討，以日據時期臺灣著名的《三六九小報》（1930～1935）為例，以此報為研究對象而開展的主題就有古典小說、聲律專欄、敘事模式、女性形象、笑話等諸多方面，成果燦然。〔註10〕然而若將時間的斷點向前推及至晚清，便能發現研究者仍多聚焦於《申報》、《時務報》之類的大報，〔註11〕直到近五年才陸續出現了

〔註5〕 詳見徐松榮：《維新派與近代報刊》，太原：山西古籍出版社，1998年。

〔註6〕 詳見方漢奇：《中國近代報刊史》，太原：山西教育出版社，1981年。

〔註7〕 詳見林冠瑩：《晚清公共空間中的上海婦女：以晚清上海婦女報刊為研究中心》，臺中：東海大學中國文學系碩士論文，2006年。

〔註8〕 詳見鄭世芸《傳播‧權力‧文化的新場域──以晚清留日學生報刊為研究中心》，臺北：淡江大學漢語文化暨文獻資源研究所碩士論文，2006年。

〔註9〕 詳見鄧淑英：《晚清通俗性報刊與現代知識啟蒙：以《圖畫日報》為中心》，臺北：臺灣師範大學歷史學系碩士論文，2009年。

〔註10〕 詳見柯喬文：《三六九小報》古典小說研究，嘉義：南華大學文學研究所碩士論文，2003年；毛文芳：〈《三六九小報》報的書寫視界〉，《中央研究院近代史研究集刊》第46期（2004年12月），頁159～222；曾婉君：《三六九小報》通俗小說中的女性形象──文學敘事與文化視域的探討，臺北：政治大學國文教學碩士學位班碩士論文，2007年；黃耀賢：青樓敘事與情色想像──以《三六九小報》和《風月》報系為分析場域（1931～1944），南投：暨南國際大學中國語文學系碩士論文，2008年；林淑杏：《三六九小報》的笑話研究，臺北：臺北教育大學台灣文化研究所碩士論文，2009年；陳思宇：《三六九小報‧新聲律啟蒙》人文現象之研究，臺北：臺灣師範大學台灣文化及語言文學研究所碩士論文，2011年；《三六九小報》各面向之研究成果斐然，此處僅各列舉一例以資參考。

〔註11〕 詳見林幸慧：《《申報》戲曲廣告所反映的上海京劇發展脈絡：1872～1899》，新竹：清華大學中國文學系博士論文，2005年；陳佩榛：《上海《申報》副刊「婦女園地」之研究（1934～1935）》，佛光大學歷史學系碩士論文，2007年；張智清：《梁啟超與《時務報》、時務學堂》，臺北：臺灣大學中國文學系碩士

關注小報的研究，而其中又以單篇論文為多；相較之下，小報的相關研究成果便顯得相對稀少。

　　晚清小報是近代報刊的一個分支，最早出現在上海，根據祝均宙的考證，光是上海一地，曾經發行過的小報就有將近一千種以上，是晚清、民國時期小報數量最多的城市。〔註12〕戈公振對小報下了這個定義：「以其篇幅小故名（小報）」〔註13〕，朱傳譽則為小報與大報做出比對和區別，整理為八點說明：首先是觀察社會的視角。大報採取的角度比較正面、直觀，相對來看，小報多採側面、透視角度。而在撰文態度上，大報嚴正穩健，有時稍嫌平板庸俗；小報則更願意容納富含感情的文字，因此有時偏袒激烈，甚至有相互攻訐的情況。第三，以編輯方式來看，大報的編排有其系統，小報則錯綜、隨性，多半沒有清楚的欄位劃分。在收入來源方面，大報以廣告為主要收益，小報則依賴廣告和報紙銷售維生。第五，就新聞內容而言，大報多硬性新聞，幾乎為政治軍事類的消息公告或評論；小報則多報導軟性新聞，如民生趣聞、奇人軼事、消費情報之屬，與日常生活有較多聯繫。此外如評論欄的有無（大報有，小報無）、報館規模組織（大報組織嚴密，規模宏大；小報組織簡單，趨於小本經營），以及新聞內容的性質（大報重視時間性、小報重視趣味性），在在都顯示小報與大報有著明確的性質差異。〔註14〕

　　整體而言，大報關注的視野和格局較大，小報則偏愛一般民眾的生活層面，格局較小、視野較窄，但也因此比大報更能反映城市生活的部分樣貌。《游戲報》是晚清時期的第一份小報，裡頭多輯錄奇聞軼事、冶遊文章、娛樂指南等民生訊息，專供時人茶餘酒後之談資。在《游戲報》發行之後，上海掀起一股小報熱潮，戈公振稱之為「花報時期」，《采風報》、《消閒報》、《世界繁華報》等，皆是此一時期的產物。這些小報大多無法維持長久，即便是發行期較長的《世界繁華報》，也僅刊印六年，而且它們在內容和體例

論文，1997年。

〔註12〕詳見祝均宙：〈上海小報的歷史沿革〉，轉引自李楠：《晚清、民國時期上海小報研究──一種綜合的文化、文學考察》（北京：人民文學出版社，2005年），頁17。

〔註13〕詳見戈公振：《中國報學史》（北京：生活・讀書・新知三聯書店，1955年），頁248。

〔註14〕詳見朱傳譽：《中國新聞事業研究論集》（臺北：臺灣商務印書館，1988年），頁376。

上均或多或少地模仿《游戲報》，幾可視為其承繼或沿襲。相較之下，無論是在小報史上的定位，或發行時間的長短，或就內容來看，《游戲報》都比其他的上海小報更具有參考價值。

而在查閱資料的過程中，發現《游戲報》收納的資訊非常豐富多元，扣除少量的文學內容，約有多達百分之八十的部分刊載了社論文章、新聞軼事和各式各樣的廣告等日常生活資訊，其中又以廣告所佔份量最多。廣告與居民的生活息息相關，一般多粗略地區分為「商業廣告」及「非商業廣告」。商業廣告的項目包含基本的民生消費品項、新奇流行的中西式奢侈物品、各項娛樂訊息和趣味活動報導等等，而非商業廣告則包括商家公告事項、個人聲明或機構搬遷啟事（當時統稱為「告白」）、每日錢洋金銀行情、米麥糧食價位，及催討帳款等與商業交易無涉之訊息發佈。這類史料雖然瑣屑零碎，但其中富含了大量的民生訊息與文化規則，若運用得當，將可作為觀察晚清城市生活的良好資材；且商業廣告所欲傳達的資訊不僅只是被廣告的商品，還包括經由廣告所創造出來的「附加價值」，如身分、地位、品味的認同和高收入象徵等等。〔註15〕透過對商業廣告的研究，可以發掘出當時人們認同哪些價值，以及是基於哪些底層規則的運作，才使得這些價值被接受。同時亦可探問：這些規則與價值觀的結合，形構出什麼樣的社會生活和文化面貌？本論文即在此立意之下，逐章進行一系列頗具實驗性質之考察。

晚清時期，動盪的政治局勢為人們的生活帶來一連串劇烈變化，各國租界的劃定，更引進了與此前不同的商業經營形式。西方勢力挾帶著新氣象、新氛圍來到中國，人們的生活模式和商業內容，也因為洋人進住上海而有了新元素的加入。無論是西方的文化內涵、制度的基本立意與原則，乃至新鮮時髦的器物內容和生活方式，在在都向人們展示著現代性的來到；而人們對西方科技和物件所表現出來的極高的好奇心與歡迎態度，則顯示新的消費風尚正逐漸形成。消費行為的建立，透過廣告來引起動機，黃克武曾言：「廣告是一個社會的夢」〔註16〕，意味研究者可以藉由某段時期在報紙或其他公

〔註15〕參見劉典嚴：《廣告學》（臺中：滄海書局，2008 年），頁 2～3。

〔註16〕黃克武提到：「廣告是廠商和讀者互動的結果」，一則有效的廣告可以反映出兩者之間的供需／權力關係，也能說是一個社會想像力和願望的濃縮。詳見黃克武：〈從申報醫藥廣告看民初上海的醫療文化與社會生活，1912～1926〉，《中央研究院近代史研究所集刊》第 17 期下冊（1988 年 12 月），頁 141～142。

眾媒體上出現的商業廣告，看見當時社會上除了生活必需用物以外還流行什麼樣的商品，以及此間所傳遞的消費意識為何；換言之，報紙的商業廣告群體，為探索晚清城市生活提供了一個新穎而有趣的觀察點。因此，本論文的研究目的是欲藉由考察報刊的商業廣告群體，側面觀看晚清城市的物質生活內容，進而發掘其背後所呈現之社會文化風貌；期望這個初步的研究，能成為理解晚清物質文化與社會生活的敲門磚。

第二節　研究背景

　　本論文乃是選取了晚清時空背景下的第一份小報為研究對象，以其中的商業廣告為主，採個案研究的方式來進行討論。此論題可能涉及之面向，包括晚清城市與社會生活、物質文化、小報群體、廣告研究……等等，幸賴學界諸位先進經年累積的若干成果，不但形塑了本文構成之基礎認知，亦為此論題提供多方面的理解視角。因此本節著力於各項研究背景之成果的內容介紹，茲以數點進行前人研究回顧如下：

一、城市、社會與文化研究

　　《游戲報》的新聞軼事和廣告群體所呈現與投射之內容，是晚清城市與社會生活的若干寫照。近幾年來，城市、社會與文化之相關研究成果蔚為大觀，其中對本論文較有助益者，如李孝悌所編《昨日到城市：近世中國的逸樂與宗教》，裡頭所收錄的九篇文章，分別以城市和鄉村的一般民眾與士大夫階級為研究對象，擬定逸樂、宗教、城市、情欲等主題，由富裕與貧窮、城市與鄉村、情欲與禮教、奢靡與簡樸、逸樂與叛亂、宗教與理性等命題出發，重新審視中國日常生活的內容；〔註17〕王鴻泰一系列的明清城市論文，或從都市生活空間，或從明代園林、賞玩文化與士商關係等視角，深度探索城市裡的空間、消費、資訊傳播與公眾社會等議題〔註18〕；巫仁恕〈明末的戲劇與

〔註17〕詳見李孝悌編：《昨日到城市：近世中國的逸樂與宗教》，臺北：聯經出版公司，2008年。

〔註18〕詳見王鴻泰：《流動與互動──由明清間城市生活的特性探測公眾場域的開展》，臺北：臺灣大學歷史研究所博士論文，1998年；〈美感空間的經營──明、清間的城市園林與文人文化〉，收入《東亞近代思想與社會：李永熾教授六秩華誕祝壽論文集》（臺北：月旦出版社，1999年），頁127～186；〈從消費的空間到空間的消費──明清城市中的酒樓與茶館〉，《新史學》11卷3

城市民變〉、〈江南園林與城市社會——明清蘇州園林的社會史分析〉二文，則是以明清城市裡的某一對象為討論核心，將它置入社會文化的脈絡當中，觀察其中隱而未彰的聯繫；〔註19〕梁元生《晚清上海：一個城市的歷史記憶》以清末民初上海的衙門、會館／公所、局、堂等公共空間為考察對象，觀察近代中國城市走向現代的變化與轉型；〔註20〕樓嘉軍《上海城市娛樂研究》則專論老上海的娛樂生活，以微觀的個案研究從事宏觀的論述，是研究近代上海娛樂文化的重要參考資料；〔註21〕李歐梵《上海摩登：一種新都市文化在中國（1930～1945）（修訂版）》從都市空間、印刷文化與電影三個主題形構上海的都市文化語境，繼而探討施蟄存、劉吶鷗、穆時英、葉靈鳳、邵洵美與張愛玲，幾位與上海淵源頗深並被歸為「都市現代派」的作家及其作品，將上海與現代文學相聯繫；〔註22〕呂文翠《海上傾城：上海文學與文化的轉異，一八四九～一九〇八》以多角度的探索，呈現十九世紀末葉至二十世紀初，上海文化圈之文學形式、文化形態及城市想像的流轉變異，而〈「觀」「看」新視界：視覺現代性與晚清上海城市敘事〉、〈玻璃、燈與視覺現代性：情色敘事傳統之「海派」變異〉二文，則以《昕夕閒談》、《海上花列傳》、《海上繁華夢》等晚清上海小說與城市筆記書，考掘上海文學豐富多變的發展衍異，並以小說文本中的文明物件探析滬地城市敘事模式的變遷與熟成；〔註23〕其他諸如方平《晚清上海的公共領域（1895～

期（2000 年 9 月），頁 1～48；〈商業社會中的城市生活與公眾場域〉，收入甘懷真主編：《文明對話下的中國性與歐洲性》（桃園：中央大學，2005 年），頁230～259；〈雅俗的辨證——明代賞玩文化的流行與士商關係的交錯〉，《新史學》17 卷 4 期（2006 年 12 月），頁 73～143；〈世俗空間與大眾廣場：明清城市中的寺廟空間與公眾生活〉，《明代研究》第 10 期（2007 年 12 月），頁71～103；〈明清的資訊傳播、社會想像與公眾社會〉，《明代研究》第 12 期（2009 年 6 月），頁 41～92 等。

〔註19〕 詳見巫仁恕：〈明末的戲劇與城市民變〉，《九州學刊》6 卷 3 期（1994 年 12月），頁 77～94；〈江南園林與城市社會——明清蘇州園林的社會史分析〉，《中央研究院近代史研究所集刊》第 61 期（2008 年 9 月），頁 1～59。

〔註20〕 詳見梁元生：《晚清上海：一個城市的歷史記憶》，香港：香港中文大學出版社，2009 年。

〔註21〕 詳見樓嘉軍：《上海城市娛樂研究》，上海：文匯出版社，2008 年。

〔註22〕 詳見李歐梵《上海摩登：一種新都市文化在中國（1930～1945）（修訂版）》，北京：人民文學出版社，2010 年。

〔註23〕 以上諸文詳見呂文翠：《海上傾城：上海文學與文化的轉異，一八四九～一九〇八》，臺北：麥田出版，2009 年；〈「觀」「看」新視界：視覺現代性與晚清

1911）》〔註24〕、陳平原〈晚清人眼中的西學東漸——以《點石齋畫報》為中心〉〔註25〕、李孝悌〈中國近代大眾文化中的娛樂與啟蒙——以改良戲曲為例〉〔註26〕、孫燕京《晚清社會風尚研究》〔註27〕及由巫仁恕、康豹、林美莉主編的《從城市看中國的現代性》〔註28〕……等，皆從不同面向提供本論文在撰寫過程中的若干認知基礎與思考方向。

二、物質文化研究

　　倘若報刊的時事新聞報導與社論文章可說是市井生活的部分呈現，那麼，其上的商業廣告群則是從另一角度反映出城市居民的用物概況。本論文以《游戲報》商業廣告為研究對象，擬依此探索晚清時期上海的物質生活內涵，此一出發點勢將觸及物質文化研究的範疇，本文雖然沒有機會採用物質文化的研究路徑，但它是與此論題有關的重要認知，因而仍將相關的研究成果在此作一耙梳。

　　1999 年 9 月，《新史學》10 卷 3 期「幾乎」做成了一部物質文化研究專號，大約與此同時登場的，是此後臺灣史學界持續七、八年的強調日常生活與物質文化議題重要性的集體研究風氣。近幾年來有關「物」與「物質文化」的研究和討論，無論是專書、研討會、讀書會或大型研究計畫，均有快速增加的趨勢，中研院民族所、《新史學》與清華大學在二〇〇四年至二〇一一年三月間，接連出版了物質文化的專題刊物，〔註29〕而學界相關的單篇論文更

上海城市敘事〉，《中央大學人文學報》第 36 期（2008 年 10 月），頁 97～138；〈玻璃、燈與視覺現代性：情色敘事傳統之「海派」變異〉，收入吳方正、林文淇：《觀展看影：華文地區視覺文化研究》（臺北：書林出版社，2009 年），頁 1～44。

〔註24〕詳見方平：《晚清上海的公共領域（1895～1911）》，上海：上海人民出版社，2007 年。

〔註25〕詳見陳平原：〈晚清人眼中的西學東漸——以《點石齋畫報》為中心〉，收入陳平原、王德威、商偉編：《晚明與晚清：歷史傳承與文化創新》（武漢：湖北教育出版社，2001 年），頁 179～198。

〔註26〕詳見李孝悌〈中國近代大眾文化中的娛樂與啟蒙——以改良戲曲為例〉，收入陳平原、王德威、商偉編：《晚明與晚清：歷史傳承與文化創新》，頁 199～226。

〔註27〕詳見孫燕京：《晚清社會風尚研究》，北京：中國人民大學出版社，2002 年。

〔註28〕詳見巫仁恕、康豹、林美莉主編：《從城市看中國的現代性》，臺北：中央研究院近代史研究所，2010 年。

〔註29〕詳見黃應貴主編：《物與物質文化》，臺北：中央研究院民族學研究所，2004

是不計其數。

談到物質文化研究，自然不可忽略尚·布希亞《物體系》與孟悅、羅鋼主編之《物質文化讀本》二者的闡釋與論述。〔註30〕以此為基礎而開展的研究主題非常廣泛，所探討之文化現象亦十分多元，如馬克曼·艾利斯《咖啡館的文化史》〔註31〕、卜正民著，黃中憲譯《維梅爾的帽子：從一幅畫看十七世紀全球貿易》〔註32〕、邱仲麟〈保暖、炫耀與權勢——明代珍貴毛皮的文化史〉〔註33〕、西敏司《甜與權力——糖在近代歷史上的地位》〔註34〕、林梅村〈大航海時代東西方文明的衝突與交流——15～16世紀景德鎮青花瓷外銷調查之一〉〔註35〕、羅伊·莫克塞姆《茶：嗜好、開拓與帝國》〔註36〕、賴惠敏〈乾嘉時代北京的洋貨與旗人日常生活〉〔註37〕、鄭揚文〈清代洋貨的流通與城市洋拼嵌（mosaic）的出現〉〔註38〕，分別以糖、瓷器、菸草、皮毛、咖啡、明清時期中國舶來品等主題討論各種商品的貿易活動；Craig Clunas（柯律格）〈物質文化——在東西二元論之外〉則基於自身長期研究明清視覺藝術與物質文化的豐富研究，並結合Lothar Ledderose、馮客（Frank Dikotter）、高彥頤等學者的新出專著，重新反省「十八世紀既是中國風的世

年；《新史學》17卷4期「物質文化專號」（2006年12月）；《清華學報》41卷1期「物質文化專號」（2011年3月）。

〔註30〕詳見尚·布希亞（Jean Baudrillard）著，林志明譯：《物體系》，臺北：時報文化，1997年；孟悅、羅鋼主編：《物質文化讀本》，北京：北京大學出版社，2008年。

〔註31〕詳見馬克曼·艾利斯（Markman Ellis）著，孟麗譯：《咖啡館的文化史》，桂林：廣西師範大學出版社，2007年。

〔註32〕詳見卜正民著（Timothy Brook），黃中憲譯：《維梅爾的帽子：從一幅畫看十七世紀全球貿易》，臺北：遠流出版，2009年。

〔註33〕詳見邱仲麟：〈保暖、炫耀與權勢——明代珍貴毛皮的文化史〉，《中央研究院歷史語言研究所集刊》第80本，第4分（2009年12月），頁555～631。

〔註34〕詳見西敏司（Sidney W. Mintz）著，朱健剛、王超譯：《甜與權力——糖在近代歷史上的地位》，北京：商務印書館，2010年。

〔註35〕詳見林梅村：〈大航海時代東西方文明的衝突與交流——15～16世紀景德鎮青花瓷外銷調查之一〉，《文物》2010年第3期，頁84～97。

〔註36〕詳見羅伊·莫克塞姆（Roy Moxham）著，畢小青譯：《茶：嗜好、開拓與帝國》，北京：生活·讀書·新知三聯書店，2010年。

〔註37〕詳見賴惠敏：〈乾嘉時代北京的洋貨與旗人日常生活〉，收入巫仁恕、康豹、林美莉主編：《從城市看中國的現代性》，頁1～36。

〔註38〕詳見鄭揚文：〈清代洋貨的流通與城市洋拼嵌（mosaic）的出現〉，巫仁恕、康豹、林美莉主編：《從城市看中國的現代性》，頁37～52。

紀，也是英國躍居全球霸權的世紀」此一歷史事實；〔註39〕巫仁恕〈明清消
費文化研究的新取徑與新問題〉試圖將明清消費文化研究放入「世界史」的
脈絡中，也將相關研究成果區分為「奢侈」社會風氣的意義、流行時尚的作
用、消費行為反映的社會權力關係調整，以及社會群體藉消費建構身份認同
等四方面，並在結論中反思明清消費文化研究存在的一些「仍待解決的大問
題」，並指出消費研究進一步深化婦女史研究的可能性。〔註40〕巫氏長期致
力於明清時期的物質文化與消費議題，從社會經濟史的角度，從服飾、乘轎、
傢俱、飲食與旅遊活動等面向，再探女性、平民、士大夫等不同身分與層級
的品味塑造、消費文化和意識形態；〔註41〕此外，熊秉真、王正華、林麗月、
王汎森、李孝悌等人在物質文化方面的相關著作，皆或多或少地裨益了本論
文撰寫時的思考。

　　不過，在過去的研究中甚少注意到「身體經驗」這一面向，近年來幾位
人類學、歷史學、醫學、建築史、社會文化史、生命科學史等領域的學者，
嘗試以身體經驗史的角度思索物質文化研究的可能；〔註42〕李尚仁〈腐物

〔註39〕詳見 Craig Clunas（柯律格）：〈物質文化——在東西二元論之外〉，《新史學》
　　　　17 卷 4 期（2006 年 12 月），頁 195～215。

〔註40〕詳見巫仁恕：〈明清消費文化研究的新取徑與新問題〉，《新史學》17 卷 4 期
　　　　（2006 年 12 月），頁 217～254。

〔註41〕詳見巫仁恕：《奢侈的女人：明清時期江南的消費文化》，臺北：三民書局，
　　　　2005 年；《品味奢華：晚明的消費社會與士大夫》，臺北：中央研究院‧聯經
　　　　出版公司，2007 年；〈明代平民服飾的流行風尚與士大夫的反應〉，《新史學》
　　　　10 卷 3 期（1999 年 9 月），頁 55～109；〈明代士大夫與轎子文化〉，《中央研
　　　　究院近代史研究所集刊》第 38 期（2002 年 12 月），頁 1～69；〈晚明的旅遊
　　　　活動與消費文化——以江南為討論中心——〉，《中央研究院近代史研究所集
　　　　刊》第 41 期（2003 年 9 月），頁 87～143；〈晚明的旅遊風氣與士大夫心態—
　　　　—以江南為討論中心〉，收入熊月之、熊秉真主編：《明清以來江南社會與文
　　　　化論集》（上海：上海社會科學院出版社，2004 年），頁 225～255；〈晚明文
　　　　士的消費文化——以傢俱為個案的考察〉，《浙江學刊》第 6 期（2005 年 11
　　　　月），頁 91～100；〈清代士大夫的旅遊活動與論述——以江南為討論中心—
　　　　—〉，《中央研究院近代史研究所集刊》第 50 期（2005 年 12 月），頁 235～
　　　　285；〈明清飲食文化中的感官演化與品味塑造——以飲膳書籍與食譜為中心
　　　　的探討〉，《中國飲食文化》第 2 卷第 2 期（臺北：飲食文化基金會，2006 年），
　　　　頁 45～95；〈一几一榻見風致：晚明傢俱的消費文化〉，收入《近世中國的社
　　　　會與文化（960～1800）論文集》（臺北：臺灣師範大學歷史學系，2007 年），
　　　　頁 509～549。

〔註42〕此一研究取徑的概念及內涵，詳見余舜德：〈從田野經驗到身體感的研究〉，

與骯髒感：十九世紀西方人對中國環境的體驗〉、郭奇正〈衛生、城市現代基礎設施與商品化過程中的身體經驗——上海里弄住宅的社會形構〉二文，便從身體經驗出發，再探城市中的物質文化與社會生活。〔註43〕

三、上海小報研究

　　往常對於小報的理解，多半僅能從報刊史、新聞史或文學史中尋索些微的蛛絲馬跡，如方漢奇《中國近代報刊史》〔註44〕、楊光輝《中國近代報刊發展概況》〔註45〕、秦紹德《近代報刊史論》〔註46〕、馬光仁《上海新聞史》〔註47〕以及范伯群《中國現代通俗文學史》〔註48〕。不過近幾年來，上海小報的研究逐漸受到學界關注，目前較具代表性的著作有：孟兆臣《中國近代小報史》〔註49〕、李楠《晚清、民國時期上海小報研究——一種綜合的文化、文學考察》〔註50〕以及洪煜《近代上海小報與市民文化研究（1897～1937）》〔註51〕，三書分別以史學、文學和社會學的宏觀角度，梳理晚清至民國時期上海小報的多重內涵，為理解小報及其定位提供了相當實質的助益。至於李伯元所辦報刊之相關研究，目前可見者僅有學位論文：周明華《李伯元小說、報刊研究》〔註52〕（第五章），以概述方式簡介李伯元辦過的兩種報刊，頗有助於初步的理解；楊詞萍《李伯元《游戲報》、《世界繁華報》研究》則以全面的宏觀視野和多視角分析策略，致力於《游戲報》與《世界繁華報》的內容討

　　　　收入余舜德主編：《體物入微：物與身體感的研究》（新竹：清大出版社，2008年），頁1～43。

〔註43〕李、郭二文均收入余舜德主編：《體物入微：物與身體感的研究》，詳見該書頁45～82（李）、頁83～133（郭）。

〔註44〕詳見方漢奇：《中國近代報刊史》，太原：山西人民出版社，1981年。

〔註45〕詳見楊光輝：《中國近代報刊發展概況》，北京：新華出版社，1986年。

〔註46〕詳見秦紹德：《近代報刊史論》，上海：復旦大學出版社，1993年。

〔註47〕詳見馬光仁：《上海新聞史》，上海：復旦大學出版社，1996年。

〔註48〕詳見范伯群：《中國現代通俗文學史（插圖本）》，北京：北京大學出版社，2007年。

〔註49〕詳見孟兆臣：《中國近代小報史》，北京：社會科學文獻出版社，2005年。

〔註50〕詳見李楠：《晚清、民國時期上海小報研究——一種綜合的文化、文學考察》，北京：人民文學出版社，2005年。

〔註51〕詳見洪煜：《近代上海小報與市民文化研究（1897～1937）》，上海：上海書店出版社，2007年。

〔註52〕詳見周明華：《李伯元小說、報刊研究》，臺北：中國文化大學中國文學研究所碩士論文，1991年。

論，藉由其所呈現之現代性意義詮釋李伯元的辦報概念；〔註53〕蔡佩芬《晚清浮世繪：《游戲報》與上海文人的文化想像》〔註54〕與蔡淑華《漫遊海上櫥窗：晚清《世界繁華報》中的文化圖景》〔註55〕，則分別從《游戲報》與《世界繁華報》二端，觀看上海小報中特有的文學風景與想像的社群。此外，陳無我《老上海三十年見聞錄》裡頭蒐羅了豐富的上海小報雜文，更是研究小報時不可或缺的參考資料。〔註56〕其他諸如：張純〈《游戲報》——晚清小說研究資料的大發現〉〔註57〕、又太〈譴責小說與清末上海文藝小報〉〔註58〕、蔡佩芬〈想像的社群——《游戲報》中的晚清上海藝文活動〉〔註59〕、杜新豔〈晚清報刊詼諧文學與諧趣文化潮流〉〔註60〕、洪煜〈近代上海小報中上海市民的人格特徵分析〉〔註61〕，以及李楠一系列的小報論文，如〈於現代市民文化變遷中安身立命——論上海小報的文化定位、生存境遇和策略〉、〈市民文化籠罩下的都市想像——上海小報中的「上海」〉、〈上海小報的上海想像〉〔註62〕……等等，則各自針對上海小報的不同命題進行多元而有趣的探索。

〔註53〕詳見楊詞萍：《李伯元《游戲報》、《世界繁華報》研究》，桃園：中央大學中國文學研究所碩士論文，2009 年。

〔註54〕詳見蔡佩芬：《晚清浮世繪：《游戲報》與上海文人的文化想像》，南投：暨南國際大學中國語文學系碩士論文，2009 年。

〔註55〕詳見蔡淑華：《漫遊海上櫥窗：晚清《世界繁華報》中的文化圖景》，南投：暨南國際大學中國語文學系碩士論文，2009 年。

〔註56〕詳見陳無我：《老上海三十年見聞錄》，上海：上海書局，1997 年。

〔註57〕詳見張純：《《游戲報》——晚清小說研究資料的大發現》，《明清小說研究》2000 年第 3 期，頁 214～231。

〔註58〕詳見又太：〈譴責小說與清末上海文藝小報〉，《縱橫》2003 年第 1 期，頁 36～37。

〔註59〕詳見蔡佩芬：〈想像的社群——《游戲報》中的晚清上海藝文活動〉，《中極學刊》第 6 輯（2007 年 12 月），頁 123～145。

〔註60〕詳見杜新豔：〈晚清報刊詼諧文學與諧趣文化潮流〉，《中國現代文學研究叢刊》2008 年第 5 期，頁 56～69。

〔註61〕詳見洪煜：〈近代上海小報中上海市民的人格特徵分析〉，《史學月刊》2006 年第 9 期，頁 126～128。

〔註62〕詳見李楠：〈於現代市民文化變遷中安身立命——論上海小報的文化定位、生存境遇和策略〉，《中國現代文學研究叢刊》2003 年第 4 期，頁 101～122；〈市民文化籠罩下的都市想像——上海小報中的「上海」〉，《學術月刊》2004 年第 6 期，頁 74～82；〈上海小報中的兩種市民文化〉，《河南師範大學學報》（哲學社會科學版）2004 年第 31 卷第 2 期，頁 107～110；〈游戲筆調之下的時評雜說和風月小品——上海小報（1897～1952）散文概貌〉，《廣東社會科學》2005 年第 3 期，頁 155～161；〈上海小報的上海想像〉，《粵海風》2007

這些成果，在在提供了本文撰寫時的認知基礎與思考方向。

四、廣告研究

　　與本論文命題相類者，有王儒年《慾望的想像——1920～1930 年代《申報》廣告的文化史研究》。王氏一書，從資本主義的角度出發，以「享樂主義人生觀」、「美的理想」與「認同」三大主題，解析一九二〇至三〇年代《申報》廣告的意涵與表現方式。〔註63〕其餘廣告領域之專書，皆以廣告文案之撰寫與廣告策略研擬等實務操作方法為主要撰寫目的，而本論文所需具備之對廣告訴求方式的認知與理解，在學位論文之中乃有較豐富的討論與闡釋。故此處以臺灣地區廣告類的學位論文為考察對象，將其研究內容作一初步分梳。

　　搜尋與「廣告」有關之學位論文，共有近三千筆資料。總合諸項研究成果，發現研究的面向十分多元，且時間跨度與研究涉及層面皆堪稱廣泛，茲將廣告效果之干擾變數、研究目的及研究方法統計整理如下：

　　◎干擾變數：有商品類型、品牌、代言人性別、廣告組合方式、廣告的顏色、廣告議題、促銷訊息的有無、廣告位置、廣告訴求的性別、視覺疲勞度、廣告搜尋及點擊率、廣告用詞、服務保證等等。

　　◎研究目的：有廣告績效評估、人類行為科學研究、社會及文化變遷脈絡、符號消費之形成、廣告意象認知、廣告模式之及編排設計及圖像研究等。

　　◎研究方法：包含了社會及行為科學研究法、徑路分析法（path analysis，或譯為因徑分析法）、符號學、圖像學、內容分析法、焦點團體分析、統計學分析法、質性研究、深度訪談等。

　　為有效聚焦，下面的研究回顧將限縮範圍，討論與本論文研究對象相關度較高者，並將諸項成果之研究方向分為「社會文化變遷」、「符號消費」、「廣告訴求方式與消費意願」、「廣告內容與表現方式」、「單一類型廣告研究」五大類來討論，以下分別敘述。

　　　　年第 3 期，頁 14～16。

〔註63〕詳見王儒年《慾望的想像——1920～1930 年代《申報》廣告的文化史研究》，上海：上海人民出版社，2007 年。

（一）社會文化變遷

黎曼妮《報紙廣告中女性角色的研究——以一九六○年至一九八九年聯合報廣告為例》著重探討女性角色的面貌、兩性關係的型態，此二者與廣告表現類型之間的異同；〔註64〕莊曙綺《從報紙廣告看戰後（1945～1949）台灣商業劇場的演劇生態》則別出心裁地以戲院廣告對台灣戰後的戲劇發展進行補述；〔註65〕林幸慧《《申報》戲曲廣告所反映的上海京劇發展脈絡：1872～1899》透過瑣碎卻具體的《申報》戲曲廣告節目單，將詮釋歷史的發言權交還給向來缺少發言權的劇團本身，以上海的角度觀察十九世紀晚期京劇在當地的發展情形；〔註66〕李佳螢《報紙廣告中之台灣庶民生活影像：1950～1999》分析生活中各式各樣的廣告，藉此觀察人們的生活樣貌，並爬梳諸類廣告與社會脈絡之關聯；〔註67〕呂美玲《報紙廣告與臺灣社會變遷（1898～1944）：以「臺灣日日新報」為例》由社會變遷的角度出發，將報紙廣告置入明治時期、大正時期、昭和時期三個年代斷限來討論，以此建構廣告與社會的關係。〔註68〕

（二）符號消費

馮國蘭《台灣中產階級的消費文化品味研究——以《天下》雜誌廣告為例》運用「符號學式」與「內容分析方法」的整合性觀點，關注廣告與社會的關係；〔註69〕蕭方瑜《生活世界的無限衍義：從皮爾斯符號學看消費者對贈品意義的解讀》則以符號學原理探討消費者喜愛獲取百貨公司贈品的原因。〔註70〕

〔註64〕詳見黎曼妮：《報紙廣告中女性角色的研究——以一九六○年至一九八九年聯合報廣告為例》，臺北：輔仁大學大眾傳播研究所碩士論文，1990年。

〔註65〕詳見莊曙綺：《從報紙廣告看戰後（1945～1949）台灣商業劇場的演劇生態》，臺北：臺灣大學戲劇學研究所碩士論文，2005年。

〔註66〕詳見林幸慧：《《申報》戲曲廣告所反映的上海京劇發展脈絡：1872～1899》，新竹：清華大學中國文學系博士論文，2005年。

〔註67〕詳見李佳螢：《報紙廣告中之台灣庶民生活影像：1950～1999》，臺北：政治大學廣告研究所碩士論文，2006年。

〔註68〕詳見呂美玲：《報紙廣告與臺灣社會變遷（1898～1944）：以「臺灣日日新報」為例》，臺北：中國文化大學新聞研究所碩士論文，2007年。

〔註69〕詳見馮國蘭：《台灣中產階級的消費文化品味研究——以《天下》雜誌廣告為例》，臺北：世新大學傳播研究所碩士論文，1999年。

〔註70〕詳見蕭方瑜：《生活世界的無限衍義：從皮爾斯符號學看消費者對贈品意義的解讀》，臺北：世新大學傳播研究所碩士論文，2004年。

（三）廣告訴求方式與消費意願

張志桂《廣告訴求方式對消費者態度影響之研究》探討理性訴求與情感訴求之間、幽默訴求與恐懼訴求之間，在消費者各個反應階層上的影響力有沒有差異，同時也比較不同的廣告訴求組合對消費者的影響能力如何；〔註71〕此外，張詩怡《廣告用詞對消費者購買意願影響之研究》、張愛玲《恐懼強度與威脅類別之反菸平面廣告效果研究》以及鍾宜君《臺中地區報紙讀者閱讀行為及廣告態度之研究》，分別從廣告用詞、具威嚇性的廣告效果和讀者三方面來探察廣告訴求方式與消費者意願之間的關聯；〔註72〕這些偏重實務性的廣告訴求方式的考察，對本論文在解讀廣告文本的訴求方式上頗有幫助。

（四）廣告內容與表現方式

黃碧淑《夾心式廣告策略之探討：不同內容與位置對廣告記憶效果之影響》透過分析不同內容與不同位置的廣告文本，觀察這些變數對消費者注意力的影響；〔註73〕劉蘊儀《1997～2003年台灣報紙廣告數量與表現內容之研究——以自由時報為取樣對象》乃針對一九九七年至二〇〇三年間，臺灣地區的報紙廣告內容進行普查；〔註74〕謝省民《以母親節為訴求的臺灣報紙廣告1949～1991年的風格分析》、俞佩君《日治「皇民化運動」時期（1937～1945）臺灣報紙廣告之戰爭風格設計研究》、戴維怡《台灣報紙廣告風格之演變：1945～2005》，皆以個案方式分析特定節日、特定風格或特定時段之報紙廣告的表現方式；〔註75〕曾海蒼《廣告目標、廣告表現方式之組合與廣告

〔註71〕 詳見張志桂：《廣告訴求方式對消費者態度影響之研究》，桃園：中原大學企業管理研究所碩士論文，1990年。

〔註72〕 詳見張詩怡《廣告用詞對消費者購買意願影響之研究》，臺北：中國文化大學國際企業管理研究所碩士論文，2005年；張愛玲：《恐懼強度與威脅類別之反菸平面廣告效果研究》，臺北：世新大學公共關係暨廣告學研究所碩士論文，2006年；鍾宜君：《臺中地區報紙讀者閱讀行為及廣告態度之研究》，臺中：東海大學企業管理研究所碩士論文，1992年。

〔註73〕 詳見黃碧淑：《夾心式廣告策略之探討：不同內容與位置對廣告記憶效果之影響》，桃園：元智大學企業管理學系碩士論文，2004年。

〔註74〕 詳見劉蘊儀：《1997～2003年台灣報紙廣告數量與表現內容之研究——以自由時報為取樣對象》，桃園：中原大學商業設計研究所碩士論文，2005年。

〔註75〕 詳見謝省民：《以母親節為訴求的臺灣報紙廣告1949～1991年的風格分析》，臺北：臺灣師範大學美術研究所碩士論文，1992年；俞佩君：《日治「皇民化運動」時期（1937～1945）臺灣報紙廣告之戰爭風格設計研究》，臺中：臺中

效果關係之研究》則是研究各廣告所使用之廣告策略組合及其效果。〔註76〕

（五）單一類型廣告研究

此類研究對象多以報紙上的醫藥廣告為主，探討醫藥廣告的不良現狀與問題點，及其廣告訴求的發展趨勢。林煌村《台北報紙不良醫藥廣告現狀之研究》以新聞學的觀點，將台北市五大日報之不良醫藥廣告實況作一有系統之敘述，藉由挖掘不良廣告之發生原因，試圖提出補救辦法；〔註77〕劉懷明《民國六十年代初期台灣報紙醫事廣告問題之研究》與饒健生《我國報紙醫事廣告訴求趨勢之分析》，目的在描述六〇至七〇年代，臺灣地區報紙醫事廣告的諸多不良現象，接著由衛生機關、醫師公會、報社及新聞自律團體等監督機構之立場出發，找出管制不良醫事廣告的相關辦法，最後提出可能的補救方案。〔註78〕

以上這五類廣告學科的學位論文，雖泰半以現代廣告為研究對象，然其研究方法、切入視角和討論問題之目的與方式，皆為本論題提供了諸多裨益與新的觀點。

第三節　研究範圍、方法取徑與撰寫次第

前述整理了本論文形成所需之研究背景，在正式進入正文四章的討論之前，首先要界定本論文的「研究範圍」，並針對「方法取徑」與「撰寫次第」進行描述，以此作為學術對話的前提。茲將各部分一一說明如下：

一、研究範圍

本論文所使用的《游戲報》文本，乃依據上海圖書館攝製之《游戲報》微縮卷片，母片藏於北京市全國圖書館文獻縮微複製中心。攝製日期自一八

技術學院商業設計研究所碩士論文，2008 年；戴維怡：《台灣報紙廣告風格之演變：1945～2005》，臺北：政治大學廣告研究所碩士論文，2006 年。

〔註76〕詳見曾海蒼：《廣告目標、廣告表現方式之組合與廣告效果關係之研究》，臺北：臺灣大學商學研究所碩士論文，1988 年。

〔註77〕詳見林煌村：《台北報紙不良醫藥廣告現狀之研究》，臺北：政治大學新聞研究所碩士論文，1971 年。

〔註78〕詳見饒健生：《我國報紙醫事廣告訴求趨勢之分析》，臺北：國防大學政治作戰學院新聞學系碩士論文，1987 年；劉懷明：《民國六十年代初期台灣報紙醫事廣告問題之研究》，臺北：政治大學新聞研究所碩士論文，1973 年。

九七年八月五日（第四十三號）起至一九〇八年七月二十四日（第三千九百三十號）止，共計四卷，有錯號〔註 79〕；資料卷片寬三十五毫米，縮率 1：11，報紙原件藏於上海圖書館，一八九九年三月～六月藏於復旦大學圖書館，一八九九年七月～八月、一九〇一年十一月～一九〇二年一月藏於南京圖書館。由於一九〇四年八月以後，《游戲報》微縮資料僅有一九〇五年六月二十四日及一九〇八年七月二十四日二天的部分內容，其餘皆不見其蹤，推測一九〇四年後期原件的缺損狀況十分嚴重。囿於資料保存的侷限，本論文採用之《游戲報》廣告文本也因此大多介於一八九七年八月至一九〇四年八月之間。〔註 80〕臺灣地區包括中央研究院近代史研究所、國立中正大學及國立暨南大學，均有微縮卷片館藏。

　　另有二點需作說明：

　　（一）考量到廣告的目的（吸引買氣、創造消費）與廣告的內容（以告知商品資訊為主），若欲單以廣告文本分析的成果來建構整個晚清城市文化史或生活史的脈絡，在資料的舉證及論述的完整度上來看是絕對不夠的，仍須佐以其他資訊，如報紙新聞、社論文章或時人詩文記錄等等，才可能使討論的內容較為完備。因此本論文雖以《游戲報》廣告文本為主要研究對象，但在論述過程中，仍將視論述之需要，以其他報刊或文獻資料作為補充。

　　（二）文本材料的選擇：核心章次除了第二章以外，其餘各章乃分別自《游戲報》廣告文本中劃出器械類、醫藥保健類及西式娛樂類三大主題來進行討論。這並不意味著《游戲報》商業廣告只能分為這三種，相反的，正由於廣告的內容十分多元，欲對所有廣告文本都做出妥適的安排與性質界定，在實際操作時將頻頻遭遇困難。之所以選擇這幾類廣告文本為討論對象，乃因其具備了以下兩點特質：1. 廣告商品的現代性氣味濃厚。2. 文本內容的描述較諸其他廣告更為豐富。檢閱《游戲報》的所有廣告，不難發現報館與廣告

〔註 79〕「有錯號」指的是《游戲報》出刊號碼編排錯誤的情形，如：1899 年 9 月 3 日應為第 787 號，原件誤植為第 783 號，次日（9 月 4 日）應為第 788 號，原件誤植為第 784 號，再次日（9 月 5 日）卻又回歸正確的期數（第 789 號）。查閱過程中發現有此情況，因而予以記錄；為便於回查原件，本文仍以報上登載之出刊號數為記。

〔註 80〕《游戲報》微卷翻攝日期之起迄時間，詳見附錄一：《游戲報》微縮資料各片卷攝製目錄。

主皆對其中與西方事物有關者明顯投入較多的關注，此種具選擇性的舉措顯然隱含了某些意義。因此本文期望能透過整理、分析《游戲報》廣告文本的過程，將此特殊意涵凸顯出來，此舉雖不免有掛一漏萬之弊，卻是不得已而為之。

二、方法取徑

　　全文共分六章，除緒論與結論外，正文四章，是本論文的核心討論章次，分別探討內涵各異的《游戲報》商業廣告群。各章的方法取徑詳述如下。

　　第二章〈認識《游戲報》〉：本章重心有三，一是建構對報主李伯元的基礎認識，二是梳理《游戲報》發行的內外因緣，最後探討《游戲報》廣告的內涵及其組成要素。首先，細密地爬梳文獻資料，以報主年譜、研究資料專著為主要參考，進而以今人論述篇章為輔佐，勾勒出李伯元生平的梗概樣貌。其次，以地毯式的閱讀方法仔細查閱《游戲報》微縮資料，探索其辦報目的與報紙的版式和內容；然後比對一八九七年至一九〇八年間報紙刊頭的「各地售報處」及「告白刊例」，以此觀察《游戲報》發行期間的價格變化與銷售網絡，並以時人雜文紀錄推論報紙銷售量及報館草創時的資金概況與後期營運問題。接著將討論的觸角延伸至《游戲報》的廣告，將各類廣告分別置入食、衣、住、行、育、樂六大類目之中，以此探索廣告涵括之各種面向，進而觀察《游戲報》廣告的內容，以此討論廣告主與讀者的組成成分。

　　第三章〈器械類廣告〉：將《游戲報》器械類廣告自所有廣告中揀選出來，整理其中的器物種類，並依其在當時人們生活當中所扮演之角色、功能分為「居家用品」、「時髦奇器」、「交通工具」，將《游戲報》器械類廣告置入歷史背景與社會文化的脈絡之中，以此觀察近代中國現代性的開展。

　　第四章〈醫藥保健類廣告〉：首先整理《游戲報》裡頭與醫療、藥物、營養補給、美容保養及個人衛生有關的商業廣告，依廣告描述之功用與療效加以分類，透過對此類廣告文本的分析，探索其中的醫藥與保健項目。同時結合《游戲報》時事新聞報導的觀察，依論述的結果形塑晚清上海的醫療與社會生活概況。

　　第五章〈西式娛樂類廣告〉：有鑑於晚清時期西式娛樂項目的大量輸入，本章著重《游戲報》西式娛樂活動廣告內容之分析，分為「鴉片及其周邊商

品」、「彩票」、「洋把戲」三個主題進行討論。「鴉片及其周邊商品」一節帶入地方史資料的觀察紀錄，以鴉片氾濫的史實與《游戲報》鴉片廣告互為對照，並依廣告內容析論其廣告主類型。在「彩票」一節，首先回顧持論各異的立說與內容，辯證中國彩票之起源問題，接著討論晚清義賑與彩票之關聯，並分析《游戲報》廣告中的彩票發行制度，繼而依廣告描述來觀察彩票行的開辦與經營和遊戲規則，以此照見光緒年間彩票風潮的流行實況；最後以《申報》、《政府公報》、《民國日報》等其他報刊報導，回顧民國初年的禁彩運動。「洋把戲」的部份以析論廣告內容為主要策略，以此探察當時幾項受歡迎的西式娛樂活動在廣告中如何宣傳、吸引人們的目光，並結合《游戲報》時事新聞報導，觀察人們參與這些活動的實際情況。

　　整體而言，核心章次乃以《游戲報》廣告群體為主要討論對象，採用「文本內容分析法」來進行論述，分析廣告當中所挾帶的各種訊息，並以此拼湊晚清城市居民的生活面貌。若遇資料不足之處，則以《游戲報》社論文章、時事新聞或其他報紙資料，以及時人生活、旅遊等雜文詩詞予以補充。從報刊基本資訊的掌握、廣告群體所涉及之面向、廣告主與讀者的分析推論，以至廣告文本內容的析論和詮釋，全文的討論，可謂一步一步地深入挖掘《游戲報》廣告群體所欲傳遞之訊息，並依此側視晚清的城市生活與物質風貌。

三、撰寫次第

　　本論文是一宗透過晚清時期第一份上海小報——《游戲報》之廣告群體來觀看晚清城市之物質與生活的個案研究。從緒論到結論，各章次分別有其論述重心，以下依序說明。

　　第一章：緒論

　　本章是論文的起始，首先說明擇定本論題的原因和理由，及所欲達成之目標。接著以「城市、社會與文化研究」、「物質文化研究」、「上海小報研究」、「廣告研究」四點，分點回顧與本論文有關之前人研究成果；最後確立本論文的研究範圍，並詳述方法取徑與撰寫次第。

　　第二章：認識《游戲報》

　　本章核心節次有二：「《游戲報》的發行」、「《游戲報》的廣告」，重點在建立對《游戲報》的基礎理解。首先自促使《游戲報》產生的主要推手開始，探討創辦人背景資料、辦報目的等外圍資訊；然後推及報刊的內部分析，包

括版式、內容、價格、銷售網絡與銷售量，條分縷析地說明《游戲報》之所以出現的種種因素，並討論報館的資金與營運接續情形。接著進一步探索《游戲報》廣告的內涵及其廣告主與讀者，層層推衍、次次遞進，漸次架構出《游戲報》的整體面貌。

第三章：器械類廣告

本章嘗試以物質文化的眼光探察《游戲報》器械類廣告，這類廣告包含器物類與機械類廣告，它們多半帶有明顯的科學色彩，即所謂的「現代化器具」，這些器械，可以視為現代性的具體展現。本章的討論分為「居家用品」、「時髦奇器」和「交通工具」三部分，希冀能透過細部分析這些廣告文本，理解晚清時期人們與器物的互動方式。

第四章：醫藥保健類廣告

本章旨在探討《游戲報》的醫藥保健類廣告，分為「醫藥項目」和「保健項目」二節。首先討論醫藥類的廣告文本，整理出當時常見的幾種疾病，並依此探討相關的治療用藥；接著分析《游戲報》中與營養補給、美妝和個人衛生有關之廣告內容，觀察人們如何保養自己的身體，繼而結合此二小節的討論成果，呈現當時的生活樣態。

第五章：西式娛樂類廣告

本章的討論重點，聚焦於《游戲報》的西式娛樂類廣告，如茶館、酒樓、戲園、煙館等演出節目與折扣訊息，又如看焰火、觀影戲、逛花園等娛樂活動宣傳，或是若干洋味十足的休閒商品廣告，例如雪茄、紙菸、啤酒之類，依廣告內容的豐富程度分為「鴉片及其周邊商品」、「彩票」、「洋把戲」三個主題進行討論，循此理解西式娛樂活動在晚清城市裡的發展狀況。

第六章：結論：《游戲報》廣告的物質文化意涵

歸納本論題的幾個面向，並綰合各章之研究重心與成果。

第二章　認識《游戲報》

第一節　前　言

　　在進入正文對《游戲報》各類廣告的專章討論之前，吾人首先應就廣告的載體——即報紙本身，有一全面的、基礎的了解。《游戲報》創辦的前後因緣、內容格式、刊登廣告收取費用的多寡、報紙銷售範圍、價格、報館營運方式，以及報紙廣告主與其讀者，這些資訊，為理解《游戲報》在上海小報史的歷史定位提供了必要的協助；而透過對小報內容及讀者的討論，亦可廓清其與大報之不同，然後能知曉報上所刊載的各式廣告乃至其他種類之訊息與上海居民日常生活的連結緊密程度如何。因此，重建《游戲報》的發行狀況並分析其廣告的內涵及促使廣告發生的相關要素（即廣告主與讀者），方才使後文的討論有其存在之正當性。

　　本章將自促使《游戲報》產生的主要推手開始，就創辦人背景資料、辦報目的等外圍資訊首先進行討論；接著推及《游戲報》的內部分析，包括報紙版式、內容、販售價格、銷售網絡及銷售量之探討，詳細爬梳《游戲報》之所以出現的內外因素，然後說明初創時的資金狀況和後期的營運接續問題，繼而延伸至《游戲報》廣告的內涵及廣告主和讀者的探討；層層推衍，次次遞進，順承如上步驟，漸次架構出《游戲報》之整體面貌。

第二節　《游戲報》的發行

一、創辦人、辦報目的〔註1〕

（一）創辦人

　　游戲報主李伯元，原名李寶嘉，字伯元，別號南亭、南亭亭長、游戲主人、世界游戲主人、謳歌變俗人、溉花客、芋香、北園等。江蘇武進人，是著名的晚清小說家，著有長篇小說：《官場現形記》、《文明小史》、《活地獄》、《中國現在記》，及彈詞、筆記：《庚子國變彈詞》、《醒世緣彈詞》、《南亭筆記》和諸多詩歌、諧文；此外還擔任過上海《指南報》（1896）主筆，主辦《游戲報》（1897～1901）、《海上文社日報》（1900）、《世界繁華報》（1901～1906）及《繡像小說》（1903）等刊物；年少時才華盡顯，但因經常流連妓院，與諸位名妓私交甚篤，作風頗受爭議。

　　李伯元生於同治六年（1867），後因罹患肺病，卒於光緒三十二年（1906），得年約四十歲。幼時失怙，由堂伯父李念仔撫養成人，不僅熟讀四書五經，且擅長制藝、詩賦，能書畫、精篆刻，閒暇時常以金石刻畫等事自娛。嘗鐫刻「漱石」圖章一方贈與孫玉聲，印文古拙得體，〔註2〕並留有《芋香室印存》〔註3〕一譜。此外又工駢文，並旁通金石、音韻、考據之學。還擅長音律，曾在報上發表過〈論海上名校書歌唱〉〔註4〕、〈論歌唱須知反切〉〔註5〕等文章，專文討論唱曲的咬字和發音，足見其洋溢之才華；對時人鄙薄的小說、彈詞亦多有涉獵，也隨鄉里間的傳教士學過英文。這些經歷，不僅說明李伯元的多才，同時顯示他樂於接觸新奇事物，和不受傳統認知侷限的特殊性格。

　　二十歲那年（1886），李伯元以第一名考中秀才，但兩年後鄉試敗北，堂

〔註1〕本節對李伯元生平事蹟的描述與勾勒，主要以王學鈞編著：《李伯元年譜》，收入薛正興主編：《李伯元全集》第5冊（南京：江蘇古籍出版社，1997年）為本，兼以魏紹昌編：《李伯元研究資料》（上海：上海古籍出版社，1980年）為輔助參考資料，不另出詳註，特此說明。

〔註2〕詳見孫玉聲：《退醒廬筆記》，收入沈雲龍主編：《近代中國史料叢刊》第八十輯（臺北：文海出版社，1972年），下卷，頁133～134。

〔註3〕有關李伯元所存印譜之細部考辨，詳見魏紹昌著：《晚清四大小說家》（臺北：臺灣商務印書館，1993年），頁72～76。

〔註4〕〈論海上名校書歌唱〉，《游戲報》第107號（1897年10月8日）。

〔註5〕〈論歌唱須知反切〉，《游戲報》第108號（1897年10月9日）。

伯父隨後即為其捐貲候補，曾慕濤侍郎也在一九〇二年薦舉他為經濟特科，〔註6〕可惜李伯元對於晉升仕途的意願淡薄，因此雖有連番機會，最後都推辭不欲赴命。一八九二年他跟隨堂伯父致仕而返回常州閒居，由於個性開朗爽健、思維敏捷的緣故，與家鄉的兄弟、叔姪及眾多文友頻繁往來，時常舉辦詩文酒會，迭相唱和；這些人有精工詞曲者，有善畫及篆刻者，有參與編纂縣志者，也有在民國以後的政府機構任職的，有詩人、也有地方仕紳，可以說交遊十分廣闊。

　　光緒二十年（1894）甲午戰敗，朝野上下都受到劇烈的震盪。在此之前，同治年間的洋務運動帶給中國人很大希望，但甲午海戰的失敗，不僅帶來沉重打擊，也間接宣告了滿清政府在政治、思想、文化方面實行改革的必要和迫切。當時有以康、梁等人為首的政治維新運動，再加上發展已三十餘年的西學風潮，古老中國的革新浪潮終於在形勢逼迫之下勃然引動，且無法再被掩滅。同年，自小扶養李伯元的堂伯父去世，考量到家庭的生計，必須另謀職業才有收入；他內憂於門庭之傷，對外則憤懣阽危之國勢，而「慨然興起問世之志」。〔註7〕此時《申報》已發行二十餘年，《滬報》也累積了十餘年的經驗，其餘流通中的大報尚有《西文文匯報》、《點石齋畫報》和《新聞報》等，民眾已很習慣閱讀報刊帶來的最新訊息，〔註8〕且報館的營運模式漸趨商業化，不再僅靠贈閱，而開始實施收費制度；這種種變化，顯示「報業」所蘊含的龐大發展潛能，已為社會開闢了新的職業選項。〔註9〕李伯元有感

〔註6〕 學界對於李伯元與經濟特科的關係一直有記述混亂的情況，歸結原因，是研究者沒有發現新資料，因而只能依循前人研究，根據舊資料，再加上自己的推測所致。研究者大多沿襲吳趼人、李錫奇、魏紹昌等人的說法，但諸說各有闕誤；如今，李伯元經濟特科的相關問題在日籍學人樽本照雄的努力之下獲得了確實的結論：「1901 年清廷宣布舉行經濟特科考試，1902 年李伯元受到薦舉，1903 年舉行考典。」詳見（日）樽本照雄著，陳薇監譯：《清末小說研究集稿》（濟南：齊魯書社，2006 年），頁 127～146。

〔註7〕 詳見李錫奇：〈李伯元生平事蹟大略〉，《雨花》1957 年第 4 期，轉引自魏紹昌編：《李伯元研究資料》，頁 30。

〔註8〕 包天笑：〈讀書與看報〉，文中描述他兒時接觸上海《申報》的經驗。透過包氏的記述，可以看見十九世紀後期，蘇州人也逐漸養成閱報和訂報的習慣。詳見氏著：《釧影樓回憶錄》，收入沈雲龍主編：《近代中國史料叢刊續編》第 5 輯（臺北：文海出版社，1974 年），頁 103～107。

〔註9〕 詳見程麗紅著：《清代報人研究》（北京：社會科學文獻出版社，2008 年），頁 159～164。

家國之憂且急迫於生計，思及辦報不僅能賺錢，又有助啟迪民智，可謂一舉數得。因此他在光緒二十二年為胞妹完成婚事後，隨即帶著母親及妻子舉家遷往上海謀生，不久即受聘為《指南報》主筆，開始辦報生涯的第一步，很快地，隔年便一手創辦了紅極一時的《游戲報》。〔註10〕

（二）辦報目的

《游戲報》是上海的第一份小報，〔註11〕開辦之初，即因舉辦了多次妓女品藻活動而聲名大噪，〔註12〕人們無不視閱讀《游戲報》為極時髦風尚之事。〔註13〕滬上妓女之多，多如繁星，品藻活動之所以成功獲得關注，是基於人們對選拔過程十分投入的關係。「僅依薦函的多寡就決定品評名次是否公平？」、「如何才能做到真正的公平？」此二端引發了洶湧的質疑和爭論，舉凡薦文的描述真實與否、言詞是否溢美、品藻的遊戲規則、依據、以一人之意決定名次是否公正等等，讀者不斷投書，詰問與建言兼而有之，在《游戲報》上展開激烈的論辯，後來甚至發生了妓女請人關說的舞弊情事。〔註14〕連連舉辦的評選活動使得誇讚與誹謗並起，而李伯元針對投書所作的回應並未使紛爭平息，有人因此發文攻訐，令他不得不出面說明《游戲報》創辦的初衷和他主持報務的立場，以及對攻擊言語的態度：

〔註10〕詳見王學鈞編著：《李伯元年譜》，頁 26～30。

〔註11〕依當時和李伯元有直接往來的友人，如吳趼人、孫玉聲、周桂笙等人的記錄，都肯定李伯元所創的《游戲報》是「中國小報的鼻祖」、「首開文藝小報之先河」，雖後人對該報毀譽不一，但大體上都承認《游戲報》在小報史上的開創性位置。詳見《月月小說》第 1 年第 3 號（1906 年 12 月）吳趼人為李伯元所作小傳；孫玉聲：《退醒廬筆記》，下卷，頁 133～134；周桂笙：〈書繁華獄〉，《新菴隨筆》，收入周桂笙撰譯，邵伯謙校訂：《新菴筆記》（上海：古今圖書局，1914 年），卷 3，頁 22～23；及鄭逸梅：《人物品藻錄》（上海：日新出版社，1946 年），頁 44。

〔註12〕1897 年至 1900 年間，《游戲報》共舉辦過七次妓女評選活動，分別為丁酉夏季花榜、戊戌花選、己亥蕊宮花選、己亥淞濱葉榜、己亥花榜、庚子蕊宮花選、庚子事變後津門劫餘花選，詳見王學鈞編著：《李伯元年譜》，頁 38～155。

〔註13〕鄭逸梅記李伯元事曾言：「《游戲報》有諧文，有笑話，有花史，足以傾靡社會。於是冠裳之輩、貨殖者流，莫不以披閱一紙《游戲報》為無上時髦，南亭亭長李伯元，名乃大噪。」詳見鄭逸梅：《孤芳集》（上海：益新書局，1932 年），轉引自魏紹昌編：《李伯元研究資料》，頁 23。

〔註14〕有關《游戲報》花榜評選過程的精采論述，詳見楊詞萍：《李伯元《游戲報》、《世界繁華報》研究》（桃園：中央大學中國文學研究所碩士論文，2009 年），頁 122～132。

游戲報之命名仿自泰西，豈真好為游戲哉？蓋有不得已之深意存焉者也。慨夫當今之世，國日貧矣，民日疲矣，士風日下，而商務日亟矣。有心世道者，方且汲汲顧景之不暇，尚何有恆舞酣歌、樂為故事而不自覺乎？然使執塗人而告之曰：朝政如是，國事如是。是猶聚瘖聾跛躄之流，強之為經濟文章之務，人必笑其迂而譏其背矣。故不得不假游戲之說，以隱寓勸懲，亦覺世之一道也。……主人言論及此，竊竊以為隱憂，始有此游戲報之一舉。……況本報所輯新聞，雖係詼諧，仍必事事核實，偶有傳聞異詞，次日必為更正，兢兢焉惟恐不足取信於人。近或有從旁議之者，惜未能匡其不逮，若出於嫉妬之情，本報素不與人深較，皆以一笑付之。〔註15〕

《游戲報》草創之時，用意乃在以輕巧、淺顯之語行覺世目的，以遊戲筆墨喚醒沉迷的世道人心，上文可謂句句懇切，口吻沉痛。而〈論本報不合時宜〉一文，則借報社命名緣由再次申說辦報的目的：

本館命名游戲，不混淆黑白，不議論是非。語涉詼諧，意存勸懲。……惟本館既作論說，必舉一樁事、一種人，事之相類、人之相同者，何可縷數？如以為是，則人人皆是。本館亦深望天下之人閱及本報者，有則改之，無則加勉。如以為非，則人人自率其本來面目，本館亦安能強天下之人盡如我意乎？本館以文字玩世，實借以醒世，詼諧向出摹繪極態，自知殊失乎圓轉之道，謂之不合時宜可也。倘謂實有所指，則天下之大、事物之繁，本館亦安能盡人而為之描摹乎？〔註16〕

遇有機會，李伯元便積極傳達他勸懲寓世的良善苦心，不僅想喚醒愚癡，更希望能經由報社對炎涼世態和狡獪人心等黑暗面的如實描繪，達到諷刺、警醒的照見作用。〔註17〕《游戲報》亟欲跳脫大報慣常使用的莊重嚴肅語調，改採玩世態度、詼諧言語做為提醒，與莊周之寓言手法頗有相合之處。

　　一份成功的報紙，除了體質優良以外，報館主人是否具備精到的眼光和對市場動向的敏銳嗅覺，更是決定勝負的關鍵因素。《游戲報》所以廣受歡迎的原因之一，不外乎是李伯元對報館事務的用心投入。他不斷翻新報館的器

〔註15〕詳見〈論游戲報之本意〉，《游戲報》第 63 號（1897 年 8 月 25 日）。
〔註16〕詳見〈論本報之不合時宜〉，《游戲報》第 149 號（1897 年 11 月 19 日）。
〔註17〕詳見〈本館遷居四馬路說〉，《游戲報》第 101 號（1897 年 10 月 2 日）。

材，並將紙質劣薄、不易上墨的本國紙更換為品質精良的洋紙，試圖提供讀者更舒適的閱報視覺；此外還自行購買印刷機具和字模，並選用經驗老到的印刷工人。〔註18〕這些舉動，在在顯示他對經營報刊事業的謹慎與熱忱，也為報館營運打下良好的基礎。原因之二，則在於他擁有細微敏銳的觀察力，很能投讀者所好。

　　一八九七年《游戲報》別開生面地在報上舉辦了一場妓女評選活動，活動甫一開始，便攫取了各方文人士子的關注；妓女的品鑑在中國不算首創，但這次是晚清上海運用報刊這一新興媒體舉辦花榜的第一次。〔註19〕因著選評的公平性而爆發的各方輿論，使得報紙銷售量得到暫時性的大幅提升，〔註20〕這不僅打響了《游戲報》的名氣，也拓展了李伯元個人的知名度。由於薦函中必須寫明受推薦的妓女名姓、住處和生平事蹟，獲得薦函的妓女們便因此得到了曝光機會，可以順便廣告宣傳一番。李伯元後來更決定將來自各地的所有薦函集結起來，出版《春江花月榜》和《淞濱群芳錄》兩冊單行本，這等同於製作了一份「尋芳指南」，使海上尋芳客得以按圖索驥。〔註21〕一場妓女評選活動造福了多方人馬，這顯然是經過有系統的精密計畫，絕非偶然，李伯元高人一等的觀察力和商業頭腦可見一斑。

　　另外，《游戲報》在內容編排上常為因應讀者的喜好和需求而進行機動性的調整，〈本報論前增添逐日路透電音及東省要電告白〉一文提到：

> 今海陬告警　宵旰焦勞，凡我臣民，同懷義憤，本館亦不得不略更舊例以示變通。除將逐日路透電音摘譯登報外，復在北京、天津以及山東各要隘添請訪事。遇有緊要事務，隨時電告，譯登報首。竊援春秋直書之例，仍嚴處士橫議之防。當亦薄海諸君所爭先快睹也。
>
> 特此佈知維希　公鑑
>
> 　　　　　　　　　　　　　　　　　　　本館主人謹白〔註22〕

當時發生了德國侵佔膠州灣一事，各地讀者都很關心，李伯元當機立斷，決定在《游戲報》開闢與戰事相關的佈告欄位。在訊息公告當天，報上便出現

〔註18〕詳見〈本報添印附張緣起〉，《游戲報》第 700 號（1899 年 6 月 8 日）。

〔註19〕詳見王書奴：《中國娼妓史》（上海：三聯書店，1988 年），頁 311。

〔註20〕有關《游戲報》銷售量的討論，詳見本節「三、價格、銷售網絡與銷售量」。

〔註21〕詳見王學鈞編著：《李伯元年譜》，頁 38～71。

〔註22〕詳見〈本報論前增添逐日路透電音及東省要電告白〉，《游戲報》第 160 號（1897 年 11 月 30 日）。

了北洋要電和路透社的電報譯文，消息的傳遞和發佈十分迅捷，之後幾乎每日都能見到一、二則外電消息和各國戰事新聞翻譯。由此可見，李伯元不但能注意到讀者對新聞時事的需求，也擁有立即回應的能力。從他對推廣小報、打開知名度的操作手法，以及對市場動態的高度敏銳和關注力，還有對讀者需求的立即反應三點來看，李氏創辦《游戲報》時所挾帶的濃厚的商業性動機，亦應視為其辦報目的之一。

二、版式與內容

　　在版式與內容這部份，首先談談《游戲報》的發行時間。關於這個問題，阿英曾言：「《游戲報》創刊於光緒二十三年五月二十五日（西元一八九七年六月二十四日），終刊期不詳，就訪求所得，可證明已發行至宣統二年（1910）終，約五千號」〔註23〕。根據上海圖書館攝製的《游戲報》微縮資料首張報紙的日期和號數來看，為「丁酉年七月初八日　西曆八月五號　第四十三號」，由此可知，《游戲報》的創刊日期確為西曆一八九七年六月二十四日。然而微縮資料所存最末一期為「一九〇八年七月二十四日　第三千九百三十號」，且愈到後期，報紙原件的缺損狀況就愈嚴重，因此《游戲報》是否如阿英所言「（發行）約五千號」，已不得而知。

　　該報紙張規格呈長、寬皆為二十七公分的正四方形，日刊。〔註24〕刊行初期，每日出刊兩大張，其中有廣告四至五則不等，均列於首張報紙右側，正中央置放一文，多為游戲主人、茂苑惜秋生撰文或讀者投書。其次條列瑣事軼聞八則，此時廣告約佔總面積四分之一。最遲至一八九八年六月，《游戲報》每日已出刊四大張，廣告集中於末兩張；同年八月，每日出刊張數為六大張：首列一文，接續趣聞軼事八至十則不等，其餘三大張皆屬廣告區塊；九月以後，廣告所佔張數增為四大張，佔有整份報紙三分之二的篇幅。廣告比例日漸增加，足見《游戲報》的商業利益取向及其維繫營運之主要經濟來源。

　　報上除了頭版的社論文章及其後所列的八條消息以外，其他部分都是廣告欄位，廣告的內容五花八門，舉凡柴米油鹽醬醋茶等民生物資情報，以及

〔註23〕詳見阿英：《游戲報》，原載於《晚清文藝報刊述略》，轉引自魏紹昌編：《李伯元研究資料》，頁 450～452。

〔註24〕參見附圖三：《游戲報》報影，及附圖四：《游戲報》局部放大（含比例尺）。

錢洋金銀等貨幣匯兌行情，或焰火、影戲、遊園賞花等休閒娛樂訊息，或茶館、戲園、鴉片煙館等優惠資訊，以至連絡上海與其他各大城市之間的輪船往返時刻，此外亦提供各大商號、銀行、工廠等機構刊登店家搬遷或開張之告白啟事；林林總總，無所不登。《游戲報》直接反映了晚清上海居民的日常生活內容，其上所刊載之豐富多元的資訊，亦可比為城市居民的生活娛樂指南；這類休閒娛樂性十足的小報，實是幫助我們重建歷史生活場景的最好工具。

一九〇五年六月，《游戲報》打破以往混編的慣例，開始有明確的欄位劃分。首張刊登廣告數則，自第二大張開始，分別設置了【論說】、【雜記】、【打油詩】、【短篇小說】、【時事偶談】、【海上看花記】、【吳儂軟語】、【海上顧曲記】、【莊諧新誌】、【游戲新誌】、【新小說】等欄目，由報社主筆負責撰寫社論、地區新聞、當日各茶樓酒館之演出戲目、小說連載及古典詩詞創作。與前相較，【論說】欄開始對社會現況提出討論和批評，如〈創立天足會啟〉：

> 既改天足，則家無怠惰之人，即國有振興之象。況處常可以成事業，亦處變可以保身名。洪秀全之亂，有天足婦殺賊之事著之載記，可見力強則膽壯，神健則智生。雖不必如娘子軍之帥眾、秦良玉之勤王，而靜則風鶴不能驚，動則強暴不敢侮，是兒女而英雄也。[註25]

闡明解放纏足之大有利益，有助國力強盛，亦可免於外侮侵辱。文章下半段談及女子教育之必要，將解放纏足與教育相提並論，積極提倡破除舊習、學習新知，並提供「放足之法」，詳盡說明欲放足者應如何照料雙腳，浸泡、清洗、按摩、上藥，步驟簡要明確，易於施行，最後以呼告口吻作結。

【莊諧新誌】則搜羅各省近日消息，內容五花八門，有時提供某地彩票售價、某某新書上市等商業或娛樂訊息，有時揭露官場黑暗，舉發不法官員；雖未提及犯法者的翔實名姓，但對不法事件之地點、內容仔細描述，影射之意頗為濃厚。內文有時不免摻雜了執筆者的情緒，然與創刊初期隨意蒐集之街談巷議、淫穢新聞相比，報社似乎逐漸擺脫八卦小道色彩，意識到傳播媒體具有的輿論力量及其所應承擔之社會責任。

【游戲新誌】登載當日各園將要演出的伶角和戲目，各茶樓以「部」名

[註25]〈創立天足會啟〉，《游戲報》第 2821 號（1905 年 6 月 24 日）。

之，列有天仙部、丹桂部、春仙部、鶴仙部及臺仙部五條，以一九〇五年六月二十四日為例摘錄劇目如下：「天仙部 夜戲 〇小桂芬文昭關 小連生九更天 李春利白水灘 李長勝雙處取榮陽」。除詳列劇目外，並為文介紹當時頗負盛名的各地名妓，有對運途多舛者表達同情，亦歌頌妓女們的風華事蹟，或憐憫，或讚揚，遇有某妓身陷是非，必定撰文予以討論，並隨時更新訊息，處處可見報人對妓女生活的關懷之情。

　　【新小說】及【藝文】欄與其他欄位相較，具備了頗為鮮明的文學氣氛。【新小說】定時刊登連載章回小說，每日二、三百字，篇幅不長，使用的文字也相當淺白、口語，逐漸擺脫過去慣用的文言語法。觀察一九〇八年七月二十四日（微縮資料所存最後一天）的《游戲報》，欄目分類更細緻了：【論說】一欄已類似今日之社論文章，多由讀者投書，發表對國家時事的個人心得；地方新聞則分為【雜記】和【時事偶談】二欄，文學類有【打油詩】和【短篇小說】，而廣受注目的妓女消息則再細分為三個區塊：【海上看花記】、【吳儂軟語】和【海上顧曲記】。前二欄專門收錄與妓女相關的各種新聞、消息，【海上顧曲記】則臚列各家戲園、戲曲和劇目資訊。報紙欄目的多樣化，反映出《游戲報》蓬勃發展的態勢，報社為照顧到更多面向的讀者需求因此廣闢欄位，而文學作品的持續刊登則顯示《游戲報》有從花邊小報逐漸轉型為文藝小報的取向。

三、價格、銷售網絡與銷售量

（一）價　格

　　觀察《游戲報》每日刊頭得知，一八九七年該報發行初期，每大張售價五文，隔年十二月漲至七文；一九〇四年一月，每大張售價漲至八文錢，直至隔年六月都維持同樣的價格。一九〇八年七月時，每大張改售大洋一分，若當日登有名妓小照，則售大洋一分五釐。以一名十九世紀晚期未曾進學的教書先生的薪水來看，教書一年可得薪資二十四洋元，當時一洋元可兌制錢一千文，換算下來一天約可得錢六十六文；而受僱的工人或傭僕每月也能有幾千、幾百文，兩相對比之下，《游戲報》的售價對文人階級來說偏向一般消費，對僱傭階級而言則可能稍有負擔。〔註26〕由於《游戲報》微縮資料自一

〔註26〕教書匠與僱傭階級的月薪參見包天笑：《釧影樓回憶錄》，頁33。

九〇四年八月二日之後僅保留了一九〇五年六月二十四日及一九〇八年七月二十四日這兩天的報紙卷片，其餘資料均散佚不知所蹤，因此這裡僅能就此二日觀察一九〇四年八月之後《游戲報》單張售價的變動概況。

此外，自一九〇五年開始，刊頭登有「外埠定報價目」，分為五天一寄和逐日寄送兩種方式，訂閱時間則可選擇「全年」或「半年」購閱。而銷售範圍除了中國境內以外，也開闢了外洋通路，惟外洋購閱人須負擔金額較高的報費。報費分為「五天一寄」和「逐日寄送」二類，「五天一寄」全年報費共需四元四角，半年需二元二角；寄送外洋的話，全年加一元，半年加五角。「逐日寄送」全年報費需七元二角，半年需三元六角，寄送外洋全年需加三元，半年加一元五角；相較之下逐日寄送所需花費的金額昂貴了許多。報費以現金袋方式支付，先將報費寄至館內，確認收到款項後，報館才另行送報；最遲至一八九八年，《游戲報》的銷售範圍已遍及中國各埠及外洋地區（日本東京）。〔註27〕一九〇八年七月，報費有微幅調漲，改為「四天一寄」，全年中國各埠需銀五元四角，半年需銀二元七角；外洋地區，全年需多加一元八角，半年加九角。逐日寄送部分：中國境內售價相同，全年仍須七元二角，半年需三元六角，外洋全年需再加三元六角，半年則需多加一元八角。

在刊頭上方的「告白刊例」裡，可以看見當時刊登廣告的收費標準。一八九七年八月：「論後，每字每日取錢一文，先以五十字起碼，多則以十字遞加。直行告白以二百字起碼。論前，加兩倍收值，木戳照算。」此後收費變化如下述，同年十二月：「論後每字每日取錢二文，論前加一倍收值。」隔年十二月又變為：「論後每字第一日取錢五文，第二日至第七日取錢三文，以後每日取錢二文。短行五十字起碼，長行二百字起碼。」至一九〇八年七月，計價單位改為洋元，且廣告主若欲將廣告刊登於封面處，則需加倍金額。由以上記錄看出，廣告計費主要以首張的社論文章為基準，廣告位置欲放在社論之前者，收費較昂，因此各類廣告及告白啟事多集中在報紙的後半部份。

（二）銷售網絡

《游戲報》發行初期，曾在上海著名的張園定期免費贈閱，聊做遊人娛樂之用，並藉機為報館宣傳以增加訂閱人口。〔註28〕此舉或有其效果，《游戲

〔註27〕《游戲報》各地售報處的增設，詳見表2-1。
〔註28〕詳見〈本館每逢禮拜日在張園送閱報紙〉，《游戲報》第 71 號（1897 年 9 月

報》在短短一年之內，除原有的上海、北京、天津、漢口、杭州、蘇州、南京、寧波、松江等售報處，還在另外十六個城鎮也增設了報館、分售點或託售處，單以一年時間就能有這樣的成績，可謂擴張迅速。而刊頭所登載的「各地售報處」，則紀錄了各個時期銷售點的變化，《游戲報》一八九七年至一九〇八年各地的銷售據點，詳見表2-1：

表2-1　《游戲報》各地售報處

時　間	各　地　售　報　處
1897 年 6 月	北京琉璃廠中西大藥房、天津城內直報館、漢口洋街屈臣氏大藥房、杭州梅花牌指南報分館、蘇州府東吏□高塔渡山陰陳公館、南京門樓橋裕興康永義和、甯波江北岸和記號、松江府城貢院前錢宅
1897 年 12 月	北京琉璃廠中西大藥房、天津城內直報館、漢口洋街乙海春大藥房、杭州梅花碑本報分館、蘇州閶門內皇橋西堍大街恒康箔莊內本報分館、（蘇州）又胥門內東城橋塊周公館、甯波江北岸和記號、松江府城貢院前錢宅、常州局前呂宅、無錫北門外泰源銀樓
1898 年	京都總報□、天津北門內□署東大街各報分□梁子亨、牛莊招商局、煙台招商局、鎮江招商局、揚州萬壽寺東、南京□□□坊、蕪湖鴻寶齋□局、安慶招商局、九江招商局、南昌二郎廟文宅、漢口乙□春藥房、長沙察院街文公館、福建□尾船政局、廈門招商局、廣東慎記□局、香港宏文□書局、四川省城□英書局、杭州上珠寶巷申昌書局、湖州醉六堂、蘇州閶門內皇橋恒康箔莊本報分館、甯波江北岸和記號、松江貢院前錢宅、常州局前呂宅、日本東京朝日新聞館
1899 年	京都國聞報分館、天津北門內府署東各報處梁子亨、煙台招商局、鎮江招商局、揚州萬壽寺東、南京王慶昌、漢口熊家巷馮寶臣分售處、安慶招商局、九江招商局、南昌二郎廟文宅、湖北省府前街昌言報分館、長沙察院街文公館、江西省城馬王廟背德隆醬園內、廣東慎記書局、蘇州元妙觀前九華堂箋扇莊內本報總分館、杭州上珠寶巷申昌書局、蘇州閶門內皇橋恒康箔莊本報分館、甯波江北岸和記號、松江貢院前錢宅、常州局前呂宅、日本東京朝日新聞館
1904 年	京都總報局、天津北門內府署東大街各報處梁子亨、煙台招商局、揚州萬壽寺東、南京黃慶昌、漢口熊家巷馮寶臣分售處、安慶招商局、九江招商局、南昌二郎廟文宅、武昌青石橋總派報處、長沙貢院街文公館、江西省城馬王廟背後德隆醬園內、廣東省雙門底萃廬、蘇州閶門東大街路口經售處石麗生先生、杭州保佑坊申昌汪傅記、甯波和泰信局、松江貢院前錢宅

2 日）。內文提到，報館為便利園內未帶零錢的顧客購閱，因此每逢週日下午四、五點鐘左右，將遣人攜報至張園送閱，以供茶餘飯後之消遣。

1905 年	京都總報局、天津北門內府朝東大街各報處梁子亨、揚州磚街申報分館、南京王慶昌、漢口熊家巷馮寶臣分售處、安慶招商局、南昌二郎廟文宅、武昌青石橋總派報處、長沙貢院街廟公館、江西省城馬王文背後德醬園內、廣東省雙門底萃廬、蘇州閶門東大街路口經售處石麗生先生、杭州舊府前申昌（書局）、紹城圓通寺申昌（書局）、嘉興北門荷花堤、寧波和泰信局、松江貢院前錢宅

　　依上表可知，自一八九七年至一九〇八這十一年間，《游戲報》的販售據點曾有過：京都（北京）、上海、天津、漢口、杭州、蘇州、南京、寧波、松江、常州、無錫、煙台、鎮江、揚州、蕪湖、九江、南昌、長沙、廈門、廣州、香港、四川府城、湖州、湖北省府、武昌、紹城、嘉興，共計二十七個府城和市鎮，佔有十個省分。〔註29〕其中，光是一八九八年就激增了十五個據點，且大多分佈於東南沿海，單單江蘇一個省分，就擁有八個銷售據點，而鄰近的浙江省也有五處之多，這顯然與當時蓬勃發展的城市經濟及濃厚熱烈的維新氣氛有關。

（三）銷售量

　　關於晚清報刊銷售量的計算，一直是一項懸而未決的困難。李伯元為平息因花榜品鑑而引起的各方輿論，在《游戲報》上發表〈游戲主人擬舉行遴芳會議〉一文，其中提到：「或告游戲主人曰：聞貴報花榜揭曉之日，就本埠一隅而論，初出五千紙，日未午即售罄，而購閱者尚紛至遝來，不得已重付手民排印，又出三千餘紙，計共八千有奇。」〔註30〕依此描述，可知《游戲報》風行的情況及發行量之多。不過，報社捏造銷售數字以吸引買氣，在當時實屬常見的廣告宣傳手法，為確認報刊的發行狀況及其受歡迎的程度，研究時仍需旁及同一時期的其他相關紀錄，如時人旅遊筆記等等，才能幫助做出判斷，或取得輔助的參考。一八九九年日人內藤湖南來到中國旅遊，隨手記下當時上海各大報刊的發行實況和概略的銷售數字，文中提到《游戲報》在當時的銷售量「已達萬份以上」。〔註31〕此說稍嫌籠統，可能不是透過精確

〔註29〕可同步參照附圖五：《游戲報》販售據點分佈圖，圖中紅筆圈點處乃《游戲報》「各地售報處」之約略位置。

〔註30〕詳見王學鈞編著：《李伯元年譜》，頁 60。〈游戲主人擬舉行遴芳會議〉一文在《游戲報》微縮資料中已不復見，此處姑以王書為依。

〔註31〕內藤湖南提到：「上海的報紙中英文各有幾種，但沒有一個發行量上萬的。《申報》是老報紙，現在看它的新聞社論雖沒有特別之處，發行量也在七千左右。其次是《新聞報》、《中外日報》，在兩千到三千之間。《滬報》在一千左右，《蘇

的統計得出，不過仍可作為其銷售數量的參考，同時亦再次證明了《游戲報》風靡一時的情形。

檢視一八九七年至一九〇八年共十一年間、近三千多號《游戲報》，並未發現其他針對發行數量所做的精確描述，多以「不日即售罄」、「明日請早以免向隅」等數語簡單帶過，或以「三人搶報」新聞表達《游戲報》之搶手；〔註32〕這些說辭可能出於報館欲藉此提高銷售量之考量，具有誇張的廣告嫌疑，若以此為報刊銷售量的直接證明，推論將可能流於武斷。晚清報刊銷售量，在實務研究上一直以來有難以精確計算的困難，目前所見涉及銷售數字的討論者，亦多半出於估計。因至今仍未尋得其他更客觀可信、足以佐證或反證的數據資料，故此處姑以內藤湖南之說為據。

四、《游戲報》初創時的資金狀況及後期的營運接續問題

有關《游戲報》創辦時的資金和產權，洪煜曾對此提出討論。他提到，由〈記本報開創以來情形〉一文所言：「溯本報創行於今歲夏午，內外之事，僕以一身任其艱。……夫稠繆之密，擘畫之繁，皆鄙人分內事，誠不足為外人道。」這說明李氏集作者、編輯、發行於一身的事實；而李伯元將《游戲報》售予他人後別辦《世界繁華報》，以游戲報館所有家當換取創辦《世界繁華報》之資金一事，洪氏更據此推斷李伯元所創小報「均為獨資」。〔註33〕然而，晚清小報報館的產權或資金問題，因史料的瑣碎、散佚，著實難有直接證據足以證明，洪氏所舉二證，僅能確知《游戲報》報務係由李伯元執掌，且其擁有將報館家當出售的決定權——意即其「很有可能」擁有報館的產權，但無法直指「《游戲報》確為獨資」之結論；針對這個問題，以下的說法可能較為合理。

依項士元《浙江新聞史》所言，《游戲報》應該還有另一合辦人——袁翔甫。書中記載著：「翔甫別署楊柳樓台主，亦於光緒初年時任申報論撰，寓居上海福州路西，後兼辦游戲報，實開上海小報之先河。」〔註34〕袁翔甫又號

報》更少。只有小報《游戲報》的發行在萬份以上。」詳見（日）內藤湖南著，吳衛峰譯：《燕山楚水》（北京：中華書局，2007 年），頁 89。

〔註32〕〈搶報〉，《游戲報》第 145 號（1897 年 11 月 15 日）。

〔註33〕詳見洪煜：《近代上海小報與市民文化研究》（上海：上海書店出版社，2007 年），頁 98～100。

〔註34〕詳見項士元：《浙江新聞史》（杭州：之江日報社，1930 年），頁 33。

倉山舊主，一名祖志，係隨園老人袁枚之孫。一八九七年時他已屆花甲之年，以此高齡是否有多餘氣力實際參與報社事務？著實令人質疑。且文中所述，乃言其「兼辦」，而非「主辦」或「創辦」，可知袁氏在報館的經營系統中應為輔助角色；據此二端，推測袁氏僅予資金援助的機率極高。另外，李伯元初創《游戲報》時曾在《指南報》刊登贈閱廣告，文末署名「四明游戲主人」；依常理來看，李氏原籍武進，理應自稱「武進游戲主人」，但卻何故在文中改稱為「四明游戲主人」？據知，當時上海有寧波人的同鄉會——四明公所，「四明游戲主人」之「四明」即指寧波，依此推論，《游戲報》創辦時可能有一位至數位寧波人投資報館助其開設，而且資金額度應該很高，才因此有「四明游戲主人」的稱謂。〔註35〕綜上所述，幾乎可以確指《游戲報》並非由李伯元獨資創辦，而有多方合資的可能。

　　至於《游戲報》後期的營運接續問題，胡適和魯迅對此抱持同樣意見，他二人均指出「李伯元後來將《游戲報》售予他人」，〔註36〕而賈樹枚則進一步記錄了出資收購報館的對象。〔註37〕由於李伯元決定將游戲報館脫手別辦他報，因此在《游戲報》售出前，他已幾乎不插手報館的一切事務，而完全由助手歐陽鉅源代理，《小說月報》這麼說到：「後來鉅源告訴我，他（李伯元）的《游戲報》，完全交給了鉅源，自己完全不動筆，即小說亦由鉅源代作，伯元一天到晚，就是應酬交際，作花界提調而已。」〔註38〕不久後，他即在一九〇一年四月創辦了《世界繁華報》（又稱《繁華報》或《海上繁華報》）。這份報紙雖然仍以妓女、優伶為報導對象，但對黑暗腐敗的官場文化有更直接犀利的批判，諷刺態度也更加明確而強烈。〔註39〕細究李伯元另辦《繁華報》的理由，一般有兩種說法：

〔註35〕詳見王學鈞編著：《李伯元年譜》，頁30～35。

〔註36〕胡適提到：「他後來把《游戲報》賣了，另辦《繁華報》。」詳見胡適：〈官場現形記序〉，李寶嘉：《官場現形記》，收入《晚清小說大系》（臺北：廣雅出版有限公司，1984年），頁9。魯迅則說：「（伯元）後以『鋪底』售之商人，又別辦《海上繁華報》。」詳見魯迅：《中國小說史略》（臺北：五南圖書，2009年），頁146。

〔註37〕賈樹枚曾言：「1901年，李伯元另創《世界繁華報》，遂將《游戲報》出售予畫家余禮，報務則由歐陽鉅源接手。」明確指出游戲報館的收購對象，詳見賈樹枚主編：《上海新聞志》（上海：上海社會科學院出版社，2000年），頁144。

〔註38〕詳見《小說月報》第19期（1942年4月），轉引自魏紹昌編：《李伯元研究資料》，頁28。

〔註39〕詳見楊詞萍：《李伯元《游戲報》、《世界繁華報》研究》，頁27。

1. 《游戲報》體例創新，致使眾人群起效尤，李伯元於是另闢蹊徑。周桂笙提到：「（李氏創《游戲報》後）踵起而效顰者，無慮十數家，均望塵不及也，君笑曰：一何步趨而不知變哉！又別為一格，創《繁華報》。」〔註40〕孫玉聲則對李氏創辦二報之經過有詳細的描繪：「當其槖筆遊滬時，滬上報館祗申報、新聞報、字林滬報等寥寥三四家，李乃獨闢蹊徑，創游戲報於大新街之惠秀里。風氣所趨，各小報紛紛蔚起。李顧而樂之，又設繁華報，作官場現形記說部，刊諸報端。」〔註41〕後人鄭逸梅亦有類似說法：「則我儕之取社會趣屑以及滑稽玩世之言。輯印為小刊物者。不得不甘拜伯元先生之下風。而有以誌述之也。游戲報出。銷行甚廣。於是李芋仙金免癡高太癡輩。仿刊為寓言采風等報。先生遂別創繁華報。」〔註42〕持此說法者，多半是與李伯元同時期、身邊親近的友人所言，且說法順暢合理，可信度較高。

2. 模仿《游戲報》體例的小報群相繼迭出，名聲遠大於《游戲報》，李伯元因而被迫另外辦報。一九二三年一月二十六日的《小說日報》上這麼寫著：「《游》銷路甚廣，後《寓言》、《采風》等報繼起，《寓言》主筆為番禺李芋仙，其友高太癡、金免癡諸先輩，皆有著作，名駸駸駕於《游戲》。氏懼，復創立《繁華報》，體裁仿《中外日報》。」〔註43〕意指李伯元因恐懼本身的文才名氣不如李芋仙、高太癡、金免癡諸人，遂因此別辦他報；然而辦了其他報紙，實際上並不能解決如上所說之恐懼，於情於理，此說都略顯牽強。

　　儘管二說略有差異，但都指陳了同樣一個事實：《游戲報》創辦後獲得了報界熱烈的關注，它新穎的內容與體例具備前所未有的開創意義，隨即便在上海掀起一股持續不輟的小報風潮。而且這些小報，皆或多或少地沿襲了《游戲報》的形式和風格。

第三節　《游戲報》的廣告

　　上一節梳理了《游戲報》的基本資訊，包括發行人、報紙創辦之前後因緣、銷售網絡、創辦初期的資金狀況和後期接續問題，以及報紙本身的版式、

〔註40〕詳見周桂笙：〈書繁華獄〉，同註13。
〔註41〕詳見孫玉聲：《退醒廬筆記》，下卷，頁133。
〔註42〕詳見鄭逸梅著：《逸梅小品續集》（上海：中孚書局，1934年），頁3。
〔註43〕詳見《小說日報》第54號（1923年1月26日），轉引自魏紹昌編：《李伯元研究資料》，頁14。

內容都在討論範疇之內，接下來要進一步談談《游戲報》的廣告。

　　《游戲報》廣告初期在外觀和內容的表達上，手法稍嫌稚嫩，且尚存有若干牆壁招貼的形式。詞語使用得比較簡省，如「杏花村番菜館擇吉開張」、「欲購便宜衣服者須至打狗橋」、「光繪樓始記照像放大皆仿最新新法」，或「上洋南市陳錦章綢緞莊前因修理牆屋茲擇于二月初三日開張承蒙賜顧格外克己此佈」，整幅廣告僅有幾個大字或以一行長句表示商家所欲傳達的訊息，其餘便再無更詳細的文字敘述。用語直白、內容簡略、樣式呆板，對於所提供之商品或服務項目的優點、性能、功用、外觀等條件隻字未提，因此消費者必須親至現場才可能知道店家有沒有提供自己需要的商品。這種類型的廣告以訊息通知為目的，在番菜館、中餐廳、布料行等廣告中較常見到；一般而言，宣傳、解說或呼告之類帶有情感的文字不多，千篇一律，就像一條條簡訊，很難在短時間內引起消費者的共鳴，有時銀行、商號等機構開張告白或輪船出航通知等啟事類文字也會使用。〔註44〕

　　相較之下，由西方傳入、或受其影響而出現的營利項目，如洋行、洋貨號、藥房、診間等機構，或觀西洋影戲、遊園賞花等娛樂活動，就有很多情緒豐富的感性文字。這類廣告在主標題下方多半會再有數句至數十句不等的口語說明，無論是商品種類、性能、價錢、操作方式，或活動的賣點、舉辦的場所、確切時間、付費與否及票價等資訊，都有詳細的敘述。以羊氏醫室的贈藥廣告為例（圖2-1，頁43），其廣告言曰：

　　　【送瀉毒化毒丸】

　　　此丸專治楊梅大瘡、久年結毒、喉爛透頂、魚口、便毒、橫弦（錯字）、下疳，破爛不愈，百方不效者，十餘服即收全功。不獨永除後患，更且無礙生育。凡毒症初起，須先服西黃瀉毒丸或八寶回生丹三五服後，再服化毒丸或七寶丹，立見大功。海上花天酒地，倘失足其間而患風流等症，治不得其門者多矣！茲將經驗丹丸數種，以便抱毒者來。可以審症用藥，則百發百中也。〇西黃瀉毒丸〇珠黃化毒丸，每服取報費合資洋一角。其餘應用丹丸，價照仿單。此佈。

　　　上海胡家宅新清□□對面庭筠里內醫室羊氏敬送

〔註44〕早期的《申報》廣告亦含有牆壁招貼的特色，詳細討論可參見王儒年著：《欲望的想像：1920～1930年代《申報》廣告的文化史研究（上海：上海人民出版社，2007年），頁72～73。

圖 2-1　羊氏醫室贈藥廣告

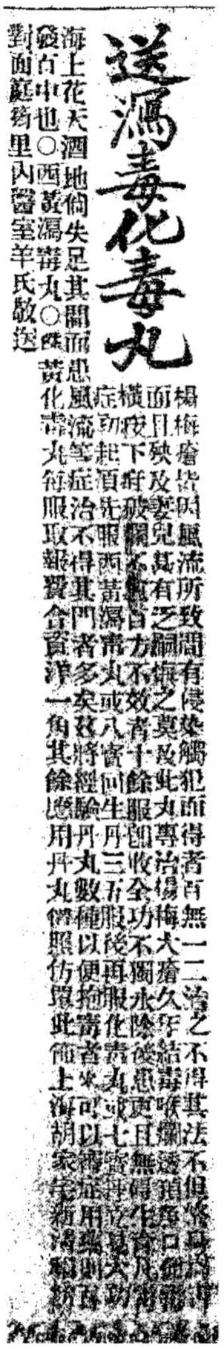

《游戲報》第 136 號（1897 年 11 月 6 日）

　　這則廣告的主題是「送瀉毒化毒丸」，語句明晰切要，即使不細讀內文，也能了解它出現的用意。消費者在詳讀內容之後，便能發現廣告以開門見山的方式解說了藥物治療項目（性能）、功效、服用方式，就連製藥目的：「患風流等症，治不得其門者多矣！茲將經驗丹丸數種，以便抱毒者來。」也願意多費唇舌解釋，最後還將同類型的藥物羅列其上；通篇條理清楚，脈絡分明。

　　後來廣告的發展漸趨成熟，有些廣告主開始在主題標語周圍下功夫，製作美麗顯眼的邊框來吸引消費者注意，如元記印書局廣告（圖 2-2，頁 43）：

圖2-2　元記印書局廣告

《游戲報》第766號（1899年8月13日）

　　這則廣告將「元記印書局」字樣放大，看到「印書局」三字，就能立即明白店家的性質，下方小字則具體描述其所提供之服務：「備有二、三、四、五號字，專代客印書」且書籍印畢後，將「清楚校對無訛」，也仔細說明交件地點為「本局及游戲報館賬房」。由於搭配了頗具特色的花式邊框，使讀者一翻開報紙，就能立即注意到這則廣告。

　　另外，廣告主在廣告形式上的努力亦呈現於商品圖片上頭。十九世紀晚期，某些商品廣告已經出現物件的實體圖，圖像比文字更容易使人記憶。二十世紀初期，《游戲報》廣告主已經能結合並活用引人注目的主題標語、充分明確的文字敘述以及畫面清晰的商品圖片，營造出內容豐富、形式活潑的廣告風貌。

　　上文說明了《游戲報》廣告的形式發展，底下將進一步分梳其廣告內涵。討論的次序將從「廣告涉及的層面」、「廣告主」和「讀者」三方面著手，首先探討廣告所涵蓋之範圍，觀察當時人們都關注哪些民生訊息、有哪些方面的需求，透過這些討論，理解廣告對人們生活的涉入程度；接著針對廣告的支援者，即廣告主和讀者進行分析，看看《游戲報》在當時有哪些類型的廣告主參與其中，以及廣告主們所欲投射的對象為何。承繼如上步驟，可以幫助吾人對《游戲報》廣告有更深入的認識。

一、《游戲報》廣告涵括的面向

　　《游戲報》廣告所提供的商品或服務，幾乎滿足了人們生活中的大小需求，舉凡吃、穿、用等基本維生，以及裝飾、擺設、遊觀等內涵較具奢侈性質的消費選項，盡皆囊括其中。商品的種類琳瑯滿目，用途五花八門，茲將《游戲報》的各式廣告，以食、衣、住、行、育、樂六大類目一一說明如下：

【食】

　　在食的方面，《游戲報》廣告的對象有番菜、罐頭食品、茶食、蜜餞、酥糖、月餅、啤酒、荷蘭水，以及各式點心等等，店家所供應的都是當時慣常可見的用餐服務和飲食品項。其中特別新穎、惹人注目的，自然要屬番菜館了。番菜館，即今日所謂的西餐廳，吃西餐在當時稱為「吃番菜」、「吃大菜」，《清稗類鈔》裡提到了西餐的來由和設座方式：

> 國人食西式之飯，曰西餐，一曰大餐，一曰番菜，一曰大菜。席具刀、叉、瓢三事，不設箸。光緒朝，都會商埠已有之。至宣統時，尤為盛行。席之陳設，男女主人必坐於席之兩端，客坐兩旁，以最近女主人之右手者為最上，最近女主人之左手者次之，最近男主人右手者又次之，最近男主人左手者又次之，其在兩旁之中間者更次之。若僅有一主人，則最近主人之右手者為首座，最近主人之左手者為二座，自右而出，為三座、五座、七座、九座，自左而出，為四座、六座、八座、十座，其與主人相對居中者為末座。既入席，先進湯。及進酒，主人執杯起立，客亦起執杯，相讓而飲。於是繼進肴，三肴、四肴、五肴、六肴均可，終之以點心或米飯，點心與飯亦或同用。飲食之時，左手按盆，右手取匙。用刀者，須以右手切之，以左手執叉，叉而食之。事畢，匙仰向於盆之右面，刀在右向內放，叉在右，俯向盆右。欲加牛油或糖醬於麵包，可以刀取之。一品畢，以瓢或刀或叉至於盤，役人即知此品食畢，可進他品，即取已用之瓢刀叉而易以潔者。食時，勿使食具相觸作響，勿咀嚼有聲，勿剔牙。〔註45〕

西餐廳安排座位的方式及其蘊藏意涵，與中式餐館相較可謂迥異。一般而言，西方的用餐座位「著重主客之間個體的獨立，而又相對制衡」，通常座椅圍

〔註45〕詳見（清）徐珂編撰：《清稗類鈔》第13冊（北京：中華書局，1986年），頁6270。

繞著橢圓桌或長桌排定，男女主人分坐於長軸的兩端，客人則散坐在短軸部分，並且兩兩相對。中餐則多以圓桌或八角桌圍坐，主人和主客坐在面向大門的座位，其他賓客則隨意落坐；中式用餐座位的安排，是以「主人及主客」形成一操控全局（其他賓客）之「較高階層的共同體」。潘桂成進一步將中、西餐廳座位的安排圖示如下（圖2-3）：〔註46〕

圖2-3　中西式餐廳座位示意圖

【中式座位】

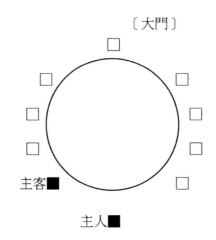

【西式座位】

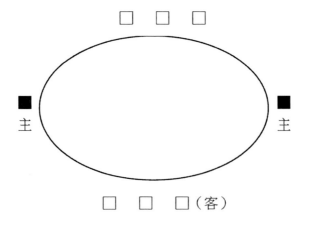

〔註46〕關於東西方用餐座位安排的異同更細部的討論，詳見潘桂成：〈飲食文化之空間透視〉，收入林慶弧主編：《第四屆中國飲食文化學術研討會論文集》（臺北：中國飲食文化基金會，1996年），頁353～367。二圖亦轉引自此。

除了注重主客入座的次序，上菜的步驟和用餐禮儀以及餐具擺放的方式，也都有規範。另外，東、西方還有一個很大的不同，即「男女能否同桌用餐」的差別。依照傳統的中國習俗，女眷是不能和男士坐在同一桌用餐的，一位在二十世紀初嫁給中國人的西方女性這麼記錄著：

> 我們圍坐著餐聚的時候，有一位與我頗為相熟的中國女賓對我說：「你試想！舊年我們在這個房間裡面還是分桌坐的！」我初聽莫明其妙，請他加以解釋。他說從前中國有一個時候，男子並不把客人請到家裡宴會，他們總在外面請客；後來他們即有在家宴客的，只男子宴敘，女眷並不參加的。後來就是有男女賓同室聚宴的，也是男的歸一桌，女的歸一桌。現在便不同了，仿效西俗，男女也可同桌宴會，共同談笑了。他這樣解釋的時候，還加說一句，說他覺得這種新例比舊例好得多。〔註47〕

傳統中國的餐飲規範，隨著西方文化的進入而逐漸被鬆動，類似的例子，在生活中層出不窮。此外值得注意的是，番菜館對整個餐廳的空間規劃亦十分講究：

> 上下樓室各數十，其中為正廳，兩旁為書房、廂房，規模宏敞，裝飾精雅，書畫聯匾，冠冕堂皇。有喜慶事，於此折箋召客，肆筵設席，海錯山珍。門前懸燈結彩，鼓樂迎送，聽客所為。其尋常便酌一二席者，則以花鳥屏風隔之，左肴右饌，色色精美。〔註48〕

不僅為承辦各式喜慶酒席而佈置得冠冕堂皇、喜氣洋洋，在菜色品質控管上也很用心，有專程聘請從國外回來的主廚，〔註49〕也有設置髦兒戲臺以供宴會演戲之用的；〔註50〕可說服務十分周到。

除了大肆開張的番菜館，外國雜貨店也加入市場，販售各種妝飾品、罐頭食物、咖啡、牛奶等項（商品清單參見圖2-4），與傳統食品行相互競爭。

〔註47〕詳見佚名：《一位美國人嫁與一位中國人的自述》，收入張玉法、張瑞德主編：《中國現代自傳叢書・第4輯》（臺北：龍文出版社，1994年），頁49。
〔註48〕詳見池志徵：《滬遊夢影》（上海：上海古籍出版社，1989年），頁158。
〔註49〕詳見〈番館蜚聲〉，《游戲報》第619號（1899年3月19日）。
〔註50〕詳見【燕慶園酒館廣告】，《游戲報》第1772號（1902年6月18日）。

圖 2-4　外國雜貨店商品清單

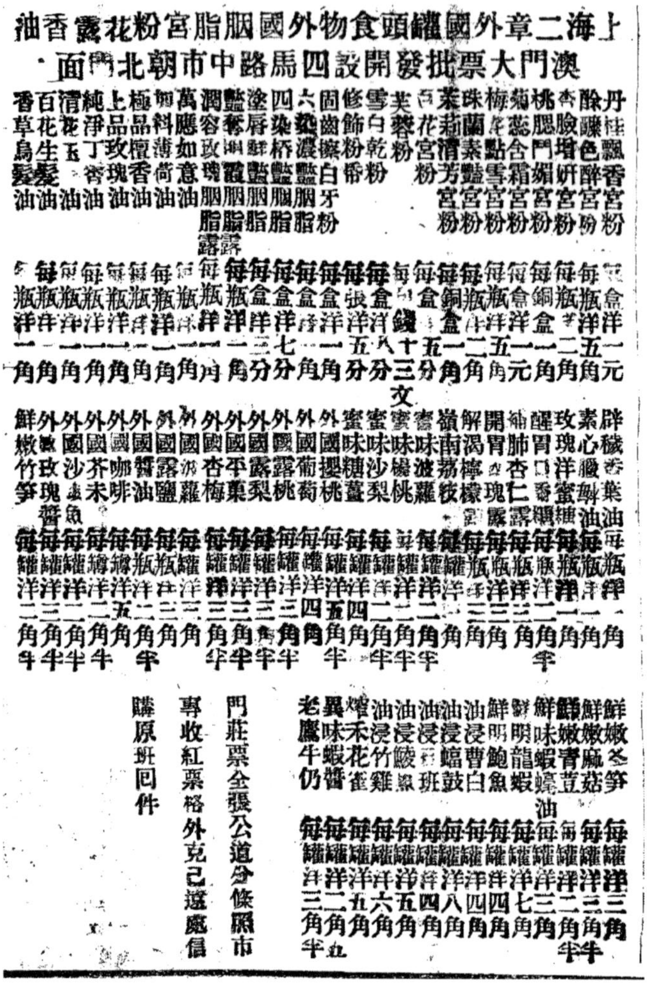

有別於水果罐頭、蝦醬和西式菜色，傳統食品行則以專賣茶食、蜜餞、魚肉、火腿、雞鬆、棗泥、乾菜、月餅、燻魚、瓜子等物為多。以瑞裕新號為例，販賣的食品項目有金華本莊茶腿、金腿、雲南宣威火腿、精製香肚香腸、陳年松花彩蛋、金華南棗，從這些清單來看，可以發現傳統食品行的商品內容以醃漬類食品較多，有的也賣醬鴨、燒鵝之類，取其方便保存、易於儲藏的優點。〔註51〕

【衣】

在衣的方面，商品內容以綢緞、布料為主，包含了四季、時式、男女各

〔註51〕【瑞裕新號食品行廣告】，《游戲報》第 1348 號（1901 年 4 月 8 日）。

色綢緞和新衣，有本國綢緞，也有外國紗貨。各式時髦新款的花素衣料、布匹一一上市，有珍珠花邊、涼紗、絨牌杭官紗、元青時花杭鐵干紗、長毛法蘭絨、毛條、棉條法蘭絨、緞地提花絲絨、水浪銀鑲絲絨等料，一應俱全。

除了時式新樣布料，當時也很流行北京的官樣服裝，這種服飾以細毛皮貨為基底，樣式仿照京城官場的穿衣風格，做工極細、花樣考究，而且皮製衣裝比起其他料子做的衣服要來得堅固耐用，再加上京樣服飾特有的質地和美感，使得這類細毛皮貨在當時也成為另一股時尚的潮流。

【住】

與居住有關的廣告，除了一般的房屋租賃、出售消息，還有供外地人士來滬旅遊時暫住的別墅出租資訊。這類別墅住房多半都有提供伙食，並附送各國的佳餚點心，也擁有能舉辦酒席餐宴等大型宴會的場地，功能和作用與今日的飯店、旅館頗為類似，稍微講究一點的，還自備馬車、包車等交通工具往返接送，並供應上等鴉片煙膏讓住客們使用；不僅照顧了基本的餐飲和住宿需求，也提供額外的交通、娛樂等便利服務。

此外尚有家具類廣告，商品內容有不必柴火便能煮食的新式器具、外國家具（包含西式的藤椅、鐵床、餐桌等）出租，還有電燈、電器，以及各式禦寒用的物品；這些物件廣告，為當時人們的家居生活提供了若干新穎的擺設選擇。〔註52〕

【行】

「行」的方面的廣告，自然與交通工具有關，當時幾種比較常見的，多是由西方引進的新式車具，在市區內使用的有馬車、腳踏車、東洋車，馬車和腳踏車的使用族群，多半是經濟能力較高的政府官員、王公貴族、富家子弟或青樓妓女之類，乘坐這兩種車具在路上來回奔馳，惹人艷羨；東洋車則是比較親民的大眾運輸工具，在十九世紀晚期已經相當普及。〔註53〕而聯絡上海與其他城市之間的，則是載客量大、又便捷快速的新式交通工具——輪船。由英、美出資的各大輪船公司在上海、寧波、天津、福州、汕頭、煙台等地都設有專用碼頭，供兩地之間往來的輪船停靠，因此報上常有

〔註52〕有關《游戲報》家具類廣告的細緻討論，詳見本論文第三章〈器械類廣告〉第二節「居家用品」。

〔註53〕有關新式車具的相關討論，詳見本論文第三章〈器械類廣告〉第四節「交通工具」。

輪船往返的船班、船期公佈，方便人們查詢參考（圖 2-5）：

圖 2-5　進出口輪船時刻

《游戲報》第 1348 號（1901 年 4 月 8 日）

【育】

這類廣告內容多與教育相關訊息的放送，或文學筆藝的學習和交流有關，在教育方面有各式學校的招生廣告：

1. 教會學校招生廣告。上海開辦學校的風氣，由外國傳教士開啟，一八五〇年左右，耶穌會教士晁德蒞司鐸在上海法租界創辦了徐匯公學，第一所女子學校──裨文女塾也開始招生。隔年，天主教會設立了啟蒙學堂、曉星小學。之後各教會又陸續在上海開辦了聖芳濟學堂、西洋女學堂、聖約翰書院、中西書院、中西女塾等等。〔註 54〕

2. 中國官辦和私立學校招生廣告。晚清時期，政府和民間基於富國強兵的用意，也積極興辦了諸多新式學校，如廣方言館、京師大學堂、格致書院、正蒙書院（後名梅溪書院）、經正女學、愛國女學、務本女塾等等，相繼開辦。這些學校皆以倡導西學為要務，學校的章程、體制和課程科目，都參照西方

〔註 54〕詳見〈法國人「洋學堂」的興起〉，收入中共上海市盧灣區委黨史研究室編寫：《老話上海法租界》（上海：上海人民出版社，1994 年），頁 90～91；〈學堂與學校──上海教育的發展〉，收入上海研究中心、上海人民出版社編：《上海 700 年》（上海：上海人民出版社，1991 年），頁 317；岑德彰編：《上海租界略史》，收入沈雲龍主編：《近代中國史料叢刊》第 64 輯（臺北：文海出版社，1971 年），頁 159。

學校的規範來進行，中國人學習西法之迫切心情溢於言表。除了上述二種，後來學校教育的層級更分別向上、向下延伸，接連開辦了蒙學、師範學校和附屬小學堂；至一九○七年，上海終於有大學、中學、小學三級學校，教育的體系逐漸形成。〔註55〕

而在文學筆藝的學習和交流方面，則有各式文人社團的組結訊息。游戲報主李伯元在一八九七年至一八九九年三年之內，透過《游戲報》組織了三個「紙上文藝社團」：藝文社、書畫社、海上文社，在報上發布社團的創社告白、緣起、略例、章程以及活動相關訊息。這些文藝社團創辦的主要企圖，除了供人文藝切磋以外，更別開生面地在《游戲報》刊登社員們的文學、書畫和篆刻作品，並為其制訂價格，以報刊作為諸項作品的銷售平台；以一種有組織、有系統的行銷方式將入社會員和作品集結起來，報社扮演了極重要的經紀人角色，而此種文藝社團，亦與此前的文人結社性質完全不同。蔡佩芬指出，這些社團在報上舉辦的藝文活動，使之逐漸形成一個「與報紙有緊密依存關係的想像的社群」。〔註56〕

【樂】

在「樂」部分，包含了聊以娛樂生活或能夠帶來樂趣的廣告，可分為中式和西式來看。中式的娛樂，有書畫潤格、戲曲廣告、精印小說彈詞等等；西式娛樂則有鴉片廣告、彩票廣告、焰火、馬戲諸項。首先談談中式的娛樂活動廣告。

「潤格」是書畫家為自己作品制定的價格，又稱為「畫潤」、「潤金」、「潤例」、「書例」等。訂定潤格，是書畫商品流通的基本方式，清代率先為自己制定潤格並在當時引發莫大轟動的人，是「揚州八怪」之一的鄭板橋。〔註57〕作詩、作畫，原本是文人對人生的感悟、記錄，或為情志抒發，或為生活雅趣，或為上層階級用以妝點其身分、品味的玩物，精神意涵大過一切。然而時至晚清，「書畫家」成為一項專門的職業，掛榜鬻藝搖身一變為

〔註55〕詳見〈學堂與學校——上海教育的發展〉，收入上海研究中心、上海人民出版社編：《上海700年》，頁316～321。

〔註56〕有關《游戲報》文藝社團的精彩討論，詳見蔡佩芬：〈想像的社群——《游戲報》中的晚清上海藝文活動〉，《中極學刊》第6輯（2007年12月），頁123～145。

〔註57〕鄭板橋主動要求潤筆之事，詳見（清）宣鼎著：《夜雨秋燈錄》（濟南：齊魯書社，2004年），〈初集·卷1·雅賺〉，頁13～16。

文人謀生的方式之一，職業文人群體的出現，也間接促成了近代稿酬制度的成形；〔註 58〕此一現象，說明書畫逐漸脫離純粹的文化藝術品範疇，轉而成為一種商品形式。

　　《游戲報》的書畫潤格廣告一般以件數或尺幅計價。依照裝裱形式的不同，可分為堂幅、屏條、卷冊、琴條、帳眉、紈摺扇、楹聯、斗方、手卷、壽屏、匾額等。繪畫題材除有傳統的人物、花鳥、山水之外，撫古、點景則需另外議價；寫字類可以代撰序文、記、跋、詩詞、長聯對句，後來還擴大服務範圍，連墓碑志銘（包含墓志、墓表、神道碑）和名片都囊括在內，試看【稷山居士潤例】：

> 碑版例　墓志一百兩，墓表同。表石大者酌加志，石小者酌減〇神
> 道碑二百兩　撰文另議，用文不書。　　凡刻石文字除墓碑志銘外，
> 其餘碑記題刻，視所刻之處及所記之事酌減，不拘潤例〇壽屏例
> 大堂十六幅者一百兩，小者酌減　撰文另議　手卷冊頁，紙有大
> 小，行有多少，隨時酌議　碑帖及卷冊圖幅，題跋另議　書籍題
> 簽，凡覆刻古籍及有關世道人心之書，概不取潤。　　名片一元。
> 凡用素絹必表託一層方書。　白紙劣眉硾宣箋紙，以煮硾為上，紙
> 劣不書。　潤資先惠，限期不應。　　凡楷、行、篆、隸，興到下筆，
> 不能預定。〔註 59〕

依碑文所刻之處、所記之事酌收費用，但「復刻古籍及有益世道人心者，概不取資」，顯示書畫家在謀生之餘，仍不忘行善勸世。

　　有些潤例會連帶說明優惠折扣和交件地址，且為了避免買主取件後不認帳的糾紛，通常需要預先支付潤金，稱為「潤資先惠」、「潤筆先惠」，主要採現金交易，付清後三至五日內取件。作品和潤金，一般由報館或照相館代為傳遞，這個類似中介人的角色，隔絕了書畫家與買主之間的直接接觸，一來讓書畫家能專心完成作品，二來則巧妙地避開買方討價還價的麻煩，因此也具有把關的用意。比較講究的書畫家，基於對書畫用紙的考量，會特別加註「女扇、油扇，一概不書」、「帋（紙）劣不應」或「劣紙拙詞均不應」，這是為了避免紙張或畫布因品質太劣而不易著墨上色，同時維護書畫家的作品水

<hr>

〔註 58〕　有關稿費制度的建立，詳見陳平原主講，梅家玲編訂：《晚清文學教室：從北
　　　　　大到臺大》（臺北：麥田出版，2005 年），頁 44～55。
〔註 59〕　【稷山居士潤例】，詳見《游戲報》第 556 號（1899 年 1 月 7 日）。

準。值得一提的是，一八九八年報上出現了「繪相潤格」廣告，計價方式由全身／半身、便衣／朝服，及畫布長度決定，與機器攝像的收費方式相當雷同，但因全程手工繪製，因此仍稱「潤格」。潤格細目如下：

> 二尺半便衣半身，英洋五元　朝珠補子加洋一元○三尺便衣半身，英洋六元　朝珠補子加洋一元○三尺便衣全身，英洋九元　朝珠補子加洋□□□□便衣全身，英洋十二元，朝珠補子加洋二元○五尺便衣全身，英洋十五元，□□□□□加洋三元○六尺便衣全身，英洋十八元　朝珠補子加洋三元○七尺便衣□□□□全身，英洋念（案：應為「廿」之同音字）一元　朝珠補子加洋三元。以上俱依英尺，配□另議，衣服加□價目加半。〔註60〕

此種潤格的出現，乃是為了抵抗甫出市面即受到熱烈關注的機器照相技術。傳統的人工繪畫因快速、精美的照相工業出現而備感威脅，為了呼應市場需求，從前只有貴族、官員等上層階級才能擁有的繪相特權因而開放，畫家們企圖以傳神精到的筆法和細緻的色彩表現與之爭勝；「繪相潤格」的出現，不僅象徵著滿清皇權的式微，也展現了傳統與現代、人工與機器的相互抗衡姿態。

　　而在戲曲廣告部份，由於上海人喜在閒暇餘時上茶館、戲園看戲，因此這類廣告每天都有，而且數量頗豐。廣告上頭會載明戲園名稱、出場演員、演出天數，有時也註記當天演出的劇目（參看圖 2-6），有的只演夜戲，有的日戲、夜戲都演。在《游戲報》上刊登戲曲廣告的，幾乎都是當時著名的戲園，如丹桂茶園、天仙茶園、榮華富貴樓、一品樓、天樂窩書館等等。除此之外，「看小說」也是很受歡迎的消遣。《游戲報》曾連載或隨報附送過多部章回小說和彈詞作品，後來因為太受讀者歡迎而集結出版，如《精印繪圖鳳雙飛》、《庚子國變彈詞》、《南亭新著‧官場現形記》以及各式偵探小說、翻譯小說等等。

〔註60〕【繪相潤格】，《游戲報》第 470 號（1898 年 10 月 13 日）。

圖 2-6 《游戲報》戲曲廣告

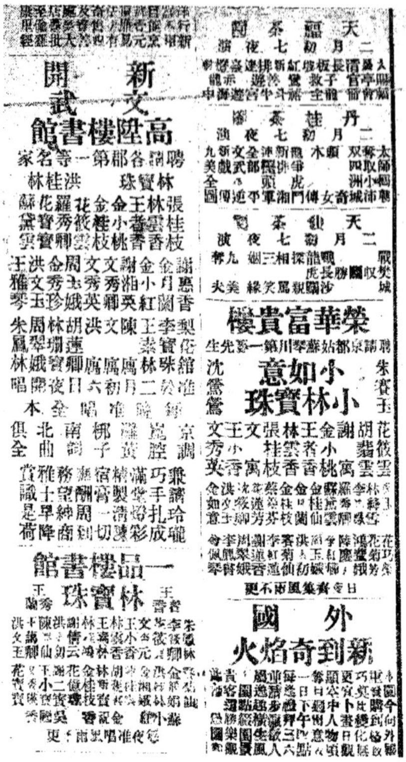
天福茶園
丹桂茶園
天仙茶園
新文武開
高陞樓書館
榮華富貴樓
小如意
小林寶珠
一品樓書館
林寶珠
外國
新到奇焰火

而在西人引進的各式娛樂活動方面，廣告內容多元又新奇，有鴉片、彩票、焰火、影戲、賽馬、馬戲、花園遊賞等等，讓人目不暇給，每一種都想要嘗試。西人寓居上海以來建造了不少公園，之後也開始有華人所建的新式花園出現，如張園、愚園、徐園，都是遊人喜愛的去處。二十世紀初期數量更多了，報上常能見到寄園、新園、麗園等大花園的廣告，「禮拜日逛花園」已經成為一般民眾慣常的休閒活動；這些西式娛樂項目不僅為人們開拓了新的視野，也帶來更多感官的刺激和愉悅經驗。〔註 61〕其他如醫療服務、藥物、營養補給、命理研究、論相占卜等亦在廣告之列，不只是食、衣、住、行、育、樂六大領域，幾乎任何可能會有的需求都能在報上找到相應的廣告，《游戲報》廣告涉及面向之包羅萬有，由此可知。

另外值得一提的是，《游戲報》廣告經常與時事和新聞結合，例如報上有人投書，表達對鴉片的反對和譏諷，但翻開另一張報紙，迎面而來大剌剌地就登著鴉片煙膏店的廣告。又如有則新聞，大意是這麼說的：「某日有一官員

〔註 61〕關於西式娛樂活動的詳細討論，詳見本論文第五章〈西式娛樂類廣告〉。

至知名番菜館用餐，一行人氣氣派派點了滿桌子大魚大肉，但官人東挑西揀、無下箸處，整桌菜沒吃幾口，眾人便離席而去。」這則新聞原意是在描述政府官員們豪奢生活的模樣，但從另一角度看來，它同時也替番菜館的菜色宣傳了一番。《游戲報》廣告與新聞、時事之間有緊密結合的互文性，這一特色，是同一時期其他中文報紙所沒有的。

　　本文原欲觀察《游戲報》某一特定商品廣告的刊登頻率，循此理解各式各樣、五花八門的商品如何在新的平臺——報紙上廝殺，以取得出線的機會。然而實際閱讀文本後發現，在眾多的《游戲報》廣告中，同類商品的競爭風氣並不十分踴躍，廣告的刊登頻率，與該商品之競爭強度的關聯較低，而與其背後主要經濟支援——店舖營運興衰的關係密度較高，也就是說，某項商品廣告之所以消失，往往不是因為出現了同類型且競爭性更大的產品，而比較可能是店家基於任何無法得知的原因，停止繼續刊登廣告的緣故。或可依此推測，當時的廣告主也許尚未完全理解或見識過刊登商業廣告所能帶來的經濟效益。

二、廣告主

　　接著將討論的觸角延伸至廣告主，經過歸納，發現《游戲報》大約有五種廣告主類型，底下分別說明。

（一）經理洋務／洋物的機構

　　上海在開埠以前，已經是商業活動十分蓬勃的重點城市，開埠後，更是迅速成為中國進出口商品的貿易中心。洋行，是洋商在中國進行貿易行為時的辦公地點。根據記載，一八四三年洋商便已開始在上海廣設洋行，當時有寶順、怡和、仁記、播威等等，其中最著名的，莫過於怡和洋行。〔註62〕之後德國、法國、美國、日本各國也紛紛加入，陸續開設了魯麟洋行、禪臣洋行、利名洋行、永興洋行、茂生洋行、萃豐洋行、三菱洋行、中井洋行等等，上海的洋行直如雨後春筍般出現，不過仍以英、美洋行為多；一八五四年，洋行的戶數已有百來家之多。〔註63〕

〔註62〕〈上海雜記〉提到：「寶順、怡和、仁記、播威等行，為上海洋商之始。」詳見徐潤：〈上海雜記〉，收入《中國近代史資料叢刊》編委會編：《洋務運動》（上海：上海書店出版社，2000年），第8冊，頁335。

〔註63〕詳見〈一個被迫開放的大市場——早期的洋行和外貿〉，收入上海研究中心、上海人民出版社編：《上海700年》，頁126。

　　早期洋行經辦的業務，除了鴉片走私以外，[註64] 主要還是紗布、五金、洋酒、罐頭食品和各種日用百貨等等。經常在《游戲報》上刊登廣告的有魯麟洋行、瑞記洋行、盛豐洋行、戴禮士洋行、海利洋行等，均進口或代理各式各樣的西洋物件和服務，進口貨物的來源國家有英、美、德、法與日本諸國。這些洋行以販售時髦或實用的西洋器物為主，有時也兼賣其他生活雜貨，如香菸、啤酒、雪茄等休閒娛樂小品。財力和勢力較大的，會進而壟斷一些利益龐大的特殊事業，如專辦火災保險和槍砲軍械的茂生洋行和盛豐洋行。不過，不同國家經營的洋行，在販售的商品項目方面各有主次，英資洋行以高檔的布料為主打，如呢絨、洋布、紡織品等等；德資洋行則以日用雜貨，如洋針、洋線、五金機器為賣點；美資洋行側重肥皂、洋油等日常實用物件；法資洋行則以香水、香皂、化妝品為多。從他們各有各的關注重點來看，就能理解各國洋行乃依據本國的工商業發展專長來決定他們應該供應哪些商品種類；不同的經營重心，不但能營造洋行的特色，也能使其保有市場競爭力。

　　洋廣貨號的開設更是多不勝數，他們同樣販賣來自西洋的各式物件，但與洋行不同的是，洋廣貨號賣的是比較低檔的商品，如絲線、串珠、香粉、生髮油、花露水等日用百貨，為了爭取更高的營業額，有時也接納別家商品寄賣託售。這類店家通常規模都不會太大，類似雜貨店的性質，而且開店的數量多、資金少，銷售方式以零售為主。由於商品經濟的發展趨勢，會使貨物的分類項目趨於細緻，後來洋廣貨號便逐漸發展成為各具特色的專賣店家，如洋布店、絲線店、布襪店、香粉店等等。

　　至於外商公司，他們所承擔的業務，部份與洋行有所重疊，但投資的範圍更廣，有時也自己開設洋行。外商公司專門發展中國本土未曾有過的商業類型，如彩票、銀行、保險業、啤酒廠、荷蘭水製作公司和輪船公司[註65]等等。外商公司的設立以英、美、日、法、德五國居多，普益彩票公司、和

〔註64〕洋行在外國勢力的保護之下，從事大批鴉片走私，1851 年，經由洋行走私進入上海的鴉片總值計有上千萬元，佔進口貨物總值的74%。怡和、寶順、旗昌洋行，是當時鴉片走私的三大巨頭，他們透過飛剪船大量而快速的載運鴉片，後來甚至在船上配置精良的大炮以抵抗清政府的查緝；有關洋行私運鴉片的詳細討論，請見陳文瑜：〈上海開埠初期的洋行〉，收入《上海地方史資料（三）》（上海：上海社會科學院出版社，1984 年），頁 189～197。

〔註65〕晚清時期各大外商公司的輪船名稱詳見（清）葛元煦撰：《上海繁昌記》，收入沈雲龍主編：《近代中國史料叢刊三編》第 42 輯（臺北：文海出版社，1988年），卷 3，頁 269～270。

濟彩票公司、中國通商銀行、匯豐銀行〔註66〕、倫敦火險公司、南英商水火
保險公司、薩卜勒啤酒廠等，在當時都頗有名氣。他們多半對外宣稱展店的
資本額豐沛充足，且營運章程完備，不必擔心公司有資金不足而忽然倒閉的
風險，因此也建立了誠實可靠、值得信賴的形象。

（二）西式娛樂事業主

這類廣告主是上海開埠後才發展起來的新式商業機構，如鴉片館、彩票
行、馬戲團、洋造花園主人等，他們經營的業務項目，大多與西方娛樂活動
有關。由於人們對這些西式的娛樂內容並不理解，有些甚至還很陌生，因此
他們會在廣告中加入較多的白話語句，對該娛樂項目略做說明，以【愚園施
放煙火廣告】為例：

> 前在愚園內燃放外洋各種五彩煙火，十色五光。蒙中西士女聯袂來
> 觀，有目共賞，讚與尋常所放者迴乎不同也。茲將玩戲十餘年積存
> 新異煙火，定於禮拜晚及禮拜二四晚十點半鐘，准期燃放。簇簇生
> 新，別開生面，有層出不窮者矣。諸君納涼清興，一擴眼界。〔註67〕

首先，「在愚園內燃放外洋各種五彩煙火，十色五光」點出表演的地點和演出
內容，接著「中西士女聯袂來觀，有目共賞，讚與尋常所放者迴乎不同也」描
述來觀的民眾有誰，感想如何；繼而宣布下次燃放的時間以及可能出現的精
彩場景。

就像活動的文字記錄一樣，生動活現地展演燃放煙火的實況，藉由閱讀
這則廣告，彷彿也能聽到現場觀眾吃驚的讚嘆聲。這類廣告主很常採用白話
敘述的廣告方式，將商品或服務的內容條理分明地介紹出來，比起用語簡省
的招貼型廣告要能吸引人們的目光。

（三）傳統產業主

傳統產業主的部份包括衣料類——衣莊、綢緞行、皮貨行；餐飲業——番

〔註66〕匯豐銀行是英國在遠東設立的銀行之一，與其他各國的在華銀行相比，匯豐銀
行乃長期處於優勢地位，對中國的金融市場有著極高的影響力。有關匯豐銀行
在中國發展的業務內容與影響力之由來，詳見郭太風：〈匯豐銀行在舊中國的
主要活動〉，收入中國人民政治協商會議上海市委員會文史資料工作委員會編：
《舊上海的外商與買辦》（上海：上海人民出版社，1987年），頁112～126。
〔註67〕詳見〈愚園內　禮拜晚及禮拜二四晚十點半鐘大放外洋煙火〉，《游戲報》第
43號（1897年8月5日）。

菜館、中餐廳、外國雜貨舖、點心店（酥糖、月餅、茶食蜜餞、製酒公司等）；舊式的休閒娛樂場所──茶館、酒樓、戲園；以及珍珠號、古玩店、摸骨論相等具有中國傳統特色的商業類型均可歸入。

與前一類廣告主相較，這種類型的廣告主多半只在報上發布開店、減價優惠以及折扣等簡單的訊息，廣告數量相對來說少了很多，他們顯然比較不依賴廣告的效益。猜測可能的原因是，這類產業專門照顧「必要或經常發生」的需求，如餐飲和衣著，或產業本身具有傳統性質，如傳統的娛樂場所和珠寶古玩、命理等行業。這些行業的客戶來源主要透過口耳相傳，由顧客與顧客之間互通消息，店家的信用和商譽乃是經由買賣才建立起來的，因此刊登廣告的頻率不高。

（四）醫藥事業主

醫藥事業主又分為診所和藥房兩種。《游戲報》醫藥廣告中，診所廣告的數量不少，其中有中醫、也有西醫診所的廣告。中醫診所的廣告多半是由兼治各科的醫師刊登，其廣告多言「夙精岐黃」，「精理男婦大方脈專治霍亂時疫喉痧」、「儒理咽喉內外方脈」等，有些中醫師還額外有出診服務。他們會在診間看病之餘，安排半天時間到某間客棧或某公館等特定地點施診送藥，類似巡迴醫療服務，這種醫師尤其需要經常在報上刊登廣告，例如「顧省臣出診時間告白」、「名醫蒞滬」、「名醫至滬」、「名醫回滬」等等。西醫則多偏重專科治療，如「日本牙醫濟華基先生」、「徐景明先生牙科神手」、「專治婦科，兼理傷寒雜症」、「鎮劍山先生產科」、「段大房眼科」等，不過也有一些無法由診所名稱、治療項目、醫術師承或治療手法來推測其究竟為中醫或西醫的診所。

在藥房方面，有中藥房和西藥房兩類。西藥房多以「藥房」稱之，中藥房則多名為某某「堂」、「齋」、「軒」、「室」，或稱「藥號」、「藥舖」、「藥局」等。兩種藥房販賣的商品也不盡相同，中藥房以銷售治療疾病的藥物為主，如德星堂、懷德堂專治各種時疫、花柳毒症，寶宦齋推出婦科、花柳妙藥；西藥房則在治病藥物以外兼賣營養食品，有時也包括美妝用物，中法大藥房和良濟藥房在這方面佔據了很大的市場。它們不但自製魚肝油精丸、補真牛髓漿，也進口補血藥、玉容粉、生髮水、口香糖、香撲粉及各式香水等等，經營的面向已十分類似今天的藥局或藥妝店。

（五）文化教育事業主

隨著「西學」、「新學」的口號四起，十九世紀晚期也興起了若干文化教育事業，這類事業主，以游戲報館與書籍銷售單位為主。為了將消息發佈出去並擴大宣傳範圍，他們經常利用報刊廣告來傳遞資訊，以下茲分數點依序說明。

1. 游戲報館：主要負責報館事務的若干訊息發布，如代售其他報刊——蒙學報、經世報、覺民報、無錫白話報等，或刊印連載小說，也替女子學校等教育文化機構刊登招生廣告，另外還替滬地的書畫家們刊登作品、制訂潤格，並代為收件，而為了增加文藝切磋的機會，還連續組織了三個文藝社團（藝文社、書畫社、海上文社）。

2. 書籍銷售單位：之所以稱為「書籍銷售單位」，乃因當時未有書局之名。能自印圖書銷售的機構有報館、商號，且多半是副業經營的形式，這些機構除了出版自印的圖書之外，有些也願意代客印書，提供墨色、彩色印刷和圖書校對服務，也稱為「印書局」，如蔚文印書局、元記印書局。這些單位印製的書籍可約略分為「西學類」、「經世類」、「休閒小品類」三種類目，底下分別描述。

（1）西學類：此類書籍包括有語言學習、各國圍法、醫學、算學、進化論等領域，均以實用為目的。在語言學習方面，英語和日語是最多人想學的，市面上出現了很多英、日文書籍，還有《初階英語讀本》、《華英進階四級》、《東語正規》等教科書，當然，字典亦是不可或缺的，當時有英、德、日、法等多國語言的字典出版。另外有詳述各國貨幣制度的《各國貨幣表》，以及中西醫學、算學、代數等書，還有很受重視的進化理論——《天演論》也有不少翻譯的版本發行，經常以「赫胥黎天演論」、「嚴復翻譯天演論」等詞彙廣告之。

（2）經世類：這類書籍以傳統讀書人的眼光出發，書籍名稱亦別具古典風味，從書名就能看出經世類與西學類書籍在內容上的不同，有《皇朝經世文編》、《時事分類匯編略例》、《經濟通考》、《五洲屬國紀略》、各式水陸輿圖、《蒙學圖說》、《兵法通考》、《洋務叢書》、《皇朝掌故彙編》等等。

（3）休閒小品類：以文人雅集和章回小說、翻譯小說為多，如《玉鉤集》、《歷代劍俠奇技錄》、《仙俠平倭演義傳》、《余曲園笑話新雅》、《新譯巴黎茶花女遺事》、偵探小說、《任伯年先生畫冊》、《梁任公文集》新編、續編、

三編、《精印鳳雙飛》、《庚子國變彈詞》及《海天鴻雪記》等等，這類休閒書籍豐沛地供應人們在忙碌生活之外的精神糧食。

《游戲報》在一八九八年八月左右，每日出刊張數已有六大張，此後便一直維持這個份量。每天有各式各樣的廣告出現，可能是報館、銀行、洋廣貨號、輪船招商局等機構告白，或尋人尋物啟事，或房屋出租消息，以及書畫潤格、戲曲、藥品、食品行、摸骨論相、書籍販賣、遊園賞花、吃酒喝茶等商業廣告和醫士出診訊息等等，項目之多，令人眼花撩亂。下表以一八九八年九月十二日為例，記錄當日報上的所有廣告項目，這個記錄能大致反映《游戲報》廣告主的類別及廣告的組成情況。

表 2-2　1898 年 9 月 12 日《游戲報》廣告主及廣告內容記錄

日　期	廣　告　主	廣　告
1898 年 9 月 12 日	游戲報館	花榜告白
	晚報館	送報告白
	卅六鴛鴦主人	精印鳳雙飛
	滬遊別墅	旅社告白
	華興公司	燕窩糖精
	漢口章敏夫、天津吳土卿	閔氏治毒靈丹
	耀華主人	戒煙糖
	時事匯編館	中外時事分類匯編略例
	村井紙菸公司	孔雀老牌香菸
	利康號	行號告白
	盛豐洋行	啤酒火柴
	常州閱報會	告白
	中法大藥房	九鞭壯陽種子丸
	麗華照像公司	行號告白
	海利洋行	鐘表奇貨
	戴生昌內河各路輪船總局	商號告白
	平湖王升記輪船	開船告白
	北順泰	彩票
	華洋大藥房	戒煙極品參片、一粒金丹
	泥城橋第三宅高大洋房	經濟通考

	勝威洋行	商號告白
	源大衣莊	滿衣出售
	良濟葯房	印度雪茄菸
	光繪樓	照像告白
	徐宇君	耀華主人戒煙糖
	馮公館	顧省臣名醫
	萃隆衣莊	各色衣料
	九昌綢緞莊	綢緞
	詠仙茶園	開演告白
	天仙茶園	開演告白
	慶樂茶園	開演告白
	丹桂茶園	開演告白
	王瀛州	命相
	海上一品樓書館	名角
	徐園	影戲
	愚園	開演告白
	天樂窩書館	名角
	鑑水居士	摸骨論相
	張園、愚園	燕窩糖精寄售
	小桃源書館	開演告白
	華英大藥房	戒煙玫瑰參片
	詠仙茶園	電光影戲
	利威洋行	商號告白
	錢省三醫室	醫室告白

　　以上是對《游戲報》五種類型廣告主的整理分析，綜上所述，可以看見《游戲報》廣告多元複雜的兼容特性，以及中西文化並存的局面。大致而言，與西方事物有關的廣告，在數量和內容的豐富程度上，都遠勝於中國原有的產業。這可能與中國原有產業已經建立了穩固的銷售模式有關，事業主並不覺得刊登廣告能帶來更多的客群，人們對其所能提供的服務內容也都清楚明白，因此廣告能渲染、發揮的空間非常有限。另一方面，對西方事物的陌生感和新鮮感，造就了想要一窺究竟的欲望，從廣告數量和新聞後續報導的熱烈和積極態度來看，不難發現人們對這些新奇事物的關注程度。

三、讀　者

　　研究晚清報刊，勢必遭逢一個重要、但卻難以回答的問題——「當時有哪些人看報」。對報刊讀者的討論，往往受限於範圍界定與資料處理的困難而無法獲得有效解答，本段落擬從《游戲報》諸文與廣告和敘述語句等內容著手，探察該報之讀者為何。〔註68〕

　　進行相關研究之前，首先應對上海一地的識字率與讀者數量的概況有所了解。陳俊啟根據周武和吳桂龍的研究指出，一八六二年光上海一地，包括租界和縣城，人口就有將近一百萬人，這些人口是晚清小說讀者的基本來源；而他進一步以羅斯基對清代教育和識字率的研究推論，上海地區在一九三〇年具有閱讀小說「潛在資格」的讀者數量約有五十萬人左右，佔該地總人口數的30%。〔註69〕

　　那麼，這群「具潛在資格的讀者」可能會是哪些人呢？可以先從〈論游戲報之本意〉這篇文章來看，其言曰：

　　　（游戲報）或託諸寓言，或涉諸諷詠，無非欲喚醒癡愚，破除煩惱。
　　　意取其淺，言取其俚，使農、工、商賈、婦人、豎子，皆得而觀之。
　　〔註70〕

文中明確指出，《游戲報》之所以採用俚俗淺顯的文字敘述，其最主要目的，是使農、工、商各個行業以及婦人、僕役等教育程度不高的民眾都能看懂，取其通俗適眾之功；〈鄭重送報〉更明確指出：「蓋能購閱報紙者，其人必稍知文墨」〔註71〕。

　　而依〈本館遷居四馬路說〉一文所言，《游戲報》不僅為適應販夫走卒的識字能力，更將文人墨客視為該報的預設讀者之一：

　　　文人墨士知我用心之所□□□同聲讚賞，即販夫豎子，日執一紙，
　　　既可助其閑話，亦得見人世間狡獪伎倆。如鏡照象，形莫可隱匿。

〔註68〕此種取徑得益於陳俊啟對小說讀者研究的啟發。陳氏在研究中指出，研究中國古典小說「預設讀者」的途徑有二：一是從小說的敘述、稱呼或敘述語態，感知「虛擬讀者」的存在；另一取徑是由作者、編者、或其他人的序跋來做探察；詳見陳俊啟：〈晚清報刊雜誌中小說讀者群體概念的形塑和消解〉，《漢學研究》第28卷第4期（2010年12月），頁207。

〔註69〕詳見陳俊啟：〈晚清報刊雜誌中小說讀者群體概念的形塑和消解〉，頁211～212。

〔註70〕〈論游戲報之本意〉，《游戲報》第63號（1897年8月25日）。

〔註71〕詳見〈鄭重送照〉，《游戲報》第457號（1898年9月30日）。

〔註72〕
文士是報刊創辦時想當然爾的讀者，不僅因為他們比一般勞動階級有較多的閒錢餘暇，更因為他們識字——知識份子向來是一般刊物最優先的讀者。根據《游戲報》廣告的內容，推測讀者群當中應有一部份人屬於仕紳階級。他們多半在地方上擁有若干程度的影響力與名望，且具備良好的識字與閱讀能力，這些人包括了正在擔任公職或已經退休的官吏及其男性家眷。上海仕紳們在一八九○年前後無不按日購閱《申報》，〔註73〕一來，他們既有購閱報紙的習慣，亦擁有中上程度的消費能力；再者，廣告中經常加註「若蒙　紳商賜顧」的字樣，因而可據以推測其為《游戲報》讀者之一。

其他諸如妓女、書畫家以及男、女學生等人，也可能透過各種管道接觸《游戲報》，廣告中大量的文藝結社訊息，和各式學堂、女子學校的開辦與招生資訊，顯然是考量到這些人可能閱報而刊登的。

〈本報添印附張緣起〉與〈搶報〉二文裡頭，對當時人們踴躍購閱的行為多所描述，據此，可以看出實際的閱報者究竟為何人：

▼本埠商務中天下，關關之間，殷阜日眾，其消息盈虛，率有得之
　報紙者，故其閱報較之，士夫尤嗜。〔註74〕

▼本報雖命名游戲，實隱寓勸懲、嬉笑皆成文章，以故文人學士、
　商販、婦孺，無不爭相購閱。〔註75〕

不僅如此，《游戲報》甚至遠渡重洋去到日本與歐美諸國，因而擁有了許多外國讀者：

　本報自丁酉五月創始，迄今再更寒暑矣。一紙風行，承海內士夫
　殷殷推許；上自搢紳，下逮閭閻，以及日東歐美諸邦，遐方殊俗，
　靡不爭相購致。且時有佳章雅什，千里馳書，有匡本館所不逮。
　〔註76〕

〔註72〕〈本館遷居四馬路說〉，《游戲報》第 101 號（1897 年 10 月 2 日）。
〔註73〕詳見熊月之：《上海通史》（上海：上海人民出版社，1999 年），卷 5，頁 380；包天笑亦曾言：「我對於報紙的知識，為時極早，八九歲的時候，已經對它有興趣。其時我們家裡，已經定了一份上海的《申報》」，詳見包天笑：〈讀書與看報〉，氏著：《釧影樓回憶錄》，收入沈雲龍主編：《近代中國史料叢刊續編》第 5 輯（臺北：文海出版社，1974 年），頁 103～107。
〔註74〕詳見〈本報添印附張緣起〉，《游戲報》第 700 號（1899 年 6 月 8 日）。
〔註75〕詳見〈搶報〉，《游戲報》第 145 號（1897 年 11 月 15 日）。
〔註76〕詳見〈論本報多寓言〉，《游戲報》第 736 號（1899 年 7 月 14 日）。

這些外國讀者在閱報之餘，對報館亦多所回饋，時常針對報刊情況加以投書，或回寄良文佳篇以輔助報上登載的資訊。李伯元對此甚表歡迎，挑選其中若干佳章予以刊登，也經常以專文回應讀者的意見。〔註77〕

由於李伯元性好廣結文士，平日即致力於文人筆藝的切磋交流，經常透過聚會集結同好，同時，他與日本報人也有頻繁的往來。《游戲報》曾登過〈天香閣雅集〉一文，即是描述其與中日友人同歡宴飲的經過。透過日人永井禾原〔註78〕的介紹，《游戲報》與大江敬香創辦的《花香月影報》，兩報建立起交換關係，據〈游戲報交換始末〉記載：

> 畏友永井禾原昨夏辭官，入日本郵船會社，現任其支店長，住在滬上。禾原乃經世之士而才具風流，故與滬上諸名士詩酒徵逐，談笑間，而其職實盡，為余所敬服。今年四月禾原偶因事來歸東京，適逢花月宴佳期。敬香致書招飲。席間禾原君為說《游戲報》甚詳。即托商諸伯元，以謀交換。五月廿六日禾原君滬上來書曰：「比日相逢李伯元，語以交換事，伯元欣諾。此後郵船每自滬上來，必齎《游戲報》。」〔註79〕

從這篇文章的描述，可以確認《游戲報》曾在日本流通、且有不少讀者的事實；一八九八年《游戲報》開始在日本東京朝日新聞館設置售報口，〔註80〕此舉亦可見其頗受日籍讀者的歡迎。

第四節　結　語

本章主要是在建構對《游戲報》和《游戲報》廣告的基礎理解，分為「《游戲報》的發行」與「《游戲報》的廣告」二部分，這也是進入核心章次之相關

〔註77〕詳參〈來稿撮要〉，《游戲報》第91號（1897年9月22日）；〈來書總覆〉，《游戲報》第138號（1897年11月8日）；〈紀夢〉，《游戲報》第146號（1897年11月16日）諸文。

〔註78〕永井禾原，原名久一郎，別號來青散人，曾任日本郵船會社上海支店長，於1897年赴滬供職。其素習漢學，能直接閱讀中國書籍，也能鑑賞書畫作品，喜愛使用中國的器物和文具，並與袁翔甫、李伯元之筆時有往來。即使甲午戰後日本興起輕蔑中國的風氣，其在上海的宅第亦仍常有中國文人出入訪見；詳見王學均編著：《李伯元年譜》，頁93。

〔註79〕〈游戲報交換始末〉，轉引自王學均編著：《李伯元年譜》，頁94。

〔註80〕參見表2-1《游戲報》各地售報處。

討論前必要的鋪墊。以下分別詳述討論結果：

在「《游戲報》的發行」一節，首先根據報主年譜與相關研究資料的爬梳得知，游戲報主李伯元是著名的晚清小說家，生平撰寫過不少長篇小說及彈詞與雜文筆記。一八九六年他與家人同往上海，先後主持了《指南報》、《游戲報》、《海上文社日報》、《世界繁華報》及《繡像小說》等刊物，文才十分出眾。一八九七年《游戲報》發行後，他以〈論游戲報之本意〉一文說明辦報用意，乃欲別闢蹊徑，嘗試以淺白易懂之語、消閒遊戲筆墨從旁提點癡迷沉醉的世道人心。接著又發表〈論本報不合時宜〉一文，進一步借報社命名緣由再次申說其目的，不僅在喚醒愚癡，更希望透過報刊對社會黑暗面的描述，達到諷刺世情、警醒眾人的覺世作用。除了具備道德良知與社會責任，李氏對經營報館也很用心，不但多次翻新機具設備，更為提高銷量而想出在報上舉辦妓女花榜的辦法；此舉立刻奏效，成功吸引了全城文士的目光。李伯元對報務的努力和投入，以及對讀者需求的立即反應，同時還具備敏銳靈動的商業頭腦；這些條件，在在促使《游戲報》成為風靡一時、人手一紙的暢銷報刊。其次考察《游戲報》的版式與內容。初期每日出刊兩大張，首張報紙右側有廣告四至五則不等，中央置放一文，次頁接續瑣事軼聞八則。最遲至一八九八年八月，日刊張數六大張，廣告佔有將近一半的面積；九月以後，廣告已佔據整份報紙約三分之二的篇幅；從廣告面積大量擴張的趨勢來看，可知廣告收入應為報館的主要經濟來源。一九〇五年六月，《游戲報》開始有明確的欄位劃分，除社論與廣告，其餘部份分別設置了【論說】、【雜記】、【打油詩】、【短篇小說】、【時事偶談】、【海上看花記】、【吳儂軟語】、【海上顧曲記】、【莊諧新誌】、【游戲新誌】、【新小說】等欄目，其中有不少翻譯小說、章回小說與詩詞創作等文學內容；報紙欄目的多樣化，反映了《游戲報》蓬勃發展的態勢，而文藝作品的持續刊登，則顯示該報嘗試轉型為文藝小報的取向。而在「價格、銷售網絡與銷售量」部份，整理出一八九七年至一九〇八年間《游戲報》單張報紙售價的變化情形、刊登廣告的收費標準、外埠定報的方式與金額，以及報紙銷售範圍（以附圖五示之），分析結果顯示一八九八年《游戲報》銷售區域已遍及中國各地，甚至遠達日本東京，吾人可由〈游戲主人擬舉行遴芳會議〉一文與日人內藤湖南的旅遊筆記看出《游戲報》在當時熱門搶手的程度。接著依項士元《浙江新聞史》的記載與李伯元在贈閱廣告中的署名，推論《游戲報》創辦時有多方

合資的可能；一九〇六年李伯元另辦《世界繁華報》，主張將《游戲報》售予畫家余禮，因此報館後期的事務，幾乎是由助手歐陽鉅源來負責的。

在「《游戲報》的廣告」一節，探索了「《游戲報》涵括的面向」、「廣告主」與「讀者」等議題，並論述廣告初期的形式發展。在「《游戲報》涵括的面向」這部分，以食、衣、住、行、育、樂六大類目觀察《游戲報》各式廣告的分佈狀況，結果發現《游戲報》廣告涉及之面向不僅有此六大領域，而是囊括了生活中的大小需求，幾乎任何需求都能在報上找到相應的廣告，且經由上述的討論，發現《游戲報》廣告有與新聞、時事緊密結合的互文性。而在「廣告主」方面，討論得出《游戲報》有以下幾種廣告主類型：（一）經理洋務／洋物的機構、（二）西式娛樂事業主、（三）傳統產業主、（四）醫藥事業主、（五）文化教育事業主，其中有中式機構，也有西式機構，有新興的事業體，亦有傳統產業加入；透過對廣告主的討論，得見《游戲報》廣告多元複雜的兼容特性以及中西文化並存的局面。在「讀者」的部分，以報刊文章、廣告及敘述語句來推測《游戲報》可能的讀者為何。透過〈論游戲報之本意〉、〈本館遷居四馬路說〉、〈論本報多寓言〉諸文，得知《游戲報》初時預設的讀者有文人、農、工、商賈等各階層的民眾，以及婦人、僕役等教育程度不高的居民，由此可見李伯元欲以淺白字句將《游戲報》推廣出去的用心。接著從廣告內容推測讀者身分，可能有地方仕紳、妓女、書畫家和男、女學生等等，這些人或有購閱報紙的習慣，或有採買購物的需求，又或者有學習新知和進學的渴望，這些原因，均使其成為《游戲報》潛在的讀者群體。另外，透過〈本報添印附張緣起〉、〈搶報〉、〈論本報多寓言〉諸文觀察《游戲報》的實際讀者，其中有一部分居住在日本與歐美各國，他們經常在報上投書，李伯元也多次以專文慷慨回應；最後由〈游戲報交換始末〉的記錄與游戲報館在日本東京增設售報處一事，見證《游戲報》亦頗受到日本民眾歡迎的實況。

本章的研究重點在建構《游戲報》與《游戲報》廣告內涵的基礎認知，透過爬梳報主年譜等文獻資料，並詳讀《游戲報》微縮卷片，以分析文本內容的方式建立起相關的論述。下文便以此基礎認知為依傍，進行各核心章次的討論。

第三章　器械類廣告

第一節　前　言

　　器物是人類生活之必需，即便是遠古時期，也同樣需要各式器具來輔助人類的生活。在火尚未出現的生食時代，為了採摘生長在高處的果實，需要長竿或樹枝等器具做為臂膀的延伸；為了抓捕獵物，需要製作網、簍、木叉等獵捕工具；而在人類習慣用火烹煮食物的時代，器物的製作更趨於精緻了，開始出現具備農耕用途和各種在烹調時使用的煮食器具。「器物」是被創造來彌補或分擔人類肢體的不足與勞動的，因此我們無法在除去生活中的器物的狀態下了解人類的社會生活。人們需要透過與器物的互動，使社會結構能夠具體化，〔註1〕而人類所使用的器物，可以說是其社會文化的再現；因此，分析一個特定時代或特定地區的人們所使用的「物」，對於了解其文化內涵及社會生活有相當程度的助益。

　　上海自開埠以後，外國商人和商船紛至沓來，各地商旅雲集、奇貨麇聚，初來乍到的人們見此情景，無不備感驚詫，王韜這麼記載著：

> 一入黃歇浦中，氣象頓異。從舟中遙望之，煙水蒼茫，帆檣歷亂。
> 浦濱一帶，率皆西人舍宇，樓閣崢嶸，縹緲雲外，飛甍畫棟，碧檻
> 珠簾，此中有人，呼之欲出。然幾如海外三神山，可望而不可即也。
> 〔註2〕

〔註1〕詳見Tim Dant著，龔永慧譯：《物質文化》（臺北：書林出版，2009年），頁8。
〔註2〕詳見（清）王韜著：《漫遊隨錄》（北京：社會科學文獻出版社，2007年），頁28。

前往上海的人們，待船隻一進黃浦江口，隨即映入眼簾的便是沿著港岸停靠
的西洋輪船；再靠近一點，就能看見矗立在江邊、寬敞高大的由洋人們居住
的華麗屋宇。而在華洋雜處、貿易特別興盛的十里洋場中，則讓人有身處異
地之感：

> ◆洋涇一隅，別開人境，耳聞目見，迥異尋常。顧欲描摹於頤吻，
> 講畫於口指，殊覺費於形容。〔註3〕
> ◆連雲樓閣壓江頭，縹緲仙居接上游。十里洋涇開眼界，恍疑身作
> 泰西遊。〔註4〕

種種新奇的貨物、嶄新氣派的洋樓和南來北往的擁擠人潮，讓人看得目不轉
睛、瞠目結舌，彷彿進入大觀園一般，兜兜轉轉得流連忘返，許多騷人墨客
亦為此留下不少記述。

　　商旅們自遠洋攜入若干製作奇巧、令人大開眼界的「西洋奇器」，有些改
善了人們的生活，帶來極大便利，有些則成為流行時髦的物件，滿足人們探
索新奇的需求。檢閱《游戲報》的過程中，發現上頭刊登的器械類廣告多半
帶有明顯的科學色彩（當時稱為「格致器」），也就是所謂的現代化器物，如
能燒茶煮飯的自動器具、電燈或各類電器等等；這些器物，可以視為現代性
的一種具體展現，木章即著眼於此，嘗試以物質文化的角度探討《游戲報》
器械類廣告。

　　下面將蒐集到的器物類廣告文本，分為「居家用品」、「時髦奇器」和「交
通工具」三部分進行討論，期望能透過對這些廣告文本的細部分析，理解當
時人們與器物互動的方式。

第二節　居家用品

　　由於租界區寓居了不少外國人士，因此《游戲報》器械類廣告中也包含
若干西式的家居生活類物件，如藤椅、鐵床之屬，下面這則木器廣告提到：

> 大號黑藤椅，每把售□一元八角五分，原□批發，計四打元六十四
> 兩。又新到靠手黑藤椅、搖椅、大小鐵床，其價亦格外公道，並外

〔註3〕　詳見（清）王韜：《瀛壖雜志》，收入《筆記小說大觀》第二十八編（臺北：
　　　　新興書局，1988年），卷6，頁3961。
〔註4〕　同前註，頁3956。

國房間鐵床出租。如蒙賜顧，請至三洋涇橋北王□記號面議可也。
〔註5〕

考量到外國家具的售價一般都較中式家具來得昂貴，收入微薄的消費者可能無力購買，因此店主人也很貼心地推出租用服務，滿足人們想要嘗試西式床具的渴望。而廣濟洋行則引入一款新奇的格致器，宣稱使用時不必開火，即能燒茶煮飯：

> 廣濟洋行新到此器，不用柴薪自能烹飪。小號壹元二角，價廉易購，
> 用法另有仿單。寄售四馬路及寶善街兩處、榮大紙菸店，薑批者請
> 至偷雞樁寶康里經售處。〔註6〕

當時與西方科學有關的學問或物件都被冠以「格致」之名，取其「格物致知」之意，如由西方傳教士傅蘭雅所創、以傳播科學知識為主旨的格致書院和《格致匯編》等。這個格致器，功能類似現代人常用的電磁爐，只要插上電，不必使用柴火便可完成炊事，非常方便、安全而又新奇。

另外一種同樣不必用火就能煮食的神奇器具，是由美商萃豐洋行推出的「無煙煤油火爐」，隨文附上的煤爐照片相當寫實，將爐身輕巧光耀、典雅獨特的造型如實呈現，十分引人注目（見圖3-1）：

這款商品雖然宣稱能燒菜燉茶，但主要功能還在冬日取暖。除了使用後不殘留煤渣之外，亦無煙囪口的設計，不必擔心黑煙污染或煤渣處理等麻煩問題，且爐身輕巧玲瓏、便於移動，很適合平日家居使用；而它特殊的造型，堪稱是全上海獨一無二的商品。買不起煤油火爐的人家，則使用價錢比較便宜的保暖物件──「白銅蠟球」。外型是銅製的球形容器，內部裝有經過凝固處理的蠟油，冬日天寒，只要在使用前將蠟球整顆浸泡熱水約一刻鐘，待球內蠟體受熱熔化後，即可放置身邊溫暖身體，是非常實用又安全的新創發明。
〔註7〕

〔註5〕【大餐藤椅大減價廣告】,《游戲報》第687號（1899年5月26日）。
〔註6〕【燒茶煮飯格致物廣告】,《游戲報》第618號（1899年3月18日）。
〔註7〕【新到○妙冬令品衛身禦寒白銅蠟球廣告】,《游戲報》第936號（1900年2月11日）。

圖 3-1　萃豐洋行無煙煤油火爐廣告

《游戲報》第 1601 號（1901 年 12 月 18 日）

　　晚清時期諸多西方物質文明的輸入，對人們的生活產生了一定程度的影響，影響層面較大的其中之一是「照明」。在上海開埠以前，人們慣常使用的照明器具是油燈，多以菜油或豆油為燃料，這種燈具發出的亮度極低，能見度不高。自洋人開始寓居上海以後，自十九世紀六〇年代至八〇年代之間陸續引進煤油燈、煤氣燈和電燈等各項現代氣味十足的燈具，而這當中又以

「煤氣燈」最令人們感到驚奇。〔註8〕

　　煤氣燈是上海出現的第一批新式照明設備。隨著租界範圍的擴大以及商業活動和人口數量的日漸繁盛，界內的交通建設也開始加入若干新的規劃，其中一項便是增設交通的配套設備──道路煤氣照明；一八六五年十二月十八日，煤氣路燈在南京路上點亮，一時徹照四方，人們無不驚豔讚嘆。數年後，不僅公共租界和法租界，就連一般華人的居處，也都開始使用方便又便宜的煤氣照明。〔註9〕

　　時至一八九〇年，租界當局為了增加租界區夜間行車的安全而開始淘汰由煤氣發電的弧光燈，改採性質比較穩定的白熾燈，至此，界內的交通配套措施已堪稱完善。〔註10〕《游戲報》有一則名為〈西洋月亮〉的趣味新聞，描述外地人來到上海，對眼前所見、充滿現代性意味的電燈表現出莫大驚奇的有趣事蹟：

> 昨有某姓僕，江北人。初到上海，船泊鐵大橋，至時已夜半，陡見電燈矗立，照耀如同白晝，僕大譁曰：快看西洋月亮！主人及舟子均出，視無所睹，急詢僕。僕指電燈以對，於是眾皆笑不可抑。夫中國自通商以來，如洋布、洋紗、洋火、洋酒、洋燭、洋傘等，亦既無物不以購自外洋者為得用，不料廣寒仙子亦被以美名果爾，則鏡裡嫦娥當必西服打扮也！是可怪已。〔註11〕

大抵說來，上海得力於租界的存在，使得城市發展在很短的時間內便趨於現代化，但中國其他地區卻仍處在原有的傳統生活模式當中，並未因晚清動盪的局勢或新進文化影響而產生大幅度改變。因此初至上海的外地人，自然對這個白相大世界裡的事物無一不感到好奇，而有這般令人啼笑的驚訝反應。

　　有關電燈在上海出現的時間以及創辦人，《清稗類鈔》裡頭這麼記載著：

> 上海互市雖久，然租界一切佈置，初亦草草。至光緒壬午、癸未間，始有電話。電燈亦始於中葉，創辦者為西人德里。創議之初，華人

〔註8〕　上海一地照明器具的使用演進歷程，詳見張仲禮主編：《近代上海城市研究》（上海：上海人民出版社，1990年），頁897～900。

〔註9〕　詳見李長莉：《晚清上海社會的變遷──生活與倫理的近代化》（天津：天津人民出版社，2002年），頁74～77。

〔註10〕　詳見邢建榕：〈早期道路交通建設與近代上海城市發展──以英租界為中心的考察〉，收入上海市檔案館編：《上海檔案史料研究》第三輯（上海：上海三聯書店，2007年），頁30～32。

〔註11〕　〈西洋月亮〉，《游戲報》第95號（1897年9月26日）。

> 聞者以為奇事，一時謠諑紛傳，謂為將遭雷擊，人心洶洶，不可抑
> 制。當道患其滋事，函請西官禁止。後以試辦無害，其禁乃開。當
> 電話甫行時，謠言亦如之。西人經營租界事業，必隨華人之心理而
> 進步，於此可見一斑也。〔註12〕

依內文所述，電燈大約在一八八三年左右被引進上海，「聞者以為奇事，一時
謠諑紛傳，謂為將遭雷擊，人心洶洶，不可抑制。」活靈活現地描繪出當時人
們對未知事物的好奇與恐懼心理。

其實恐懼來自於無知。中國人以為電燈之「電」乃「天上雷電」，因此以
雷電發燈，無異與鬼神爭電，此乃大不敬行為；此番理解引發了若干不安的
情緒以及滿天謠言，再加上人們誤以「電火」與炭火、柴薪之火為同類，擔心
一經使用將可能引發火災，上海道台甚至因此發布了禁止裝設、使用電燈的
荒謬命令。〔註13〕此等行為在今日顯係無知可笑之舉，然而在科學尚未普及
的晚清時期，卻是最自然真實的表現。

好在疑慮很快就獲得消除，人們在電燈啟用後發現並未如預期所想地發
生事故，便欣然接受了這項便利的新進發明。一九○○年，《游戲報》出現華
人首次申請專利的電燈廣告：

> 各燈見水即熄，水月電燈見水反燃，故稱曰妙。電石，火燒不燃，
> 可免火險，故稱絕妙。然初創未盡善，今新製磁瓶，各燈有三十枝
> 燭光，式樣極雅，氣味極清，居然□□全□□□。用法簡便，每盞
> 每晚用電石三兩餘，需錢三十多文，凡當面試者，無不欣然購買。
> 中國頭次專利，竟能如此做臉。同人登報誌喜，藉以告□遠省股東。
> 上海英大馬路泥城橋水月電燈公司謹白〔註14〕

從「華人創辦電燈公司」這點來看，電燈應該已經被廣泛運用在上海人的生
活當中，且使用層面持續擴大；在有利可圖的情況下，才可能吸引華人加入
原本只有洋人投資的電燈市場好分食這塊大餅。此外，值得注意的是廣告中
「遠省股東」的字樣，這意味著當時亦有其他省份的投資者購買電燈公司的
股票，而股東當然不會只有一人。由此可見，在上海本地購買電燈股票肯定

〔註12〕 詳見（清）徐珂編撰：《清稗類鈔》第 12 冊（北京：中華書局，1986 年），頁
6038。

〔註13〕 詳見袁阿泉：〈南市電業側記〉，收入上海市政協文史資料委員會編：《上海文
史資料存稿匯編》（上海：上海古籍出版社，2001 年），第 8 冊，頁 112。

〔註14〕 【水月電燈廣告】，《游戲報》第 930 號（1900 年 2 月 5 日）。

是更為普遍的了。

　　除了常見的檯燈、電燈等一般樣式，市面上也有各色設計奇巧的新樣電器，如下圖所示（圖3-2）：

圖3-2　花瓣中心能發光的奇巧燈具

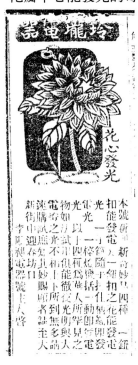

廣告裡頭提到：

> 新進新奇妙品四種：一，鈕扣能發電光。一，鈕扣之花能發電光。
> 一，手筒隨手握住柄端，即發電光。一，檯燈機括一動，即發電光。
> 以上四種，為華人所罕見之物。如法試用，俱能徹夜光明，與大電
> 燈之光不相上下，所到無多，請速購試，庶知其妙。賜顧者請至大
> 新街中迎春坊口。
>
> 李順昶電器號主人啟〔註15〕

能自動發亮的東西特別引人注意，店主人抓住人們喜歡奇貨的嚐鮮心態，專程引進各式各樣造型奇特的新樣電器，不僅有如鈕釦一般大小的花式燈具，也有像是手電筒之類的照明用品。為了廣招來客，有的電器行也兼賣其他受歡迎的洋廣貨物，【生泰號洋燈批發廣告】提到：

〔註15〕【玲瓏電器廣告】，《游戲報》第1828號（1902年8月14日）。

> 本號開設在上洋棋盤街北平和里口□東門□，包辦謙信洋行各款新
> 式檯燈、□燈、電燈，祇此一家，並無分枝。別店如有假冒，定行
> 送官究治。□□正呂宋士加菸、老牌香菸、菸絲、菸紙、各牌洋□
> 罐頭食物、時式鐘表、東洋布、正洋廣什貨等項，開莊批發，價甚
> 相宜，以廣招徠，特此佈聞

本店謹啟〔註16〕

廣告的主標題雖名為洋燈批發，但究其販售之商品內涵，其實更像是品項齊備的洋廣雜貨鋪子。這種類型的店鋪裡頭有各種日用洋貨，如洋布、洋刀、罐頭食品、治病藥物和營養補給品等等，有時也有雪茄、香煙、啤酒、火柴，或仕女們愛用的香水、蜜粉等物，貨色奇巧多樣，可謂應有盡有。

　　晚清新式照明設備的引進，不僅拓展了人們的活動範圍，也改變人們的作息時間；路燈的設置，更令上海搖身一變成為不夜之城，一首竹枝詞這麼寫著：

> 電火千支鐵管連，最宜舞館與歌筵，紫明供奉今休羨，徹夜渾如不
> 夜天。〔註17〕

辰橋《申江百詠》也有類似的描述：

> 地火皆由鐵管通至馬路，於是各戲館及酒樓、茶肆俱可接點。其燈
> 每盞有玻罩，或倒懸，或直豎，或向壁上橫穿，各隨所便。人行其
> 間，真如入不夜城也。〔註18〕

煤氣照明的普及化，使得人們的活動時間延長、範圍擴大，更增加了城市裡娛樂消費的機會，同時也促使娛樂活動選項的多元發展。〔註19〕

　　此外，若干洋行銷售的居家器械物件，多以改善生活、取代人力為主要功能，戴禮士洋行就引進了西式的鐵製裁縫機和水月電氣藥燈：

> 新到：○花旗上白細麵粉○上上男女腳踏車○繡花做衣鐵裁縫（機）

〔註16〕【生泰號洋燈批發廣告】，《游戲報》第1348號（1901年4月8日）。

〔註17〕詳見〈夜市燃燈〉，收入（清）葛元煦撰：《上海繁昌記》，收入沈雲龍主編：《近代中國史料叢刊三編》第42輯（臺北：文海出版社，1988年），卷3，頁213。

〔註18〕（清）辰橋：《申江百詠》，收入顧炳權編：《上海洋場竹枝詞》（上海：上海書店，1996年），頁79。

〔註19〕詳見樓嘉軍著：《上海城市娛樂研究（1930～1939）》（上海：文匯出版社，2008年），頁7～10。另，有關晚清上海娛樂內容的相關討論，詳見第五章〈西式娛樂類廣告〉。

〇水月電氣藥燈。〔註20〕

裁縫機在十九世紀六〇年代就已經出現，王韜曾言：「（秦孃）家有西國縫衣奇器一具，運針之妙，巧捷罕倫。上有銅盤一，銜雙翅，針下置鐵輪，以足蹴木板，輪自轉旋。手持絹盈丈，細針密縷，頃刻而成。……近時器盛行，縫人每購一具，可抵女紅十人。」〔註21〕透過王韜的記述可知，裁縫機當時在上海就已經有逐漸普及的趨勢。

　　這些實用的居家器物無疑是西方現代性的體現，它們的存在，不僅為人們開啟了新的視野，也為生活帶來莫大便利。雖然洋貨早在明代就已經被引進中國並且風行於仕紳商賈之間，但它的性質卻一直僅止於供特定階層消費賞玩的奢侈品；有一定的需求，但尚未形成市場。晚清時期大量進口的洋貨，一方面恰好適應了士商階層的喜好和品味，另一方面，其所具備之實用性，亦符合並提高了人們原有的生活方式，因此「風行」轉為「需求」，消費市場於焉出現。〔註22〕十九世紀中葉，洋商貨船攜入更多的西洋奇器，除了有供應日常生活使用的現代化器具以外，亦增加為數不少的時髦機械，下一節將針對這些新鮮有趣的奇巧玩物進行討論。

第三節　時髦奇器

　　承上所述，《游戲報》器物類廣告的內容並不僅限於生活家用物品，通商口岸活躍的貿易活動帶來了許多具有高消費能力的富有人家，這些富老爺、貴太太們平日上上館子、打打牌，有時坐著馬車遊車河，有時進洋廣貨號選購洋商們自遠洋帶回的新潮珍奇物件。本節欲探討《游戲報》裡頭的時髦奇器廣告，這些廣告商品不若居家用物那麼具有必需性，在性質上比較偏向消遣、賞玩之用，屬於娛樂趣味較高的一群。

　　廣告中經常能見到的商品是「照相機」。這個新奇的玩意兒初引進中國時，引發不少國人恐慌，許多人堅信拍攝肖像照會奪人魂魄，因此對它敬而遠之，只肯遠觀不敢褻玩。

〔註20〕【戴禮士洋行廣告】，《游戲報》第 550 號（1899 年 1 月 1 日）。

〔註21〕詳見（清）王韜：《瀛壖雜志》，頁 3941。

〔註22〕詳見鄭揚文著，溫楨文、詹怡娜譯，張寧校對：〈清代洋貨的流通與城市洋拼嵌（mosaic）的出現〉，收入巫仁恕、康豹、林美莉主編：《從城市看中國的現代性》（臺北：中央研究院近代史研究所，2010 年），頁 37～52。

　　攝影技術在一八三九年出現，隨後經由外國人引進中國，一八五九年第
一家由中國人開設的相館在香港開張營業。〔註23〕一八七〇年前後，照相工
業已經發展出更好的設備並為人們逐漸接受，在香港、廣州和上海等地都陸
續開設了不少相館。〔註24〕當時照相機仍屬於高單價的昂貴商品，而且體積
又大，不方便個人收藏，因此早年的照相廣告多由相館刊登，以拍攝人物肖
像為主。下面這則廣告提到西方的機器照相遠勝於傳統人像寫真之處：

> 佳士寫真由來已舊。自泰西照像法出，而韓魏丹青瞠（瞠）乎後矣！
> 顧世人論像，貴白而不貴黑，不知白為光、黑為陰，光非陰不起，
> 白非黑不浮，故骨格高聳、精神流動，必藉黑以施其巧。倘白太多，
> 則像與紙平，焉能浮凸？歷觀西人各畫，全靠光陰，其所以維妙維
> 肖者，非徒曰傳神阿堵而已。小號耀華，聚光之室，係由德國著名
> 光學師所造，其法盡善盡美，故一經秦鏡，象憂亦憂，象喜亦喜，
> 非藉修飾餘事以眩人之清視也。賜顧者審之。
>
> 　　　　　　　　　　　抛球場亨達利對門耀華照像號謹啟〔註25〕

仔細觀察中國傳統的人物繪像，可以發現畫法多屬白描，而較少光影的變化。
這則廣告詳細說明了「陰影」在畫面中的重要性，是襯托亮部的重要元素，
沒有陰影，就無法顯出物體的立體感；西洋繪畫和照相技術之所以能令人像
維妙維肖，這其中的關鍵因素，便是非常重視光影變化的緣故。

　　「肖像照」對中國人而言是新的辭彙，許多外國和當地人開設相館的工
作主要是紀錄客戶的相貌。拍照地點多在室內，且通常被佈置成具有不同文
化色彩的場景，而其中的道具可依拍照者的社會地位有不同的選擇和擺設，
如可以選擇穿上官樣服飾或繡花旗袍，可以在桌上擺個西洋鐘，或放幾本書，
或擺上一碗蓋碗茶等等。由於拍攝場景多半經過安排，因此某些號稱為紀錄
中國人民生活的「人文風俗照」，相片中的人物表情和服裝多了幾分造作，而
幾與演戲無異。〔註26〕

〔註23〕詳見曾佩琳（Paola Zamperini）著，余芳珍、詹怡娜譯：〈完美圖像——晚清
　　　　小說中的攝影、慾望與都市現代性〉，收入李孝悌編：《中國的城市生活》（臺
　　　　北：聯經出版，2005年），頁451～453。

〔註24〕詳見馮客（Frank Dikötter）著，葉毅均、程曉文譯：〈民國時期的摩登玩意、
　　　　文化拼湊與日常生活〉，收入李孝悌編：《中國的城市生活》，頁482～483。

〔註25〕〈耀華照像說〉，《游戲報》第461號（1898年10月4日）。

〔註26〕詳見何伯英著，張關林譯：《影像中國——早期西方攝影與明信片》（香港：

　　為了增加市場競爭力，有些相館會積極延攬從國外回來的專門人才，協助經營照相事業，試看【碩大無朋—耀華照像號廣告】：

　　　　小店耀華，放大像之大，顏色之烏潤，真莫之與京矣！近更延請真
　　　　實久歷美國之頭等高手畫師朱君毓珊者經理一切放本事宜，堪稱一
　　　　時之盛，賜顧者可不擇焉。〔註27〕

當時在《游戲報》上刊登廣告者尚有其他，麗華照像公司是另一間頗有規模的相館，但宣傳積極度遠不如耀華照像號。報上經常能見到由署名為「耀華主人」所刊登的廣告消息，內容琳瑯滿目，包括有戒除鴉片煙的藥品廣告，還有滋補身體的燕窩糖精廣告，以及最常出現的耀華照相號廣告，涵括範圍極廣。

　　而其對於相館的廣告作業尤為積極，除頻頻更新廣告內容及相館設備之外，亦如上述引文所言，不惜重資聘請留美攝影師加入相館營運業務，並不時刊登優惠資訊：

　　　　小號耀華蒙諸君枉顧，自愧工拙，無能面對諸君惠愛殷殷，無可為
　　　　報，茲特於十二月初十為始，　諸君賜顧每洋一元，附送良濟大藥
　　　　房頂好貴重香皂一枚，十元十枚，聊以報德，幸勿見哂也。〔註28〕

耀華主人期望能透過各種方式提升相館營業額的企圖心，於此間顯露無遺。其它相館也力求突破，拍攝地點不再僅限於室內，而有移至戶外者。例如相館設在徐園裡的悅容樓，就巧妙地採掇徐園的園林景致入鏡，使人物或在樹下對奕，或臨池揮毫，或倚石閒吟，或眠琴以自娛；借景生情，使人如入圖畫，這個做法在當時實屬創舉。〔註29〕

　　之後「閃燈照相」技術的引進，使人們即使在夜間也能順利完成拍攝，〈夜景新奇〉裡頭說道：

　　　　照像家卜晝而不卜夜，由來久矣。□六年，耀華主人於夜半讌客，
　　　　曾以發光機器拍照數次，須不近日光之妙。而人物分明，堪稱絕妙，
　　　　而主人猶以為末也。由是日夕搆思以求至乎其極。昨忽得新法，凡
　　　　日光不及者，彼能顯焉。技至此，誠嘆觀止！後之仕紳家凡有喜慶，

　　　　三聯書店，2008年），頁96～112。有關上海早期攝影行業的發展歷程，另詳
　　　　見張偉著：《滬瀆舊影》（上海：上海辭書出版社，2002年），頁25～32。
　〔註27〕【碩大無朋—耀華照像號廣告】，《游戲報》第551號（1899年1月2日）。
　〔註28〕【耀華照像號拍照敬送香皂廣告】，《游戲報》第569號（1899年1月20日）。
　〔註29〕詳見【悅容樓照相廣告】，《游戲報》第590號（1899年2月18日）。

若請耀華主人為之拍照，可以永誌不朽也。〔註30〕

攝像技術日漸精良，因此相館之間的競爭情況也愈來愈激烈，攝影器材更是不斷地推陳出新。二十世紀初，上海已經開始販賣專供個人使用的照相機器，來自法國和美國大廠的相機競相登報：

> 本藥房新從法國運到第一等靈便照相鏡，其鏡乃法國著名格物家所造，無論舟車提攜甚便，或遊名山大川，或遇勝境古蹟以及字畫玩物，一切均隨時可照，一連可照十二張。如拍小像，無論獨照、合照，無不鬚眉畢現，栩栩欲生，誠照相家所宜家置一具也。〔註31〕

個人專用的相機，體積自然不若相館裡頭的那麼笨重，「方便攜帶」是此種相機的主要訴求，而這個訴求，同時也符合了人們喜愛四處旅遊的需要。兩則鏡頭廣告都附帶了漂亮的相機實體圖：

法國照相鏡　　　　　　　　　美國 KODAK 相機

機體構造和外型質感清晰可辨，靈便精巧的裝置讓人忍不住想要動手操作，而美國 KODAK 相機圖片下方的文字說明更是令人躍躍欲試：

> 此照相鏡乃美國名廠所造，靈巧迅速，無逾於此。用軟片，立時可照十二張，不必至黑房換片，誠為第一靈便之照相鏡也。〔註32〕

在此之前，每拍完一張相片就必須至暗處更換底片才能續拍第二張，操作十分不便。這款便於攜帶的相機明確改良了這個缺點，從而促使業餘攝影的流

〔註30〕〈夜景新奇〉，《游戲報》第 622 號（1899 年 3 月 22 日）。

〔註31〕【法國照相鏡廣告】，《游戲報》第 1190 號（1900 年 10 月 23 日）。

〔註32〕【KODAK 廣告】，《游戲報》第 2484 號（1904 年 7 月 14 日）。

行與照片明信片的大量生產。〔註33〕

　　除了相機，當時還有其他遠渡重洋而來的時新珍玩物件供人玩賞，諸如鐘錶、留聲機、報時鳥、眼鏡、洋琴、風琴等別緻的奇巧器物亦在廣告之列。試看以下幾則：

　　◎本行經由外國運來大小各式留音機器，與別家不同，聲音嘹亮，機器堅固。□有法蘭西公司船帶來各種鐘表、金銅鑽戒及一切玩物，無不新奇鮮豔而且價廉。〔註34〕

　　◎本行在外洋創設多年，今分上海。自運各國有名技師精造孔雀翠鳥，自能飛舞作鳴，與生鳥無異。其鳥自鳴，抑揚可聽，真奇巧之物也。再有打鍍金銀鐘表，無須手擦，自能報刻報分、走禮拜月分等。各式洋磁人物、玩器，並賽銀大餐臺擺設、石味架刀叉一切以及金銀珠寶、表、鐲、頂上金剛鑽、戒指、耳環一切新樣首飾、大小千里鏡、著衣鏡、金銀絲眼鏡、跳戲時調打鐘鼓、八音琴、風琴、異樣檯燈、輕快腳踏車、風雨寒暑等表，一應全備。〔註35〕

　　◎本號開設英大馬路巡捕房間壁。自運洋廣雜貨：鐘表、洋琴、新式保險吊擺洋燈、時式水鑽鈕釦、花邊香水、香皂、洋傘、絲巾、絲襪，各種新奇玩物：呂宋茄門雪茄、香菸、密臘煙嘴、洋刀、皮夾、千里鏡、砜光圖鏡，各種鉛筆墨水等貨。……魚尾鐘每只四元，噴銀表每只二元五角，方打鬧鐘每只三元，八音鐘每隻四元，花瓷面擺鐘每只四元五角，夾金表每只六元，新樣表殼每只一角四分，各種異樣掛擺鏡面鐘，花色甚多，不及備載。〔註36〕

這些洋廣貨號幾乎等同於西式的五金雜貨鋪，裡頭販賣的器物林林總總、五花八門，讓人眼花撩亂目不轉睛。有留聲機、機械鳥、自鳴鐘、洋燈等新奇器械，有各色花樣鏡面和洋琴、風琴等西洋樂器，以及水鑽寶石、金銀戒指、時花鈕扣、香水、洋傘、絲巾、絲襪等仕女專用的首飾粧品，還有洋磁人偶、

〔註33〕詳見何伯英著，張關林譯：《影像中國——早期西方攝影與明信片》，頁 117～120。

〔註34〕【海利洋行廣告】，《游戲報》第 426 號（1898 年 8 月 30 日）。

〔註35〕【勝威洋行廣告】，《游戲報》第 426 號（1898 年 8 月 30 日）。

〔註36〕【利康號廣告】，《游戲報》第 446 號（1898 年 9 月 19 日）。

刀叉餐具和餐檯等洋味兒十足的擺設物件，又如鐘錶、眼鏡、皮夾、望遠鏡、鉛筆文具、溫度計，甚至啤酒、香菸、火柴、煙嘴等具娛樂性的生活小物，亦皆羅列架上。

　　十九世紀晚期，許多婦女已經養成出門配戴新潮物件的習慣，諸如鐘錶、眼鏡、鑽戒、懷錶等物，凡產自西國，足以顯新炫奇者皆佩之。這成為一種新的時尚潮流，《清稗類鈔》裡頭對此風氣有若干具體的描述：

〈眼鏡〉

自外國之托力克片輸入，用水晶者遂少。……蓋自光緒中葉以後，婦女之好修飾者，亦皆戴之以為美觀矣。〔註37〕

〈一身佩二十餘物〉

某尚書丰儀絕美，妝飾亦趨時。每出，一腰帶必綴以檳榔荷包，鏡扇、四喜、平金諸袋，一鈕扣必綴以時表鍊條、紅綠墜、剔牙籤諸件，胸藏雪茄紙煙盒及墨水、鉛鐵等筆、象皮圖書、帳簿、手套、金剛鑽戒指、羊脂班指、漢玉風藤等鐲。統計一身所佩，不下二十餘種之多。〔註38〕

〈婦女佩金錢表〉

光緒中葉，婦女有以小表配於衣衽間以為飾者，或金或銀，而皆小如制錢，故呼曰金錢表。〔註39〕

洋行裡各式各樣、充滿異國情調的時髦玩物讓人大開眼界並一心嚮往，其工藝製作之奇巧精細，更往往令人們驚歎不已而趨之若鶩，一八七六年，上海的洋行和洋貨號已經多達百家以上：

西人所開洋貨行，以亨達利為最著，專售時辰寒暑風雨各式鐘表、簫鼓絲絃、八音琴、鳥音匣、顯微鏡、救命肚帶，及一切要貨，名目甚繁。至華人所開，則以悅生全亨為翹楚，洋廣各貨俱備。此外大小各舖，南北市亦不下百十家。〔註40〕

洋貨號在上海快速增加的現象，證明了人們對洋貨有十足的興趣，亦顯示西

〔註37〕詳見（清）徐珂編撰：《清稗類鈔》第 13 冊（北京：中華書局，1986 年），頁 6220。

〔註38〕同前註，頁 6226。

〔註39〕同前註，頁 6228。

〔註40〕詳見（清）葛元煦撰：《上海繁昌記》，卷 2，頁 137～138。

洋奇器在上海掀起不可遏止之流行風潮，實乃勢所必然。西方科技經由現代化的物件具體展現在眼前，人們面對這些器物時的反應不出這三階段：初始大多有些驚異好奇，繼而從旁觀察摸索到慢慢接受，後來則是見怪不怪、欣然悅納。

除了時新鐘錶、相機、眼鏡和鑽戒首飾，當時還有留聲機和喇叭等樂器設備也一併輸入中國，英商謀得利公司專程引進一套能發出各種曲調的新奇機械：

【頂響唱戲機器京調小曲到申】

頭等名角演唱，京、徽、山、陝、崑腔、廣調、小曲，男女洋調洋操全備，此等機器，其聲音比之各省戲檯上演唱者更響，遠聽亦然。

〔註41〕

這款播音器不但能演奏京調小曲，還有各種不同聲調的唱腔風格，同時兼備了男女聲線；只要購買一台這樣的機器，就能擁有多種選擇，而且音質嘹亮清麗，讓人們即使待在家裡，也能享受聽覺的盛宴。此外，這間公司也擁有其他若干種類的外國樂器的代理權：

啟者：本公司自運大小洋琴、風琴，多至數百樣，以及各國軍營中需用之職鼓、號筒、笙簫、絃笛，一應樂器全備，而且音高價廉，久遠馳名。茲有英美名廠由本公司獨家經理新用加響唱戲樂器，其音高過人，可稱無雙也。京調、小曲□□、廣調，及各國男女戲□、洋操笑語俱全。　仕商賜顧，認明仙孩雙龍坐狗三牌為記，其貨可向各廣洋貨號購取。倘有無恥之徒敢□冒製售者，報明本公司，自當酬賞，一面將私冒之人重究不貸。望　各寶號切勿受其朦混，特此佈告。

上海英大馬路東首

英商謀得利有限公司白〔註42〕

不論是洋琴、風琴，或者職鼓、號筒以及笙簫、絃笛等物，有數百種樂器供人選購。另有提高了音調和音量大小的「加響」機器，這個新奇器物可謂獨步

〔註41〕【英商謀得利公司代理外國樂器廣告】，《游戲報》第 2364 號（1904 年 3 月 15 日）。

〔註42〕【英商謀得利公司代理外國樂器廣告】，《游戲報》第 2364 號（1904 年 3 月 15 日）。

上海，舉世無雙。而為了防止不肖業者做出任何假冒情事，該公司還研發出特殊的商品牌記，指名為「仙孩、雙龍和坐狗」三牌，以式樣特出而明確的商標作為自家機器的產品標幟。

值得注意的是，某些洋行除了販賣上述商品，還額外經營一些比較特殊的業務，如美商茂生洋行，專門經辦各式槍砲彈藥、軍械機器，並代理歐美各廠的大型銅鐵雜貨：

> 本行向辦洋貨正頭各種花色及銅鐵雜貨，久已馳名海上，信孚中外。近數年來天半軍械機器、兵船鐵路材料，凡承槍當道，委購各□，價值素稱核實，辦理各事亦極平允，頗蒙許可。外洋經手係悉歐美兩洲著名大廠，如潑臘脫維納造擘機器廠、益林諾鍊鋼廠、克蘭生兵船廠、哈綸華而夫輪船廠、倍利恒後膛槍炮廠、特立克司蓄得後膛鎗炮廠、霍而引各機器廠、倍陸克鐵路火車廠、厄梳禮紡織機器廠，及無論何項槍炮機器，指明何廠均可代辦。前年又在滬上創建茂生紡紗公司、紙煙公司、美昌打米公司，物美價廉，名傳遐邇，並經理皇后火險公司、倫敦蘭格夏火險公司。以上各項，如蒙　仕官紳商惠顧，或在上海購現，或向外洋□定辦，本行價目當格外核減以招徠，特此告白。〔註43〕

這間洋行不但財力驚人，而且背後顯然有強大的勢力為其支撐，才有辦法承擔／壟斷歐美各國的軍械、槍炮業務而不惹上麻煩。顧客只要指明所需的物件及廠牌，店家就有辦法進口，而且商業經營的規模龐大，涉足領域也很廣泛，不僅經營洋行，也發展紡織、紙菸、碾米等事業，另外還經營兩間火險公司，都是獲利極高的行業選項。同樣經營代購軍械器材的還有盛豐洋行，不過他們不只經手各國兵器，也兼賣五金器皿和各式小雜貨，如洋刀、香菸、啤酒之類，綜合性經營的意味十分濃厚。〔註44〕

十九世紀晚期有若干商號祭出標定價碼、言無二價的規範，名曰「始創劃一」，這個舉動顯然是為了避免其他同業漫天喊價，擾亂市場行情而設的，【興昌祥】和【慎泰號】廣告這麼說：

> 【興昌祥】
> 洋廣貨一業日臻蕃盛，惟交易價錢任意上下從無核實，未免有誤□

〔註43〕【美商茂生洋行廣告】，《游戲報》第448號（1898年9月21日）。
〔註44〕【盛豐洋行廣告】，《游戲報》第443號（1898年9月16日）。

主顧，是以本號今於二月初一日起，將門市各貨斟酌從廉，一概劃
定實碼，言無二價，童叟無欺，以廣招徠。〔註45〕

【慎泰號】

茲同業價錢□落浩大，有累買賣，所以本號特立不□之法，始創劃
一不二，貨分等次，價定高低。內莊批發，原□另議。□物揀選上
等，價目隨市跌。〔註46〕

這兩則廣告的出現，顯示當時可能有同業惡性競爭，亂喊價碼以致破壞市場
運作機制的事情發生。

　　十九世紀六〇年代以前，由於洋貨進口的數量較少，所費不貲，僅有少
數富家子弟才有能力購買使用，因此當時「洋」字被借為指稱西洋奇貨的貴
重、時髦名詞。〔註47〕後來隨著物件的進口量增加，有能力購買的人數也變
多了，大約十九世紀末左右，購用洋貨的對象主要為商人與士紳階層，廣告
中經常能見到「若蒙　紳商賜顧」、「荷蒙　貴士紳光顧」等語詞。這些人頗
有蓄積之財，購用洋貨的目的不外乎炫耀財富、競逐時尚，迨進口數量更增
而價錢趨於平實之後，收入一般的文人、婦女也開始使用若干來自西洋的器
械。從一般日用物類，如桌椅、床具、火爐、電燈等等，到以娛樂為主、實用
性偏低的相機、洋琴、眼鏡、金銀錶等物，品質優良但價格不高的西洋器械
逐步取代同類型的傳統中國物件，既增加生活的便利性，又能滿足人們需要
交際應酬和追求流行的社會心理，這些優勢，在在說明了晚清時期西洋奇器
成為時尚潮流代表，且熱潮久久不退的原因。

第四節　交通工具

　　英美各國在上海劃定租界以後，開始積極整頓租界內的道路交通建設。
為方便西式馬車出行，開闢了數十條縱橫交錯、呈棋盤狀的拓寬大道，為
其命名並標示路牌。在排去地下水後加以碎石鋪路，接著又設置了路燈照
明和行道樹，馬路寬敞、平坦又乾淨，整個提高了界內道路的品質。租界
當局對道路建設的積極改善，奠定了城市交通發展的基礎，也帶動新式車

〔註45〕【興昌祥商號廣告】，《游戲報》第 654 號（1899 年 4 月 23 日）。
〔註46〕【慎泰號商號廣告】，《游戲報》第 688 號（1899 年 5 月 27 日）。
〔註47〕詳見李長莉：《晚清上海社會的變遷——生活與倫理的近代化》，頁 52。

具的出現與使用。

　　本節要討論的對象是《游戲報》器械類廣告中的若干車具，包含西洋馬車（下文簡稱馬車）、腳踏車、人力車等等。〔註48〕早期租界內最常使用的交通工具是馬車，儘管後來許多富商子弟、紳商官員、王公貴族和青樓妓女也喜歡乘坐，但最早在租界內以馬車代步的，是那些寓居上海的外國人。一八五七年，上海已經能見到馬車的蹤影，藉由文人的竹枝詞可略窺其精美之裝飾：

> 夷馬皆衣彩繪，復以鏡籠眼，又冶鐵為車，轉以四輪，極穩捷。
> 〔註49〕

馬匹穿著彩衣、帶著鏡罩，單這兩樣飾品已經讓人眼睛一亮，而車身既高大又穩當，坐著馬車在大馬路上流暢優雅地移動，模樣雍容華貴而氣派。葛元煦也對馬車的形制有一些記載：

> 西人馬車有雙輪四輪者，有一馬兩馬者。其式隨意構造，宜雨宜晴，各盡其妙。近來華人，設稅車廠，馳驅半日，價約洋銀兩餅。賈客倡家，往往稅坐游行。近則沿黃浦繞馬路，遠則至徐家匯靜安寺。
> 〔註50〕

能夠乘坐馬車的人，大多是有錢有勢的外國人士、官僚、買辦、富家兒女、洋場闊少或青樓名妓，馬車不僅是上層階級借以代步的交通工具，同時也是財力、權勢、身分和品味的佐證，更是流行、時髦、新潮的代名詞。

　　人們身穿華服，坐著馬車在人煙稠密的街道上繞行，時人稱做「兜圈子」，是青年男女非常喜愛的炫耀方式，《清稗類鈔》裡記錄了詳盡的遊覽路線：

> 兜圈子者，滬人乘坐馬車，周行繁盛處所之謂也。初至滬者及青年之男女皆好之，招搖過市，藉以自炫，曰出風頭。其有女子同車者，非盡眷屬，妓院之名姬及其傭亦或與焉。兜圈子者，例於福州路登車，自山東路之麥家圈，進廣東路之寶善街，出北海路，沿跑馬場，過中泥城橋，至靜安寺路之味蓴園。歸途由南京路經山東路之望平

〔註48〕東、西方馬車形制有別，裝置和設備不一，本段落的討論以西式馬車為主，因而別以「西洋馬車」稱之，以與中式馬車作出區隔。

〔註49〕詳見（清）黃燮清：《洋涇竹枝詞》，收入顧炳權編：《上海洋場竹枝詞》，頁349。

〔註50〕詳見（清）葛元煦撰：《上海繁昌記》，卷1，頁93。

街，轉福州路，沿跑馬場，進北海路，由廣東路之寶善街，至河南
路之棋盤街，進福州路，轉東至黃浦灘路，進南京路，由湖北路之
大興街，至福州路下車。如是而繞行一周，所謂圈子者是也。〔註51〕

穿戴漂亮的衣飾搭乘馬車在市區裡周匝繞行，一面看著來來往往的街景，一
面也享受被人觀看的樂趣和榮耀，這種代步方式有濃厚的自炫意味。為了滿
足人們喜新炫奇的需要，馬車車身的樣式和形制逐漸發展出繁複多端的風貌，
有皮篷車轎式、車船式，有的還加鋼絲，並以橡皮保護車身等等，裝扮日益
精美：

俗所謂之馬車，與北方之騾車偶駕以馬者大異，西人所創，而吾國
仿為之者也。有曰船式者，制如舟。有曰轎式，制如輿。有曰皮篷
者，上有篷，可張可弛。其輪或四或二，四輪則二大二小，二輪者，
輪甚大而車甚高，譯音曰亨斯姆。駕車之馬，普通為一，兩馬者少。
御者必二人，皆華服，或且詭異，且有戴無頂帶之禮冠，涼帽、暖
帽惟其時。〔註52〕

不僅如此，就連車伕的服裝也經過細心打扮，除了紅纓、藍纓、綠纓，有的還
加上白色滾邊，衣著十分華麗。有些車伕會搭配與服裝相襯的配件，戴上沒
有頂帶的禮冠，並區分為涼帽和暖帽等樣式；時髦吸晴的程度，就連走在時
尚前端的妓女們也爭相仿效。〔註53〕

由於馬車價格所費不貲，單以一家一戶之財力可能尚無能力負擔，因此
報上所見者多以店家宣傳為主，販售馬車的廣告幾乎沒有見過。人們對這種
雍容華貴的交通工具很感興趣，經濟能力稍微良好的人都會想要嘗試看看，
形成了新的消費需求，也因此吸引不少外國人紛紛來到上海開設馬車行，〈馬
車行〉提到了車行林立的狀況：

滬上馬路既開，車行林立。然駕馭之穩、馬車之精，當以龍飛、
善鐘兩行為稱首。緣兩行係外國人所開，一切均照定章，可無放
空□敲竹扛（槓）之虞。客曰：否否。近來楊樹浦某紗廠左右地
方，有一極大車行，馬車部部斬（嶄）新，馬匹頭頭麤壯，而且
馬夫個個規矩。每逢禮拜日，貴客多人乘遊滬上，連翩飛舞，顧

〔註51〕詳見（清）徐珂編撰：《清稗類鈔》第13冊，頁6111。
〔註52〕同前註。
〔註53〕詳見〈輿服炫奇〉，《游戲報》第152號（1897年12月22日）。

盼自豪，致足樂已。問客馬房牌號以便好遊者雇坐，客偶忘之，
未能對也。〔註54〕

有能力負擔的人們喜歡乘坐輕快便捷又舒適的馬車，享受在大道上奔馳的
快感，但因巡捕房無限制的發給牌照，〔註55〕導致馬車數量過多，馬匹在
擁擠嘈雜的街市中容易受驚，因此經常發生駕馬失控或駕車翻覆的意外事
故。〔註56〕後來因為人們喜新厭舊的心態使然，遇有更新的車具出現，便
競相購買或搭乘，使得馬車行業的熱潮在一八九九年左右漸趨沒落。〔註57〕

腳踏車是另一項受歡迎的車具，又名「腳車」、「自行車」或「自轉車」。
關於它的樣式，葛元煦言曰：

車式前後兩輪，中嵌坐墊。前輪兩旁設鐵條踏鐙一，上置扶手橫木
一。若用時，騎坐其中，以兩足踏鐙，運轉如飛。兩手握橫木，使
兩臂撐起，如挑沙袋走索之狀，不致傾跌，快若馬車，然非習練兩
三月，不能純熟。究竟費力，近不多見。〔註58〕

車式和今日的自行車差異不大，但因操作起來頗費力氣，當時中國人還不
太熟悉腳踏車的用法，因此在路上並不常見。一八九七年腳踏車的使用者
仍多數為洋人，上海租界的洋商們為了慶賀英國女王登基，特地選在賽馬
場舉辦一場自行車大賽，當時吸引了眾多人潮圍觀，場面十分熱鬧，觀者如

〔註54〕〈馬車行〉，《游戲報》第68號（1897年8月30日）。

〔註55〕當時在租界內使用馬車需申請牌照，有〔馬車行執照〕和〔自用馬車執照〕兩
種；詳見邢建榕：〈早期道路交通建設與近代上海城市發展——以英租界為中
心的考察〉，收入上海市檔案館編：《上海檔案史料研究》第三輯，頁33。

〔註56〕參見〈駕馬傷人〉及〈馬車溜韁〉二圖，轉引自（清）吳友如等著：《新版清
末浮世繪：《點石齋畫報》精選集》（臺北：遠流出版，2008年），頁132～
133。

〔註57〕〈論馬車行生意日衰〉提到馬車行業的沒落現況與時人喜新厭舊之常情：「滬
上馬車一業，其生意之盛衰，亦逸見矣。當二十年前，馬車尚未大盛，故車
甚少而價亦甚昂，業此者反覺生意之蒸蒸日上也。及至今日，馬車行鱗次櫛
比，幾於無地不有，則生意之盛，自當駕從前而上之。乃聞該業中人謂，近
來馬車生意大不如前，有日衰一日之勢，此何故哉？……蓋人情每喜新而厭
故，好異而矜奇。苟有一新奇者在前，人無不趨之若鶩。」雖勢已至此，但
仍試圖提出解決辦法：「生意一道，非出奇制勝不足以振興也。今者鋼絲已為
陳跡，象皮亦宿見不鮮，倘能出奇制勝，一改舊式，吾知生意雖衰，不難使
之復盛也。」詳見〈論馬車行生意日衰〉，《游戲報》第671號（1899年5月
10日）。

〔註58〕詳見（清）葛元煦：《上海繁昌記》，卷1，頁93～94。

堵。〔註59〕

　　由於騎乘太久會導致口渴，《游戲報》因此專程登了一篇有趣的文章，教導大家平日在飲食方面應如何攝取，才不會在騎車時容易口渴，並將其法名為「坐腳車攝生要訣」：

> 近來海上盛行腳踏車，十里洋場中彼來此往，互相鬥勝。非特外洋各國男女乘之，即華人之好此者，亦不可勝數。其坐法必須預先操練，方能驅避自然不致有顛蹶等患。而尚有調護之法，不可不知。英報云：凡人乘坐腳車驅馳遠路，常患口渴，皆因多時油膩之物故耳，茲有法國某醫生者，示人乘坐腳車遠遊不至口渴，厥有二法：一、宜專食生菓及牛乳之類，一、牛乳菓品亦宜少吃多頓，使無太飽致生氣喘之病。以上兩法，係坐腳車攝生要訣。想華人既得此訣，則將來腳車愈行愈多，馬車行、東洋車行之外，當又添一腳車行矣。〔註60〕

爾後不只外國人喜歡，就連華人也非常喜愛，車行愈開愈多，到了一九三〇年，腳踏車已經成為全國普遍使用的交通工具。〔註61〕騎乘腳踏車的人們在路上快意馳騁、顧盼自雄，竹枝詞生動地記錄時下流行男女的服飾和裝備，他們穿著新潮的衣裝，享受乘風之樂的同時也被路人欣賞：

> 冶遊弟子盡時裝，腳踏車飛馬路旁。草帽戴頭煙咬口，金絲眼鏡看嬌娘。〔註62〕

車具樣式新奇、洋派，在當時是十分流行前衛的，很能吸引旁人的目光，喜歡新潮玩意兒或炫耀出風頭的青年男女，經常以此為樂。有個人看見了，心生羨慕而欲仿效之，於是趁著清晨車夫保養輪胎之際將車輪偷走，以為擁有車輪就能健步如飛，結果就在他撐著輪胎騰空躍起時，瞬間跌落在地並壓傷腿骨，東施效顰的糗樣被鄉人傳為笑柄。〔註63〕

〔註59〕參見〈賽腳踏車〉，轉引自（清）吳友如等著：《新版清末浮世繪：《點石齋畫報》精選集》，頁130。

〔註60〕〈坐自行車秘法〉，《游戲報》第125號（1897年10月26日）。

〔註61〕詳見馮客（Frank Dikötter）著，葉毅均、程曉文譯：〈民國時期的摩登玩意、文化拼湊與日常生活〉，收入李孝悌編：《中國的城市生活》，頁488～489。

〔註62〕詳見頤安主人：〈上海市景詞〉，收入顧炳權編：《上海風俗古蹟考》（上海：華東師範大學出版社，1993年），頁441。

〔註63〕〈車輪翻身〉，《游戲報》第127號（1897年10月28日）。

假若沒錢買腳踏車，還可以改用租借，【如飛腳踏車行】廣告提到：

> 本行開設虹口元濟堂隔壁，專辦上等腳踏車，快捷堅固無比，如蒙
> 紳商貴客賜顧，自當格外克己。或欲賃坐者，價亦從廉，以廣招徠。

〔註64〕

除此之外，喊哆利腳踏車行則另闢代客維修的服務，不但販售腳踏車，也兼
營器具修理和單車出租業務，營業項目十分多元：

> 本行開設在虹口白渡橋北，四川路朝東門□。自運各國頭等男女大
> 小腳踏快車，並專備修配一切腳車器具物件，兼代修理，價目格外
> 公道。現有新□踏車出租，倘蒙　諸君雅愛，請來面議，價當克己，
> 以廣招徠。特此聲明
>
> 　　　　　　　　　　　　　　　　　　威哆利主人啟〔註65〕

車行主人不僅提供多樣化的服務，更不斷將車體式樣翻新，定造各色炫奇的
車款提供消費者選擇。史維記車行就推出金色和黑色鑲邊的腳踏快車，並附
上精美圖片吸引消費者目光。

圖 3-2　史維記車行廣告

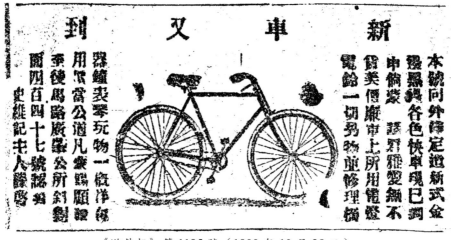

《游戲報》第 1195 號（1900 年 10 月 28 日）。

另一種乘坐價格較親民而且便利的交通工具是人力車（一名東洋車，又
稱為黃包車）。人力車在一八七三年由法國商人引進上海，它座位舒適、機
動性強，是十九世紀末、二十世紀初上海地區使用率極高的一種大眾運輸

〔註64〕【如飛腳踏車行廣告】，《游戲報》第 502 號（1898 年 11 月 14 日）。
〔註65〕【威哆利腳踏車行廣告】，《游戲報》第 758 號（1899 年 8 月 5 日）。

工具。〔註66〕由於使用人力車不必申請執照,只要願意,任何人都能以此為業,《游戲報》上就曾有富家少爺因揮金如土,最終只好拉人力車以糊口的新聞。〔註67〕後來大街上也出現了私人轎車和機器摩托車等更新潮的車款,對此,胡樸安曾言:

> 舟車為交通利器。上海近日以乘汽車為豪。每至禮拜日。必有許多
> 少年男女。同乘一車。疾駛於南京路靜安寺路福州路。〔註68〕

在諸多交通工具當中,消費金額最高的當屬轎車了,周桂笙《新菴隨筆》提到當時人們對私人轎車的觀感:

> 西人公私僕僕,習用馬車,其速率已較人力車加數倍。自由車既發
> 明,其速力視馬車又增倍蓰。無何而電汽車發明矣,無何而汽油車
> 又發明矣。往來迅速,疾若風電,乘之若御雲霧。雜費綦多,且易
> 肇禍。偶一不慎,即有傷人之虞。故西人雖多用之,中國人御此者
> 猶不數數覯也。〔註69〕

五花八門的新式交通工具在路上奔馳來去,形成一幅活潑熱鬧的街景,東西往來、人車嘈雜,一位嫁進上海家庭的外國主婦在日記上這麼寫著:

> 常聽見戶外路上的馬蹄聲,拖著橡皮輪人力車的車夫腳步聲,汽車
> 笛的觸耳聲,小販的粗大奇聲,使得我好像陷入五里霧中。〔註70〕

然而,並非所有人都能使用這些新式的交通工具,收入一般的小康家庭民眾仍以步行或乘坐人力推車為多,當時有能力使用這些代步方式的人,多半是經濟能力中上,或甚至是非常富有的白領、洋商階級,因此上海地區的人力車伕也不免勢利起來,他們會依乘客的行頭和衣著華貴與否選擇性的提供服務,《中華風俗志》對此有生動的描述:

〔註66〕詳見盧漢超著,段煉、吳敏、子羽譯:《霓虹燈外——20 世紀初日常生活中的上海》(上海:上海古籍出版社,2004 年),頁63。

〔註67〕詳見〈東洋車者說〉,《游戲報》第 130 號(1897 年 10 月 31 日)。這則新聞見於1897 年,當時租用人力車還不必請領牌照,但租界當局為增加稅收,於1899 年開始簽發「私家人力車」的牌照,詳見同前註,頁64。

〔註68〕詳見胡樸安編:《中華風俗志》(上海:上海文藝出版社,1988 年影印本),下篇,卷3,頁 139。

〔註69〕詳見周桂笙:〈汽油車〉,《新菴隨筆》,收入周桂笙撰譯,邵伯謙校訂:《新菴筆記》(上海:古今圖書局,1914 年),卷3,頁5。

〔註70〕詳見佚名:《一位美國人嫁與一位中國人的自述》,收入張玉法、張瑞德主編:《中國現代自傳叢書·第 4 輯》(臺北:龍文出版社,1994 年),頁52。

上海黃包車兜攬生意，除西人外，每向衣冠楚楚者低聲問曰，先生
法蘭西去嗎？四馬路去嗎？一種溫和氣象，出自至誠。而對於衣飾
質樸人，非唯不屑乎問，即以手招之，又必多索車資以難人。……
且衣服麗都，與夫少年豔妹雇之，則風馳電掣，瞬息數里。反是，
則如逆水挽纜，進步當遲。大抵逢迎富人之心，萬方一概，而於滬
上車夫，其尤顯而易見者也。〔註71〕

只要是服務業，難免多少有曲意迎合的心態，有些富有人家願意多給小費，
但收入尚可的民眾可能就沒有多餘的資財能夠打賞，車伕勢利的神色讓人很
能體會城市裡貧富的差異以及炎涼世態。

第五節　結　語

　　晚清時期，大量的西洋器械經由通商口岸在中國境內流通、風行，這些
器物改變了人們的生活方式和消費品味，有些進入了人們的生活，成為便利
的居家日用物件，有些成為人們喜愛的奢侈品，是閒餘時間品鑑賞玩的對象。
本章的討論重心放在《游戲報》器械類廣告群，將其劃為「居家用品」、「時髦
奇器」和「交通工具」三部分，由物質文化的角度切入，觀察當時人們與這些
西洋器物的相處方式。

　　在「居家用品」方面，首先將廣告物件整理出來，有藤椅、鐵床、煤油
火爐和經過特殊處理、專門用以取暖的白銅蠟球，還有不必開火就能燒茶
煮飯的格致器具、裁縫機，以及各式奇巧洋燈等等，這些商品顧及了居家佈
置、禦寒、烹飪、製衣、照明等各方面的需求，形塑出一個西式、完備的生
活樣態。而這其中，影響最大的是照明。「照明」是城市現代化的重要基礎
之一，晚清時期煤氣照明的普及，使得人們的活動時間延長、範圍擴大，增
加城市裡娛樂消費的機會，也促使娛樂文化的多元發展。這些居家生活物
件多以改善生活、取代人力為主要功能，不但為人們開啟了新的視野，也因
其所具備之實用性符合並提高了原有的生活方式而帶來莫大便利；循此，
西洋居家物件的消費需求和市場因而形成。此外，在眾多西洋器械當中，除
了適應日常民生使用的現代化器具以外，亦有數量豐富的時髦機械，如照
相機、報時鳥、留聲機、晴雨寒暑表等等，第二節「時髦奇器」則專就這些

〔註71〕詳見胡樸安編：《中華風俗志》，下篇，卷3，頁138～139。

新鮮有趣的奇巧玩物進行探討。

　　順承上文，「時髦奇器」的物件內容十分豐富，舉凡攝像、自鳴鐘、金銀表、眼鏡、洋琴、風琴、職鼓、號筒、播音機器等物，無不工藝精細、製作奇巧。這些器械與居家物件不同之處，在於娛樂、裝飾功能遠大於實用性質，十九世紀晚期，人們已有配戴新潮物件的習慣，凡產自西國、足以顯新炫奇者，皆佩之。這股流行時尚風靡一時，在《清稗類鈔》裡頭有若干具體的描述，而人們對於西洋奇器趨之若鶩的追求熱潮，亦使得滬地的西洋器械的銷售店舖在一八七六年時就已開設多達百家以上。

　　販售西洋器物的洋行和洋廣貨號不僅供應時髦新奇的玩物，財力和勢力許可者，會額外經辦一些特殊業務，如代理槍砲軍械、引擎機器或兵船鐵路材料等大型的銅鐵雜貨，以美商茂生洋行為例，他們不但承辦上述器械項目，也將商業經營的觸角延伸至紡織、紙煙、碾米和火險事業，都是獲利極高的選項。再者，為了避開同業漫天喊價、擾亂行情的麻煩，十九世紀晚期，已有若干商號祭出標定價碼的「始創劃一」規範，試圖以言無二價方式取得市場經濟的平衡。品質優良但價格不高的西洋器械憑著實用、便利、娛樂、新奇等強勁優勢，逐步佔據人們的日常生活，並豐富了原有的內容，而且還滿足人們追逐時髦和在交際應酬方面的社會心理需求，無怪乎能在上海掀起不可遏止的流行風潮了。

　　而在「交通工具」一節，廣告關注層面延伸至人們「行」的需求。租界劃定以後，英美各國開始積極整頓界內的道路交通建設，除規劃足供西洋馬車通行的棋盤式大道以外，還排除路面積水、設石鋪路，並置辦路燈照明和行道樹，整個提高了界內道路的品質。這些積極的建樹，奠定了城市交通發展的基礎，也帶動了新式車具的出現與使用。

　　早期租界內最常使用的交通工具是馬車，而最早在租界內以馬車代步的，則是寓居上海的外國人。車身高大穩當，坐著馬車優雅移動的華貴氣派，在許多文人的筆記和竹枝詞中多有記載。不獨外國人，後來收入較高的仕紳官商、洋行買辦、富家兒女和青樓名妓也都成為馬車代步的愛用者，那不僅僅是交通工具，同時也是財力、權勢、身分和品味的象徵，當然，更是流行、時髦、新潮的最佳代言。炫耀的方式有很多種，有俗稱「兜圈子」、乘車繞行市區的，也有在馬車形式、車身裝備、配件和車伕衣飾上下工夫的，方法不一而足，盡皆華麗精美；這些奢華貴氣的人車在路上來來去去，

形成一幅幅視覺的饗宴。

　　腳踏車是另一項可供自炫的車具，車式和今日的自行車差異不大，人們在路上快意馳騁、顧盼自雄，許多竹枝詞都生動地記錄了流行男女的服飾和裝備，他們穿著新潮的衣裝，享受乘風之樂的同時也被路人欣賞。假若沒錢買腳踏車，也可以改用租借，有些車行還有代客維修的服務，營業項目十分多元。不過一般民眾最常使用的還是黃包車，又稱人力車、東洋車，它移動輕巧、乘坐舒適，消費也很低廉，是十九世紀末、二十世紀初上海地區使用率極高的一種大眾運輸工具。後來陸續出現了私人轎車和機器摩托車等更新潮的車款，但收入一般的小康家庭民眾仍以步行或乘坐推車為多，也因此養成了上海車伕的勢利態度。

　　晚清時期在中國境內流通的各色西洋器械，在許多方面改變了人們的生活內容，豐富了中國的城市風貌，同時也宣告著中國現代性的來到。上述各節對《游戲報》器物類廣告文本的討論，顯示了消費行為不僅能滿足日常生活所需，同時亦隱含了人們對身分、地位的認同與展示。遠道而來的西洋奇器，由於適應了人們的鑑賞文化，其中若干並且因為具有提高生活內涵的功能而被留下，或成為居家用品，或成為賞玩物件；而櫛比鱗次的洋廣雜貨店鋪，則預示著上海繁榮的經濟景況將勢力勃發地展開。

第四章　醫藥保健類廣告

第一節　前　言

　　醫療和藥物，與人們的生活息息相關，可說是日常生活的必要環節之一，晚清時期，上海的醫療技術、社會環境和用藥概念都與現今不同，本章將《游戲報》醫藥保健類廣告文本分為「醫藥項目」和「保健項目」二節，試圖藉由探究這些廣告文本的內容，知曉晚清時期人們對醫療和藥物的需求為何？對疾病和治療方式的理解又是什麼？而在醫藥廣告之外，另有不少與身體保健有關的廣告文本，這些保健類廣告在訴求上各有側重，它們分別關注哪些部分？順承醫藥類廣告和保健類廣告的討論成果，進而理解晚清上海一般民眾的生活樣態。

第二節　醫藥項目

　　在晚清《游戲報》上刊登比例最高、出現次數最多的廣告類型，其中之一便是醫藥保健類廣告，而在這類廣告中，有很大一部分是屬於「醫藥項目」，廣告以療癒各類疾病為主要訴求。本節以《游戲報》醫藥類的廣告文本為討論重心，再依廣告數量的多寡細分為「時疫」、「毒門性病」、「壯陽種子」、「牙科」四個項目，底下一一分梳。

一、時　疫

　　十九世紀晚期，上海的中醫診所還沒有像西醫那樣的分科概念，因此它

們刊登的廣告並不若西醫那般明白表示專攻的某些科別，反而較常指明能治療的症狀，如：「專理喉科、小兒食飲、腹瀉等症」，療癒項目多半是日常生活中會出現的常見症狀，如咳嗽、腹瀉、積痰，或食慾不振等等，癥候明確，但原因不詳。由於這些病痛都沒有確切的疾病名稱，當時便將經常發生的醫療需求都通稱為「時疫」，各種季節性的流行病亦在此範疇之內。

上海地窄人稠，加上江南地區溫暖潮濕的氣候型態十分有利於各類病原體與細菌的孳生，是許多流行病好發的溫床。陳邦賢整理清代出現過的疾病，發現有以下幾種：（一）傳染病、（二）呼吸器病、（三）消化器病、（四）心臟疾病、（五）泌尿器病、（六）神經系病、（七）新陳代謝病、（八）皮膚病，〔註1〕而《游戲報》醫藥廣告中常見的疾病，多屬於傳染病類及消化器官類，如痢疾、鼠疫、痧疹、腸胃不適及腹瀉等。下面這篇文章提到痢疾之所以在上海大流行的原因：

> 上海人煙稠密，居民不講衛生，其消夏法，一日可分為三截。午前烈日當窗，黑甜未足，炎歊萬丈，一呼一吸以承受之。午後則奔集於酒肆、茶寮、劇場、妓館，室不通風，復聚數十稠脂膩粉之輩，圍作肉屏風，以腐朽珍錯果腹。至夜而驅車於曠郊之夜花園，則入蘆棚、泥地、草亭，噉荷蘭水、冰其淋，樂此不疲，雞鳴未散。雖金銅玉樹之身，亦將何以堪此！故夏令未終，痢疾大盛，赤痢尤多，十死其九。〔註2〕

文章描述上海人在盛夏如何度過一天的時光：睡到晌午才起，在高溫炎熱的天氣下，人們顯得精神慵懶。正午烈日當頭，便躲進專供吸食鴉片的煙間、煙館，「黑甜」即指鴉片；下午再往茶樓、酒館、戲院、妓家裡鑽，在不大透風的空間裡喝涼水、吃涼糕，整個下午就在各式娛樂空間裡消磨時間；晚上又大食汽水、冰淇淋等冰品，而且不至雞鳴絕不睡覺。病原在濕熱的天氣裡極易孳生，人們整天出入擁擠、不潔的場所，期間食用的消暑涼品亦可能藏有細菌，兩種原因相加，而導致痢疾的嚴重腹瀉症狀。

痢疾的發生，起源於人們食用了受到細菌感染的污水或食物。當時中國人的衛生習慣不佳，就地大小便的情況很普遍常見，有些人聲鼎沸的熱門食

〔註1〕詳見陳邦賢撰：《中國醫學史》（臺北：廣文書局，1979年），頁224～245。
〔註2〕詳見（清）徐珂編撰：《清稗類鈔》第8冊（北京：中華書局，1986年），頁3525。

堂，一旁的大門邊上可能就是人們慣習便溺的場所。環境衛生的骯髒不潔，
終致引發大規模的痢疾流行，有些醫館為了幫忙克制疫情，經常大方贈藥施
診，【羊氏醫室瀉痢散廣告】提到：

> 治腹痛、紅白瀉痢、裏急後重、噤口危症，一二服即愈。今秋之
> 痢症，治法與往年迥異。經余診者，用溫通即愈，此散亦溫通法
> 也。自夏至今，凡取是散服愈者，指不勝數，屢試屢驗之藥。患
> 瀉痢者，使人至四馬路西園煙館南面庭筠里羊氏醫室取散兩服，
> 不收分文。遠埠善士購此施送，取半藥資，每洋兌藥六十服。此
> 佈
>
> 月樵氏啟〔註3〕

當時有不少善心人士也會大量購藥以贈送患者，有些醫館為了響應善舉，特
別推出「凡購藥贈濟者，藥資取半」的活動，頗受好評。醫室主人羊月樵若見
患者家貧，有時甚至不取醫金，免費為人治療；由於次數頗多，報上經常能
見到患者致謝的廣告。〔註4〕

　　此外，當時還有另一項深具威脅的可怕疾病——瘟疫。「瘟疫」一般指的
是「規模廣泛，且具有強烈傳染力的流行病，能在人與人之間互相感染」者
稱之。根據余新忠的整理，清代的瘟疫可能有天花、痲疹、水痘、霍亂、傷
寒、白喉、痧症、瘧疾等許多種類，〔註5〕歷史上出現的幾次瘟疫，其病菌來
源多與動物有關。〔註6〕中國一年四季都可能發生瘟疫，不過疫情爆發的高峰
期，是每年的夏、秋二季（四月至九月）。下表（表4-1）整理了有清一代江
南地區各府州一年四季瘟疫發生的次數：〔註7〕

〔註3〕【羊氏醫室瀉痢散廣告】，《游戲報》第92號（1897年9月23日）。
〔註4〕參見〈感謝痢藥〉，《游戲報》第102號（1897年10月3日）；及〈良醫濟世〉，
　　　《游戲報》第117號（1897年10月18日）。
〔註5〕有關各項瘟疫疾病的病源及症狀，詳見余新忠著：《清代江南的瘟疫與社會：
　　　一項醫療社會史的研究》（北京：中國人民大學出版社，2003年），頁79～
　　　119；或詳參余新忠等著：《瘟疫下的社會拯救——中國近世重大疫情與社會
　　　反應研究》（北京：中國書局，2004年），頁73～82。
〔註6〕詳見余鳳高編著：《瘟疫的文化史》（香港：中華書局，2004年），頁6～9。
〔註7〕本表參考余新忠著：《清代江南的瘟疫與社會：一項醫療社會史的研究》表
　　　3-5之數據製成，頁75。

表 4-1　清代江南各府州四季之瘟疫發生次數表

府州	春季			夏季			秋季			冬季			合計	百分比
	一月	二月	三月	四月	五月	六月	七月	八月	九月	十月	十一月	十二月		
江寧	3	3	6	12	16	16	9	7	6	0	0	0	78	6.2%
蘇州	7	7	11	27	27	32	17	15	14	5	3	4	169	13.5%
松江	3	9	4	51	56	54	38	29	28	5	5	6	288	23%
常州	10	10	11	10	10	11	9	6	5	0	0	0	82	6.5%
鎮江	1	1	1	8	8	9	10	8	8	1	1	1	57	4.5%
太倉	11	11	12	18	18	19	22	22	20	8	7	7	175	14%
杭州	0	0	0	5	6	6	9	8	5	0	0	0	39	3.1%
嘉興	8	8	12	19	18	21	21	16	18	10	9	9	169	13.5%
湖州	7	7	7	14	14	13	5	2	2	1	1	1	73	5.8%
紹興	1	1	4	6	5	6	6	3	3	1	1	1	38	3%
寧波	0	0	0				18	18	18	3	2	2	82	6.5%
合計	51	57	68	176	184	195	164	134	127	34	29	31	1,250	
	176			555			425			94				

　　如上所列，可見各個季節當中，夏、秋兩季發生瘟疫的頻度最高。依江南各府州一年的瘟疫總次數來計算，以松江府所佔比例最大；若以縣治來論，則是上海一地的發生次數最多。〔註8〕綜上所述，便能理解晚清時期上海的瘟疫情況有多嚴重。

　　廣東種德園為此推出許多防治時疫的藥品（參見圖4-1），有麝香痧氣丸、八寶紅靈丹、時症白痧散、加料白痧散、珍珠百口散、麝香臥龍丹、諸葛行軍散、人馬平安散、梅花點舌丹、藿香正氣丸、純陽正氣丸、神效保安丹、靈寶如意丹、萬應午時茶、萬應甘露茶、福建神曲茶、上品正龍涎香、紫微癬瘟香牌、茄楠辟瘟香珠、自甌萬應如意油、如意油渣、自甌薄荷油、玉樹神油、各式香油、正老樹茄楠香等。各式丸散膏丹一應俱全，廣治各種痧症（痧疹、痧氣）、瘟疫、傷寒、霍亂、天痘等傳染病引發之不適症狀。

〔註8〕　參見余新忠著：《清代江南的瘟疫與社會：一項醫療社會史的研究》，表3-1、表3-2、表3-3。

圖 4-1 廣東種德園推出多款防治瘟疫的藥物

《游戲報》第 1432 號（1901 年 7 月 1 日）

　　上圖畫面中出現的八卦、念珠，與人們對瘟疫成因的認識有關。以現代醫學的角度來看，促使疾病發生的病原，不外乎是各種帶菌的生物體、病毒、細菌以及各種寄生蟲等等，但這些病原都不是肉眼所能見到的，因此，在顯微鏡發明以前的人們，多將致病因素歸咎於超自然力量，如鬼神、邪風之類，陳邦賢對古代所稱之「疫病」有如下的解釋：

　　　沿門闔境，人人俱病，如徭役之役者，日疫病。古人謂四時不正之
　　　氣，即為虛邪賊風，入人體內，有從口鼻毛竅等侵入之說。〔註9〕
由於瘟疫有著強烈的傳染性和極高的致死率，可是卻看不見也摸不著，人們

────────────

〔註9〕詳見陳邦賢撰：《中國醫學史》，頁 225。

對於為何染上瘟疫、以及感染後的臨床症狀和結果感到驚惶並且憂慮，這股對未知的恐懼使得瘟疫蒙上一層詭異又神秘的色彩。人們將它與鬼神作連結，古時即有許多「瘟鬼」、「瘟神」的傳說。疫病與鬼神相連屬，在現代人眼中根本是無稽之談，但古人深信不疑，實際上是出於文化制約的關係，因此這則廣告便很自然地加入了具有避邪功用的八卦和念珠。

除了時疫以外，人們還有其他的醫療需求。當時一般醫館不太會特別標誌出只專門治療某些科別，通常都採綜合性的療癒方法，講究全身經脈和氣血的協調；這個看法與中醫對疾病成因的解釋相通，認為人之所以生病，是因為內在的七情六欲，與外在的寒暑濕熱互不相協的緣故，因此廣告中常以某種器官或勞力使用過度再加上氣候變化而引起不適，有時也以五行失調來說明疾病發生的原因。基於此種「牽一髮動全身」的理論依據，許多醫館都帶有各科兼治的色彩，如借寓百花祠中外老藥局的畢耐仙醫士，其專長科別是「精理兒科、痧痘、推拿、急慢驚風，包醫外科、癰疽、男女毒門」；〔註10〕又如分別在同泰藥鋪及德興銀樓二處開設門診的王問樵醫士，他便「擅婦科，兼理傷寒雜症」。〔註11〕

一八九九年以後《游戲報》開始出現一些專治某些科別的廣告，如牙科和醫療立論非常獨特的「電氣療法」（參見圖4-2），還有鎮劍山產科、段大房眼科（圖 4-3、4-4）以及專以符咒治療產婦不適或流產的錢天醫〔註12〕。符咒治病之法又名「咒禁科」、「祝由科」，而電氣療法的治療方式，在廣告中是這麼說的：

> 電學醫士李佳德，由西四月一日、華二月十三日，在虹口西華德路王家宅空地上施診售藥，每晚五點鐘起至七點鐘止。治病不用刀針，純用電氣，並售電氣藥水，以備家用丸患。患癆症、氣喘、脫力、目昏、耳聾、癱瘋、骨節酸痛、牽筋縮脈、癲癇等症者，速至診點買藥。〔註13〕

當時人們還不大接受西醫常用的侵入性治療，認為人體一旦遭逢異物侵入，便會損及元氣。此種療法以電學為出發點，主打隔空治療，還開發出具有奇

〔註10〕詳見【百花祠中外老藥局看診廣告】，《游戲報》第 43 號（1897 年 8 月 5 日）。
〔註11〕詳見【婦科分寓廣告】，《游戲報》第 1356 號（1901 年 4 月 16 日）。
〔註12〕詳見〈敬謝錢天醫靈符治病神速〉，《游戲報》第 700 號（1899 年 6 月 8 日）。
〔註13〕詳見下頁圖 4-2 電氣療法。

幻藥效的紅、白二帖電氣藥水，宣稱即使患有癆病、氣喘、頭暈目眩等症，只要服下藥水便可痊癒。

　　這則廣告所言「電氣」不知確指為何，不過，日本明治時期經常以「電氣」代指各種高級舶來品，這個語詞是盛極一時的流行符碼，人們習慣以之稱呼新奇、時髦的物件，赫赫有名的「電氣白蘭」即為一例；當時中國有一些常用的詞彙（如「經濟」）其實來自於日文翻譯的結果，推測這則廣告所使用的「電氣」一詞可能與此有關。〔註14〕

圖 4-2　電氣療法

《游戲報》第 1335 號（1901 年 3 月 26 日）

〔註14〕感謝陳國偉教授於口試時提點「電氣白蘭」之緣由，及此二者可能的關聯。

圖 4-3　產科廣告　　　　　　　　圖 4-4　眼科廣告

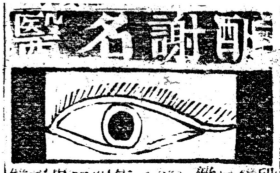

《游戲報》第 736 號　　　《游戲報》第 1929 號（1902 年 11 月 3 日）

（1899 年 7 月 14 日）

二、毒門性病

「毒門」即指各種性病，如梅毒、菜花、淋病、下疳，人們一般統稱它們為「花柳病」或「風流病」。由於醫療環境相當簡陋，猜測當時人們也未有使用保險套的習慣，因此罹患性病的人數非常多。為了因應市場的廣大需求，出現了為數眾多、令人眼花撩亂的毒門藥物，藥名五花八門，「瀉毒化毒丸」、「萬應化毒丹」、「五寶聖靈丹」、「三燻掃毒散」、「花柳萬靈丹」等，凡商品名號中有「毒」字者皆是。有關性病的傳播途徑和方式，〈楊梅毒〉一文這麼說道：

> 嘗與某醫士談上海楊梅瘡毒之盛，為各埠所未有，因申論其故。謂其毒大抵皆起於花煙間及野雞妓院中。蓋此等妓女，每於夕陽西下時，至夜間一二點鐘為止，幾於滿坑滿谷，無處無之，不擇人之老少蠢愚，拉到即是。人廉其值，皆樂得而就之。一日之中，或關門，或宿夜，多者八九人，少亦一二人，送了出去，再拉進來。上海無尿缸，此輩即尿缸也。毒安得不蘊結於中？於是傳染於客，客復染於他妓，或更傳自他妓，變本加厲，歸而及其妻若妾。蓋欣欣向榮，莫可底止矣！更或有初到上海之客，長三妓院苦無向導者，縱幸而得入而揮金如土，亦未必即能留宿。慾心正熾，迫不及待覩此。道旁群雌粥粥，情不自禁，遂至柳絮沾泥，俗謂貪便宜買貫水魚，此富紳豪賈之所以亦有此毒也。漸而狎長三妓，妓復傳染，日久滋生蔓延無既，此上等妓院中之所以亦不能免此毒也。〔註15〕

各式毒症由妓家傳出，諸妓與恩客因體液的溝通而相互染毒，不但彼此傳遞、且有多重感染的情況；妓女們幾乎各個難逃，病毒亦隨著恩客們四處散播，並延及自家妻妾。由於醫學知識的缺乏以及醫療環境的簡陋，性病很快便蔓延開來。中國人向來對於與「性」有關之事難以啟齒，在就診時常因羞慚尷尬而對病因語焉不詳，導致病灶往往潰爛不已時才施以藥物，致使延誤了治療的最佳時機：

> 嘗有某豪賈，性極鄙嗇，喜暱雉妓，傳染後就醫診治。恥言其故，謂新剪指甲，不能光澤，適下體癢甚，搔癢破皮，日久潰爛。言之貌若甚戚者，求瀉毒速愈。醫謂：既非染毒，用不著瀉。客怩怩久

之，謂：指甲甚毒，非以毒攻毒不可。醫笑不能仰，謂：用楊梅瀉
毒丸服之，何如？客曰：姑試之。索丸，踉蹌而去。又有某客染毒
就醫，謂其妻有外遇，致傳此毒。妻謂：夫狎雉妓所致。二人計較，
遂致口角。嗚呼！此事而可推諉耶？又有夫婦染毒就診，夫申明染
毒之故，歸而播種於妻。妻紅潮泛頰，以手拈帶，惟言：先生尚能
除根否？嗚呼！此毒傳播無窮，吾為諸狎邪子危矣！〔註16〕

廣告主為顧及喜入花叢而不幸染病的患者的顏面，對其罹患性病一事多以
「失足」稱之。當時流行的性病有幾種不同名稱，如楊梅結毒（即梅毒）、
魚口（即腹股溝淋巴結炎）、便毒、白濁（即淋病）、橫痃、下疳等，〔註17〕
同時有喉部或其他部位之皮膚腫痛、發癢或潰爛等病徵。發病時，這些症狀
往往令人痛苦難當，羊氏醫室主人出於佛心，不但推出免費贈藥的活動，還
研發了一系列的治病療程及相關使用藥物，廣告內文是這麼說的：

此丸專治楊梅大瘡、久年結毒、喉爛透頂、魚口、便毒、橫痃、下
疳，破爛不愈、百方不效者，十餘服即收全功。不獨永除後患，更
且無礙生育。凡毒症初起，須先服西黃瀉毒丸或八寶回生丹三五服
後，再服化毒丸或七寶丹，立見大功。海上花天酒地，倘失足其間
而患風流等症，治不得其門者多矣！茲將經驗丹丸數種，以便抱毒
者來。可以審症用藥，則百發百中也。○西黃瀉毒丸○珠黃化毒丸，
每服取報費合資洋一角。其餘應用丹丸，價照仿單。此佈

　　　　　　上海胡家宅新清□□對面庭筠里內醫室羊氏敬送〔註18〕

依《游戲報》廣告文本得知，羊氏醫室與德星堂藥號在報上登記為同一處地
址，且均由羊岳樵主持，推測羊氏醫室與德星堂藥號可能是診療場所與處方
藥舖的聯合經營模式。此二處所平時致力於各式流行藥物的研究與開發，如
戒除鴉片煙之藥物和性病用藥等等，〔註19〕除了上述瀉毒、化毒丹丸以外，
還另有專治風流病的各種丸散。〔註20〕

〔註16〕詳見〈楊梅毒〉，《游戲報》第138號（1897年11月8日）。
〔註17〕括號內文字參見賀蕭（Gall Hershatter）著；韓敏中，盛寧譯：《危險的逸樂：
　　　　二十世紀上海的娼妓與現代性》（臺北：時英出版社，2005年），第九章註1，
　　　　頁730～731。
〔註18〕詳見【羊氏醫室贈藥廣告】，《游戲報》第136號（1897年11月6日）。
〔註19〕相關討論參見本論文第五章第二節「二、《游戲報》廣告之鴉片及其周邊商品
　　　　（一）戒煙藥物」。
〔註20〕詳見【德星堂治風流病各種丸散廣告】，《游戲報》第166號（1897年12月

市面上治療性病的藥物名目繁多，看看懷德堂老醫室列出的藥物清單（圖4-5）：

圖 4-5 懷德堂老醫室．花柳毒症藥單

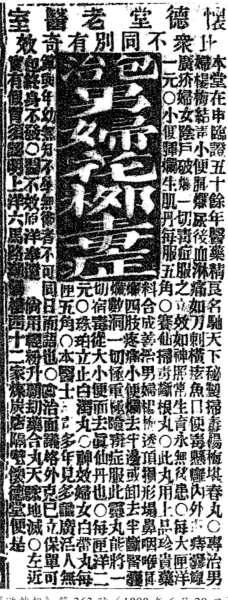

《游戲報》第 363 號（1898 年 6 月 29 日）

錢省三老醫局也開發出不同的產品（圖 4-6）：

6 日）；及【三燻掃毒散廣告】，《游戲報》第 464 號（1898 年 10 月 7 日）。

圖 4-6　錢省三老醫局藥物清單

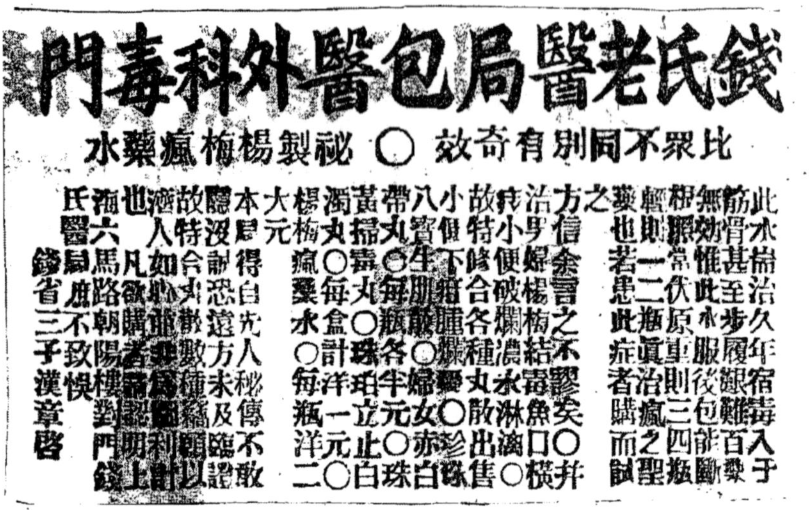

錢氏老醫局包醫外科毒門

祕製楊梅瘋藥水　○　比眾不同別有奇效

《游戲報》第 1442 號（1901 年 7 月 11 日）

　　從上方二圖可知，當時市面上治療性病的藥物有許多有趣的名稱，如：掃毒楊梅堪春丸、小便晡爛生肌丹、賽仙掃毒斷根丸、珠珀立止白濁丸、神效婦女白帶丸、楊梅瘋藥水、珍珠八寶生肌散、婦女赤白帶丸、珠黃掃毒丸等，這些藥物皆宣稱能立止病痛，還能回春去毒、增生肌肉；功能之多，不僅治療性病，療癒病灶的潰爛紅腫現象，同時也關注到婦女私處的衛生問題。

　　其他諸如：寶宦齋、復初堂、京都同德堂、良濟藥房等藥局或醫室，也都推出名號各異、具有誇張療效的花柳妙藥，如寶宦齋創製之【掃毒散二種】，宣稱「服之內毒立清，敷之外瘡立愈」，藥效之神奇，直如仙丹；〔註21〕復初堂和京都同德堂則分別強調自家藥品肯定能達到「永遠除根，照常生育」的成果，並提出「如或不愈，原洋奉還」的強力保證，不僅標榜藥到病除，且能根治毒症而不傷及生育能力；〔註22〕而良濟藥房推出的「錫潑里篤兒楊梅丸」則十分別出心裁，跳脫以往取名時直述藥效的習慣，創造出一個完全沒人聽過的藥品名稱：「錫潑里篤兒」，為該藥營造一種未知的神祕氛圍：

　　　　此丸無論遠近、大小各毒症，如法吞服，立刻收功。有毒去毒，

　　　　毒盡生肌，而且藥味平和，攻補並進。無論何等體質，皆屬相宜。

〔註21〕詳見【寶宦齋花柳藥廣告】，《游戲報》第 549 號（1898 年 12 月 31 日）。

〔註22〕詳見【復初堂包醫毒症廣告】，出處同前註；及【京都同德堂妙藥濟世廣告】，《游戲報》第 693 號（1899 年 6 月 1 日）。

患此者請嘗試之，方信所言之不謬也。此佈　每日三服每次一丸
〔註 23〕

服用此藥，即能「立刻收功」、「有毒去毒，毒盡生肌」尚且「攻補並進」，不但去毒還能補身；廣告詞將普通藥物形容成一舉數得、難能可貴的神藥，很能讓受病痛所苦的人們興起嘗試欲望。

　　市面上宣稱能治性病的藥物品項多如牛毛，除了華人自製的以外，亦有來自法國、包裝精美的治毒藥品「山得爾彌地」（圖 4-7），寄放在西式醫院和各大藥房託其代為銷售：

圖 4-7　來自法國的治療性病的藥品

《游戲報》第 2312 號（1904 年 1 月 14 日）

　　其他相關的治療藥物還有：百寶生肌散、流注至寶丹、五淋白濁丸、外治花柳丹、花柳搜毒丹、下疳橫痃散、楊梅結毒丸、化毒生肌散、疳積糖等。

〔註23〕詳見【錫潑里篤兒專治楊梅毒症第一靈丸廣告】，《游戲報》第 2323 號（1904年 1 月 25 日）。

〔註 24〕這些五花八門的花柳聖藥，究其功用，無非僅能緩解因性病而引發的連帶症狀，如患部之發癢、腫痛、潰爛、瘡疾、癰疽或小便、精液之濁症等等，實際上是否真能根除性病病毒？我們不妨藉由一位自一八七○年至一八九八年間派駐在上海的醫務衛生官員和警醫──愛德華‧亨德森的一段話來進行推測：

> 麋集於租界的當地女人，她們是外國人的主要危險，她們幾乎完全
> 在中醫郎中的照管之下，而中醫對於傳染病的認識是非常模糊的，
> 他們對於疾病的診斷和治療根本就不能讓人相信。〔註 25〕

其實早在一八七七年，上海就出現了第一家可針對各種性病進行檢查及治療的西式醫院，但是並沒有產生如同人們所期待的滿意結果。許多妓女無法接受最隱私的部位必須被男性觀看，而醫生在檢查過程中沒有表現足夠的尊重態度，亦引發妓女們強烈的抗議，所以當時只有極少數的中國妓女會到醫院求診。然而即使如此，已求診的妓女們仍常常因為缺乏對該類疾病的認識，在症狀減輕後便不再按時複診。〔註 26〕妓女們對這類疾病的不理解以及輕忽，再加上她們有謀生的需求，不可能為了治病而不賣淫，導致性病一直是晚近中國非常嚴重且難以根除的公共衛生及社會問題。不過也正因如此，引發了日後人們對公共及個人衛生和疾病預防觀念的重視與提倡。〔註 27〕一八九七年，《游戲報》出現了第一則保險套廣告：

> 此真花柳中保身要物。妓家每多濕毒，兼之常服瀉藥，染之受累非
> 淺，悔之莫及。此衣係外洋機器製造，用之勝常一切穢毒之氣不能
> 滲入。價亦頗廉，每副售洋一元五角，遠處信力自給。〔註 28〕

當時性病在各地猖獗氾濫，主要的傳播途徑便是有牌的妓女或野雞，凡有狎邪癖者，可以說無人能夠倖免，這幾乎成為晚清時期嚴重的社會問題。為了有效解決這個困難，無論中醫或西醫，不管成效如何，都接連推出了若干專治性病的醫療藥物；除此之外，更有人留意到「預防勝於治療」的重要，引進

〔註 24〕參見【京都同德堂】藥物名目，《游戲報》第 443 號（1898 年 9 月 16 日）。
〔註 25〕轉引自賀蕭（Gall Hershatter）著；韓敏中，盛寧譯：《危險的逸樂：二十世紀上海的娼妓與現代性》，頁 434。
〔註 26〕詳見安克強（Christian Henriot）著；袁燮銘，夏俊霞譯：《上海妓女──19～20 世紀中國的賣淫與性》（上海：上海古籍出版社，2004 年），頁 307～311。
〔註 27〕相關討論詳見本章第三節「三、個人衛生」。
〔註 28〕【新到外洋保險小衣廣告】，《游戲報》第 86 號（1897 年 9 月 17 日）。

保險套的用意，即是試圖從源頭阻絕性病傳播的可能。

三、壯陽種子

「性」在傳統中國一向是不能公開談論的話題，對房內之事尤其避談。但有趣的是，人們對於「如何增進性功能」卻一直有著很豐沛的興趣，中醫書籍裡頭可以看見有很多補腎、預防腎虧的知識與藥材。黃克武在他一九八八年的一篇研究中發現，許多和「性」沒有直接相關的疾病，同樣被以「色欲過度」來解釋，因此製藥廠商只要稍微在這點上著力，就能達到他們所期望的效果。他指出，這似乎反映了「性」在當時的社會心理上是揮之不去的煩惱，亦使得醫藥廣告中的「性」的因素被過度強化了，就連現在認為是正常生理現象的「夢遺」，都被視為是嚴重的腎虧前兆，報紙上為此出現了大量的「補腎固精」廣告。〔註29〕《游戲報》則以「壯陽」、「種子」、「勁戰」、「廣嗣」為號召，中法大藥房採用了特殊的訴求方式，以內容簡要的三字訣來推銷自己的產品（圖4-8）：

圖 4-8　九鞭壯陽種子丸廣告

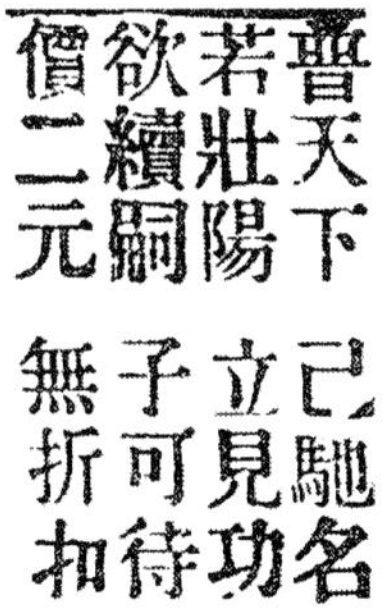

普天下　己馳名　立見功名
若壯陽　可待　
欲續嗣　子無折扣
價二元

《游戲報》第 446 號（1898 年 9 月 19 日）

這則廣告十分罕見地跳脫一般常用的廣告模式，不但沒有詳述藥品功效，反而是言簡意賅地表達訴求；數來寶似的廣告文詞提供了良好的記憶點，而簡短的語句則頗有不給討價還價的意味。

不過，「工欲善其事，必先利其器」，諸位男士要想在床笫之間大展雄風，前提是要先擁有優良健全的性功能；針對這個需求，當時有專為治療男性性功能障礙而研發的【壯陽龍虎丹】：

〔註29〕詳見黃克武：〈從申報醫藥廣告看民初上海的醫療文化與社會生活，1912～1926〉，《中央研究院近代史研究所集刊》第 17 期下冊（1988 年 12 月），頁162～167。

> 專治男子先天不足、破身太早、見陰不舉、入爐即洩，不能久戰、
> 種子內虧、腎虛陽萎等症。服丹，龍虎之力，固精久戰，樂非尋常。
> 夜度群美，不損精神、不受陰毒。〔註30〕

與麗華照像公司出品的【壯陽擯鐵丹】相同，【壯陽龍虎丹】同樣將訴求重心放在恢復男性自尊上頭，廣告強調「即使先天不足、後天失調也不打緊」，只要服用該藥，必能速速恢復雄風。〔註31〕

此外，亦有將性事比喻為「戰事」者，將藥物補強重點放在「行房時能驍勇善戰」的【壯陽勁戰丸】，光看名稱就讓人感到戰鬥力十足；〔註32〕還有側重固精安神、培元種子的【太乙壯陽種子丹】，該藥宣稱不論早洩或陽萎，服用後均能「百戰不疲，樂而不倦」。〔註33〕

在「藥補不如食補」的觀念下產生了許多同時具備多重效用的食用商品〔註34〕，【打虎牌牛髓粉廣告】這麼說道：

> 服此牛髓粉，可以補精固髓、開胃健脾、止嗽消痰、壯筋骨，常服
> 可使延年益壽、返老還童。雖至百歲左右，尚能舉步如飛。……永
> 無腰痠腿軟、氣喘痰哮各症，其功效非尋常補藥可同日而語。〔註35〕

中國人最注重精、氣、血的保存，這種商品可以補充精血，還能促進食慾、止咳化痰，甚至延年益壽、返老還童。另外還出現了具備多重功效的相關商品，主打能療癒肝肺疾病、治療陽痿和身體各部位之痠痛，只要是當時流行的各種症狀和病痛，一律能夠治癒。【克利馬爾補陽糖汁廣告】提到：

> 此汁最能補陽，專療肺肝之病，故治高年陽痿、精竭神衰、傷風痰
> 嗽、吐血將癆、肺管腫脹、咽喉、胸膈、腰腹諸痛，無不立驗。每
> 日兩服，每服一羹匙，照此服之，咸謂此汁創製以來，三十餘年歷
> 見奇效，故令中國通商各口一總藥房無不代售。〔註36〕

〔註30〕詳見【壯陽龍虎丹廣告】，《游戲報》第1743號（1902年5月20日）。
〔註31〕詳見【麗華照像公司壯陽擯鐵丹廣告】，《游戲報》第470號（1898年10月13日）。
〔註32〕詳見【壯陽勁戰丸廣告】，《游戲報》第1184號（1900年10月17日）。
〔註33〕詳見【太乙壯陽種子丹廣告】，出處同註14。
〔註34〕有一些打著「壯陽」、「種子」口號，以「恢復男性尊嚴」為訴求的壯陽藥物，觀其內涵與藥物成分，其實更像是食品。由於無法確定其實際藥效如何，故此處暫且以「食用商品」稱之。
〔註35〕詳見【打虎牌牛髓粉廣告】，《游戲報》第1238號（1900年12月10日）。
〔註36〕【克利馬爾補陽糖汁廣告】，《游戲報》第2307號（1904年1月9日）。

當時有很多這種近乎神話式的廣告文字，訴求重點總離不開治毒、壯陽、廣嗣目的；從這些文字當中，我們可以發現隱藏在廣告文字背後、人們心裡潛藏的期望。

壯陽種子藥的大量出現，和前文討論的「性病」有一些關聯。性病病毒侵入男女體內以後會破壞原本健全的生殖系統，導致生育能力的降低或損害，有時甚至造成不孕。性病的傳播，除了為治療花柳病的醫生和藥物創造了市場外，也同時打開了壯陽種子藥的門路。

四、牙　科

中國人向來不太注意牙齒的保健，不但沒有刷牙習慣，就連牙齒受損了或者脫落，也只採取自然痊癒的方式，不大去醫治它，更不要說對牙齒的健康進行一些比較積極的保養動作了。齒科門診在晚清時期尚且算是一種新興的行業，執業醫師多半得向外國人學習相關的知識和技能，【漱石軒鑲牙廣告】這麼說著：

> 鑲牙、醫牙之術，中國人向未考究。漱石軒主人由外洋學習此技，能挽回以補天功，使人生毫無缺憾，咀嚼食物如常。余在該店鑲牙數十只，異常堅固，飽德之餘，無以感謝，特此登報揚名
>
> 即補道黃應忠謹白〔註37〕

遭遇了齲齒而導致牙齒脫落的人們很能理解缺牙時咀嚼食物的困難，因此齒科門診的開設與牙醫師的出現，對他們來說簡直是天大的福音，當時有許多喝過洋墨水、從國外回來的牙醫師也來到上海：

> 香港徐善亭先生，前輩牙科聖手也。曾在美國牙醫院考試屢列優等，乃由院長給以文憑。回華在港懸壺，十有餘載，中西人士咸知其名。繼將心傳之學授其令嗣景明君，復使往外洋學習，經歷有年。悉心研究，得牙醫之秘奧，接家學之真傳。彼聞上海商賈雲臻，秉承父命，挾技來遊，寓英界二擺渡□肇公所對門。諸君倘有蛀牙及補牙，無論全鑲半齒，均能鑲補，毫無痛苦，毫無破綻。或牙患牙痛等症，一經奏技，則著手成春。先生初來上海，僕知之彙深，故樂為說項也。
>
> 京都同仁醫院畢業生潘晉卿浣手上〔註38〕

〔註37〕【漱石軒鑲牙廣告】，《游戲報》第651號（1899年4月20日）。
〔註38〕【徐景明牙科廣告】，《游戲報》第759號（1899年8月6日）。

許多牙醫師來自美國與日本，除了治療蛀牙與補牙之外，也提供鑲牙的服務。鑲嵌材料可以選擇鑲金、鍍銀、或鑲象皮，另外尚有宣稱可以「無痛鑲牙」者，如圖4-9的鑲牙廣告：

圖4-9　無痛鑲牙廣告

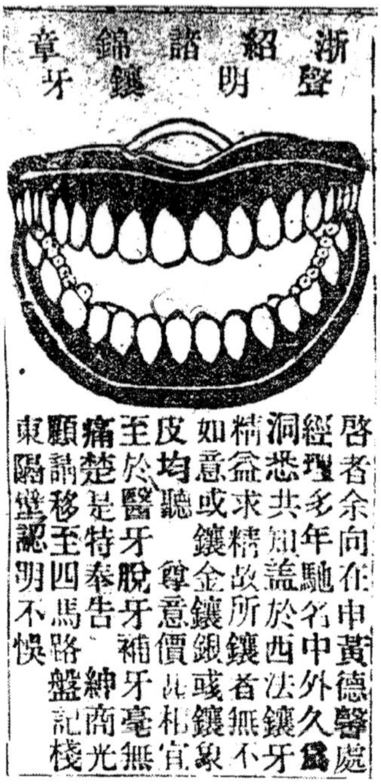

《游戲報》第1711號（1902年4月17日）

附上清晰的牙齒圖片，讓有齒科治療需求的患者一眼就能注意到這則廣告。它宣稱齒科醫師精理西式鑲牙技術，致使所鑲者無不滿意。其中鑲牙材料之一有「鑲象皮」者，不知意指為何，可能是「橡皮」之借音，而廣告中提到該醫師能令「脫牙、補牙毫無痛楚」，推測當時可能已有麻醉藥物的使用。

下面這則廣告的出現，說明當時已有「牙醫聯合門診」的服務型態，廣告中提出了許多具體的治療方式：

> 一、人之一身以牙齒為最要。蓋用以咀嚼食物，藉以養生者也。二、世上牙醫，每於理法及技術皆不精心研究，貿然奏技不免有害於人。三、本醫生曾遊歐美兩洲，從名師習牙科事業，及歸國，為人施治已歷多年。厥後航海來華，僑寓天津及京師，屢蒙顯宦達官邀令治齒，獎借備至。四、牙齒亦父母之遺體，凡有患者，請速臨求治，俾獲安全，莫坐失機緣致以後日漸毀壞。今特將牙科治法備列左方：

一、填補樹膠。樹膠者，其質脆軟，雖乏耐久之功，然在牙齒朽腐一遇冷熱立覺疼痛者，或齒髓□缺者，以之填補，即可安全。或用以塞門丁，其效亦相同。二、填補黃金白金及銀。黃金質最堅牢，用以填補壞牙最能耐久，決無腐壞之慮。或用白金及銀填補，其功用亦大略相同。三、用樹膠造義齒床。牙齒萬一有脫損之處，用樹膠再行補敷，則咀嚼便利，鄰牙亦得堅牢，且言語之間全無窒礙。四、接續斷齒。牙齒上部，或磨損、或腐蝕，遂致缺損者，用義齒接之，即可完整如舊日。語謂之：齒冠其所用。材料不一而足，或金或磁皆可。五、裝設義齒。牙齒連根脫落者，無須齒床，只需義齒，緊貼鄰牙，即與真者無別。如患牙症者，以齒床為不便，即可借此法治之。六、全治齒槽膿漏。牙齒質本易損，苟怠修治，即剝露牙根，甚至漏出惡膿，最為可厭。不但此也，亦致牙齒動搖脫落。日語稱此症曰：齒槽膿漏，在諸樣牙症內尤為甚者，人一嚥此膿，害身匪淺。本醫生潛求治法，創有妙藥，一行敷用，病無不立治。世之患此症者，若知星星之火能致燎原，何不速來受治？以保父母遺體也。七、潔除牙石。牙齒不加修治，日久必牙垢叢生，結成牙石。牙石之色，黃綠黑不等，皆堅附牙齒，漸生惡臭，甚至剝露牙根以致動搖脫落。患此者務須及早潔除，俾獲保身之益，即牙齒健完無缺者，亦以防患未然為要。八、拔齒不痛。凡牙齒腐壞過甚無法修治者，即行拔出，另裝義齒。拔時敷以妙藥，可使毫無疼痛。日本齒科學院醫長、東京齒科學報主筆、日本齒科學院教習、牙醫濟華基、牙醫石三郎，寓上海四馬路黃浦灘路商總局隔壁。至於治資若干，皆因治法有難易，不得預定，當面酌議可也。〔註39〕

廣告中明確解釋了牙齒治療的幾種方式以及材料說明，在條目清楚的言詞當中，無形中就能建立起信賴感，而將牙齒比作「父母之遺體」則更是一絕。《孝經·開宗明義章第一》即言曰：「身體髮膚，受之父母，不敢毀傷，孝之始也。」這是許多中國人從來都有的觀念，因此，當原本只是身體一部份的牙齒一旦套上了「父母遺體」的形象，自然讓人不得不去重視、而不敢稍有馬虎了。

　　既有名醫懸壺濟世，便有受惠之人登報酬謝，究其原因，或為表達謝意，

或為醫者宣揚。有一則致謝啟事非常特別,是由一位已卸職的布政使所刊登的:

> 世以西法鑲牙者眾矣。往往凹凸、疏密不能合度,承之於口,甚弗安◎煜臣梁先生業此有年,獨創先試後安之法,絲絲入殼,宛若天成。以之齒食,直忘其為人力鑲補也者!因勸其入蜀,廣濟吾鄉人之殘牙老缺焉。書此數語,聊志感佩云◎光緒十有九年,歲在癸巳五月,前布政使銜貴州貴東兵備道烏勒興額巴圖魯羅應旄書贈
>
> 上洋四馬路芝蘭室精理牙科 [註40]

依其所言推論,當時有齒科相關疾病的患者可能為數眾多、且深受困擾,而經營牙科的診間或醫館雖然不少,但主持醫療者似乎多是半路出家、技術不足之輩;求過於供的結果,促成了外地牙醫師的大量移入及照護牙齒之相關商品(如圖 4-10 擦牙香粉廣告)的出現。

圖 4-10　擦牙香粉廣告

《游戲報》第 1711 號(1902 年 4 月 17 日)

　　牙醫行業逐步在中國發展起來,人們愈來愈有清潔、保健牙齒的積極意識,因此在治療齒科疾病之餘,也連帶留意起牙齒的外觀潔白與否?口腔氣味是否清新芬芳?市面上開始出現擦牙香粉的廣告,主打使用後牙齒潔白,並可免於蛀痛,還能常保口氣清新。牙粉在早年是用來清潔牙齒的,作用近於現代人常用的牙膏,以此香粉潔牙,不但能去除髒污,還可以保持口腔內之氣味清香。

　　清潔牙齒在今日可說是一般常識性的衛生習慣,但這個習慣,當時的上

〔註40〕【芝蘭室鑲牙廣告】,《游戲報》第 701 號(1899 年 6 月 9 日)。

海人還沒有養成；這除了東西方文化的差異以外，還與人們對「潔淨」和「骯髒」的概念有關。不同時期、不同文化，人們對於「潔淨」和「骯髒」的認知與觀感有很大的差別，以十九世紀飽受西方人批評的「中國人不愛洗澡」的印象為例，當時許多在中國擔任醫官的外國人士，對他們所負責的區域內的生活環境經常有類似描述──中國人對骯髒不潔的環境無動於衷的表情常令他們感到難以忍受，一位來自英國的海軍醫官甚至形容中國人「一生從搖籃到墳墓實際上都沒有清洗過身體」〔註41〕；然而有趣的是，歐洲人本身也是到十九世紀中期，才開始將洗澡和泡澡視為一種享受的。〔註42〕這種微妙的變化有其複雜的社會結構條件與文化養成過程，而其中，「對疾病成因的認識」更是影響人們潔淨觀感之所以形成的關鍵因素。

第三節　保健項目

　　上一節討論了《游戲報》的醫藥類廣告項目，在文本閱讀的過程中，發現當時人們的需求除了醫療和藥物以外，還有若干與身體保健有關者，如營養補給、美容保養與個人衛生維護等等；本節即擬討論這些與身體之內外保養有關的廣告，觀察人們如何保健自己的身體。

一、營養補給

　　這部分又可依照營養需求，分為成人和幼兒兩種。成人以養護臟腑、補充精神、血氣及腦力為主，幼兒營養食品則主飲食增加、開脾健胃等效。上海良濟藥房針對成人對精、氣、神的需求，精心研發出兩種補給食品，不但能補足脾胃之氣，兼以有益五臟六腑之健全，廣告提到：

　　【魚肝油精丸】
　　鰲魚肝油之大補，久已風行中外，毋庸本藥房贅敘。然富貴膏粱之

〔註41〕詳見李尚仁：〈腐物與骯髒感：十九世紀西方人對中國環境的體驗〉，收入余舜德主編：《體物入微：物與身體感的研究》（新竹：清華大學出版社，2008年），頁55。
〔註42〕有關歐洲人對「洗澡」與「潔淨觀念」二者的連結轉變過程，詳見李尚仁：〈腐物與骯髒感：十九世紀西方人對中國環境的體驗〉，頁45～48、54～58。以身體各種感官的經驗史角度切入物質文化研究，是近年來一項有趣的新的研究路徑，相關的研究取向探索詳見余舜德：〈物與身體感的歷史：一個研究取向之探索〉，《思與言》第44卷第1期（2006年3月），頁5～47。

質、胃虛怯懦之人，往往嫌其氣烈而不服，未免徒使良藥無功。本
主人存心普濟，□世情殷，不自揣度，參以化學，造為丸劑，專取
其肝之精。其功力較油增二十四倍，此條西法考驗而知並非誑言欺
世，且其功最能調和脾胃，蠲益藏府。服久則百病不生，食飲加倍。
雖其力甚大，而其性甚和，乃貧賤不可少、男婦皆可服之良藥也。

【補真牛髓漿】

夫鹿茸大補，舉世咸知。牛髓大補，而人不知；即知，亦不信。緣
茸貴而髓賤也。此皆世俗淺見，而非造化主造生萬物之至理也。本
藥房存濟世志切壽人，詳參物理、博考方書，覺鹿茸雖補，其性未
免過燥。世人但以價昂難致為貴，殊不知牛應土德而生，其性極為
和緩，且萬物之強壯，無出其右。因而參以化學，取其精髓，造為
此漿。專於大補血脈，為血虧精涸之仙藥。無論男婦老幼，均可常
服，功用筆難盡述。〔註43〕

魚肝和牛髓這種價位比較親民、但營養價值頗高的食材在當時被廣泛運用來
製作補給食品的原料，尤其是牛髓，除上述的牛髓漿以外，還製成牛髓粉末，
用以補充幼兒的營養，【打虎牌牛髓粉廣告】這麼說道：

小兒氣體未充，最難受補。然或不加調攝，則風寒暑濕，極易乘虛
而入，釀成一切怯弱等症；亦有因飲食不易消化，痰涎不能咳唾，
日積月累，竟成疳積驚癇之病者。此粉入口甘甜，最為小兒喜食，
而粉中又有消痰、利食、理濕、殺蟲諸品，服之能令乳食加增、脾
胃日健，久服自然身體肥壯，狀貌魁梧。且於晚間用以代點，可免
夜啼，並止遺溺。功效之多，筆難盡述。〔註44〕

兒童在幼年時期最難照顧，容易因為體弱而有吸收不良、感冒傷風等症狀，
或因腸胃敏感、無力而引起相關疾病，因此，食用蛋白質含量較高的食品，
能有效補充體力，並有強健骨骼的功用；且牛髓粉不若牛肉或其他肉品昂貴，
即使是一般收入的消費者亦有能力購買。廣告裡頭附上的育兒小圖十分溫
馨，這種畫面很能反映為人父母者寄望兒女成群、承歡膝下的期待（見圖4-
11）。

〔註43〕【良濟藥房補品廣告】，《游戲報》第582號（1899年2月2日）。
〔註44〕【打虎牌牛髓粉廣告】，《游戲報》第1255號（1900年12月27日）。

圖 4-11　牛髓粉能肥兒圖說

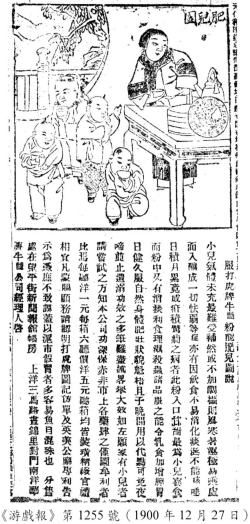

《游戲報》第 1255 號（1900 年 12 月 27 日）

　　黃克武在他一九八八年的研究中提到，「腦」是當時中、西醫醫藥廣告都關懷的其中一個重點，且在西醫理論中佔有十分重要的地位。他指出，民初《申報》醫藥廣告反映的病因論圍繞著「性、腦、血」，而腦的病因論則和西醫理論有較密切的關係。〔註45〕這個傾向，也可以從《游戲報》中許多與補腦、補血有關的藥物廣告看到，如業者宣稱由法國醫生特製而成的「渣砵多補腦丸」和歐洲醫生所製之「海摩琳補血藥」（見圖 4-12、圖 4-13）：

〔註45〕詳見黃克武：〈從申報醫藥廣告看民初上海的醫療文化與社會生活，1912～
　　　　1926〉，頁 160～171。

圖 4-12　渣砵多補腦丸

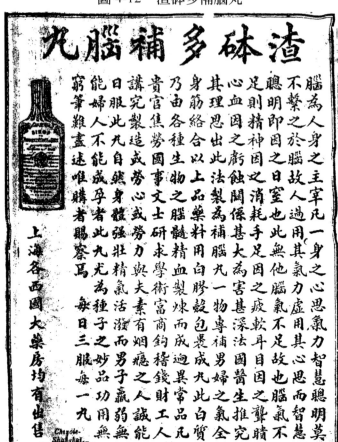

《游戲報》第 2317 號（1904 年 1 月 19 日）

圖 4-13　海摩琳補血藥

海摩琳補血聖藥

每瓶定價洋一元半每打洋十五元

此歐西醫學博士新發明之眞正王道，第一補血聖藥能補血輪血汁非向行之補血各藥可比且較鐵質等藥容易消化融和能濟病者先後培元補虛不足施用者年益壽洵能久服效如神

○一補男子酒色傷身者○一補男女憂勞過度者○一補男女鬱成病者○一補男老年氣血兩虧者○一補虛性不足者○一生產耗血者

上海英租界三馬路良濟藥房監製

　　補腦藥提到腦為全身之主宰，如若腦氣受損，則全身亦不能平和，將導致精氣虛耗、手腳疲軟，且聰明智慧將因而凝窒。補血藥則主攻培元補體、延年養生，可以補氣、又能恢復體力，補足氣血之兩虛。在這兩則廣告裡，腦的病因論和血的病因論相結合，廣告中宣稱，無論腦氣或血氣不足，都將導致身體健康的嚴重損害；中國人對疾病成因的看法，實際上圍繞著性、腦、血三者，無出其間，並結合中、西醫的醫療理論，有些疾病採取中醫的解釋，有些則採用西醫的說法。

二、美　妝

　　《游戲報》美妝類廣告主打女性消費客層，當時市面上產銷的美妝產品主要有：香粉、玉容粉、擦牙粉、生髮油（水）、花露水等。其中，花露水是比較特殊的一項產品，起先基於其特殊的香味，被用來當作皮膚保濕用品，或當香水使用；後來則被擴大使用於去除皮膚瘢痕、防疫消毒、提神醒腦、降火氣等醫療衛生方面的用途。〔註46〕下面舉出幾種當時比較常見的美妝用品為例進行說明：

【戴春林香粉】

本號常到五彩銀線浪珠、巧紮時花，各料批發，煉製百花冰麝蘭花、珠蘭、玫瑰、桂花各種嫩面豔容宮粉、撲粉、潤容粉紙、胭脂水粉、生髮花露香油、潤髮黑白茄露等花露香水，雕刻玉桂癖邪香珠、金珠、搬指、萬壽安息貢香、萬應紫金香錠、開胃口香糖。定價劃一，請認晉記不誤。〔註47〕

「戴春林香粉」是一間店鋪的名字，裡頭販賣的物品以妝點外觀的美容用品為夥，有多種妝容用粉、胭脂、香水、香水肥皂、生髮油，另外也賣香珠、貢香、口香糖等，品項繁雜，類似美妝雜貨鋪。這種綜合性的美妝店在當時是滿普遍的，中法大藥房也推出底下四項重點產品：

・楊妃玉容粉：此粉薈萃豔容妙□諸品。凡佳人面黃色滯雀斑疵抹瑕以是粉，悉可涵掩。常撲之，臉如楊妃，真有令人消魂之美。

・海華生髮水：善能固生鬢髮，倍益頭膚生發之氣，免髮白過早之

〔註46〕分別參見中法大藥房一八九八年、良濟藥房一九〇三年刊登之花露水廣告（註48【香閨必需品廣告】、註56【格能格花露水廣告】）。

〔註47〕【戴春林香粉廣告】，《游戲報》第43號（1897年8月5日）。

患。擦於髮根，髮得壯力豐茂，光澤黑美無比，雖禿髮亦能重生。

- 玫瑰擦牙粉：此粉用以擦牙，去夙垢，除牙患，而牙白如瑩玉，凝香滿口猶其餘事耳。更治口臭蛀粼龍鐘□固。

- 極品花露水：其香醇而耐久，絕無辛辣刺鼻等氣。灑於衣帕，芳流四座，洗面洗浴用之，能去風濕濁氣，誠閨閣閨閣助嬌之□品。
〔註48〕

另外架上也陳列著光面清香水、秘製口香糖、芝蘭香撲粉、立除雞眼膏、玫瑰精香□、嫩面香水粉、立退雀斑藥、上品香水香皂等物。依中法大藥房這份品項清單來看，玉容粉、生髮水、擦牙粉、撲粉、雞眼藥、雀斑藥等諸項商品，著重身體外觀（尤其是臉部）的美容和保養，而花露水、香水、口香糖及其他帶有香味的撲粉之類，則側重「身體氣味」的部分來進行美化。從這份清單，可以看出當時人們已經開始有維護儀容的認知和習慣。

　　在各種美容商品當中，生髮油（水）是一個新上市的項目，在此之前，市面上還沒有出現幫助頭髮再生的相關產品。中法大藥房自行研發的生髮水，不但能抑制掉髮，還能使毛囊重生，並保持髮色之烏黑光澤；而來自美國的、由英國醫生研發的生髮油，則保證了更具體的效果：

> 此香油專治氣血虧耗，髮根凋落、雲鬢蓬鬆，難施□□。但於每晨梳櫛時略灑髮根，即見燥者自潤，脫者自生。非市上所售，皆菜油製成，質多油膩之物，價亦不賤。至於本號所售之油，真那英國高明醫生親自試驗，有益無害。〔註49〕

言詞之間不忘攻訐其他品牌的同類商品，指出對手們使用劣質原料的事實，但並未說明自家的原料來源，僅以「本產品經外國醫生實驗，但有益處」之言模糊帶過。

　　除了外觀的維護之外，「身體氣味」是人們注重的另一個儀容項目。為了保持體味之芬芳，許多來自外洋的香氛，如香水、香水香皂、花露香水等物，紛紛引進中國，在上海造成一股流行的風潮，這些香水主要來自法國：

【良濟藥房香水廣告】

本藥房所從外洋運來香水，香味馥郁，久已中外馳名。茲又從法國

〔註48〕【香閨必需品廣告】，《游戲報》第431號（1898年9月4日）。
〔註49〕【美國新到生髮油廣告】，《游戲報》第730號（1899年7月8日）。

> 新到各色上品香水，凡仕商賜顧，購洋一元者，附送香水一小瓶，
> 以廣招徠而達雅意。
>
> 主人謹啟〔註50〕.

廠商為吸引買氣、招徠客顧，發揮創意改變了香水的容器，使它不但是一種修飾儀容的用物，同時也具備遊戲的性質，試看下面這則良濟藥房的香水廣告：

> 【外洋新到香水箭】
> 本藥房歷運各國著名上等香水至中國銷售，久已名馳遐邇。前知中
> 國紳商厭故喜新，故又□□外洋運到香水箭一種，以手□之，其射
> 自遠。至香水之芬芳撲鼻，尤為得未曾有。誠第一稀奇可玩之物也。
> 諸君賜顧，價當克己。〔註51〕

在外觀上做變化以增加趣味性，使商品不但可用，同時亦可作為把玩之物，可謂別出心裁。

三、個人衛生

上文介紹了各項美妝用品，其中「花露水」一項作用頗多。它原本被用來當作身體香氛之用，或灑於衣服上、或在沐浴時加入，後來亦使用於衛生防疫方面，用來清潔物品、消毒殺菌。當時報上有許多與環境清潔有關的商品廣告，顯示人們已留意到居住環境、疾病與個人衛生三者之間的關聯，而個人衛生的維護，則須由環境清潔的部分做起。

上海氣候溫暖潮濕，且居民生活習慣欠佳，蟲蝨問題十分嚴重，也經常為人所詬病，許多與上海有關的筆記文章都曾提到臭蟲問題，鄭逸梅就曾在其《逸梅小品》中寫過一篇〈臭蟲〉，詳細述說臭蟲的來歷與在上海旅館客棧等提供外宿之處氾濫孳生的情形，其中也包括人體被侵襲後會產生的臨床症狀，並詳細解說臭蟲在生物學上的科學分類名稱及根除和治療方式。〔註52〕《游戲報》有篇文章亦具體描繪了臭蟲氾濫的情形：

〔註50〕【良濟藥房香水廣告】，《游戲報》第1837號（1902年8月23日）。
〔註51〕【外洋新到香水箭】，《游戲報》第1190號（1900年10月23日）。
〔註52〕詳見鄭逸梅：《逸梅小品》著（上海：中孚書局，1934年），頁92～94。《逸梅小品》包含了時事、瑣話、外國消息、海上樓閣、名人墨客、妓事、災難紀實和戰事考錄等，主要收錄鄭逸梅在上海生活的見聞，可視為晚清上海的城市生活筆記書。

上海臭蟲之盛，逾於他處，棧房客寓尤為此物聚會之所。俗云：臭
蟲一夜可傳五代，所以逾出逾多，至不可勝計也。寶善街之某客棧，
有某客於黎明時至天井中小解，見有黑線一條，自東邊溝中而出，
迤邐入西邊之溝，不辨何物，愕立驚異。及細細視之，乃係臭蟲以
嘴咬尾魚貫而行，不下數千，儼如長蛇陣。某靜觀不敢少動，約半
點鐘時始過畢。不知從何處來，到何處去也。〔註53〕

頭尾相啣而過的臭蟲隊伍，竟需要半點鐘的時間方能完全走完，可見蟲群的
數目非常驚人。這些紀錄如實呈現了上海臭蟲氾濫的情形，使過境上海的旅
客感到困擾不已，濟生堂大藥房於是推出臭蟲藥粉，希望能遏止蟲患繼續蔓
延（圖4-14）：

圖 4-14　濟生堂大藥房臭蟲藥廣告

《游戲報》第 2441 號（1904 年 5 月 31 日）

這種藥粉不僅能驅除臭蟲，亦能驅避其他各式害物，如跳蚤、蝨蟲、蚊
蠅、螞蟻等類。髒亂的衛生環境，不僅能從報紙上的驅蟲廣告看出，也能藉
由當時人們的投書略窺一二。一八九九年，《游戲報》刊登了〈討臭蟲檄〉和

〔註53〕詳見〈臭蟲陣〉，《游戲報》第 101 號（1897 年 10 月 2 日）。

〈討蚊檄〉兩篇短文，它們不約而同地將蚊蠅、蟲蝨擬化為人，把蟲群移動的狀態比為軍隊入侵，〈討臭蝨檄〉裡這麼說著：

> 維某年某月，臭蝨率其醜類，跳梁室中，負嵎床上，侵略華胥之國，蹂躪黑甜之鄉。該蝨以蜉翼游魂螟巢微命，毒逾蜂蠆，刺甚蚊針，銷金帳裡多留吮血之痕，敗絮堆中遭盡剝膚之厄。作夢中之刺客，芳魄時驚臥俎上之太公。杯羹欲飲，腥聞騰於枕席，戕賊遍於衾綢。蜮蝨之兇不足方其害，蜻毛之密不足數其辜，洵蠹國之所不容，豸類之所同嫉者矣。幕府目擊瘡痍，大張撻伐。汝等皆蟲沙舊部，蠻觸英雄，伸鬥蟬之武功，倡怒蛙之大勇，奮餘威於螳臂，可當車輪，張密網於蛛絲，戕其羽翼。具太宗吞蝗之志，彎季昌射蝨之弓。湯沐具而蟻蝨愁，烈日升而螢星滅。礫蜈蚣之體，百足終僵。梟蜻蜓之頭，一竿示眾，孳生永絕。消醜類於無形，芒刺都賖，穩香衾之同夢。賸有蜂房蟻穴，掃作邱墟，儘餘虫臂鼠肝，皆供俎醢。逮□牛衣之縫少長，咸諸搜羅犢鼻之傍。黨援駢首，鴻功懋建，爵賞飛頒，誓爾三軍，決此一戰。〔註54〕

該文細細描述臭蝨群大舉入侵的可怕氣勢，節節進逼於上海，情勢十分危急。蟲蝨與蚊蠅不但在夜裡咬人，且因其數量龐大，振翅飛動的聲響令人難以入夢，〈討蚊檄〉提到：「噬有錐刀之用，群飛成風雨之聲，挾□卿之匕首，乘隙而來。」〔註55〕這些蚊蟲不但擾人，還帶來某些疾病問題，人們因此深受困擾，進而發出檄文誓言將其消滅。文章讀來頗具趣味，而字裡行間，無一處不透露出對蟲蟻蚊蠅的恐懼和厭棄心情，吾人亦可從中看出上海蟲害氾濫的程度。

　　晚清時期人們衛生習慣的養成，以及對「疾病」與「衛生」二者之間關聯的認識，均有賴居住在上海的外洋人士（尤其是醫療人員）來建立。上海租界區自有一套獨立的醫療及公共衛生體系，隨著西洋醫官到來和西式醫院的成立，西方的醫學知識和概念也逐漸被引入，而那些與中國人們的生活經驗迥異的衛生觀念，也經由一次次的宣導和衝擊而開始為人們所接受。整體環境的改善，須從最基礎的個人衛生做起。性病和各種流行病的流行，使人們逐漸意識到維護個人及公共環境衛生的重要，住在租界區內的華人

〔註54〕〈討臭蝨檄〉，《游戲報》第 696 號（1899 年 6 月 4 日）。
〔註55〕詳見〈討蚊檄〉，《游戲報》第 754 號（1899 年 8 月 1 日）。

比較能夠接受新式的衛生觀念，這也帶動了相關衛生用品的引進，如花露水、沐浴器具、澡堂和洗衣機等。其中，良濟藥房出售的格能格花露水便以防治時疫為訴求：（參見圖4-15）

圖4-15　良濟藥房花露水廣告

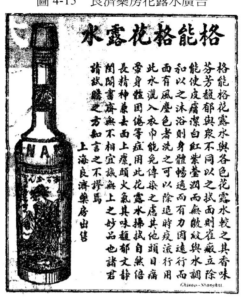

格能格花露水，與各色花露水較之，其香味芬芳馥郁，與眾不同。以之拭面，則雀癍立除，能使皮膚潔白、紅紫瑩潤而無皺紋。與水調和以之沐浴，則身體暢適而有力。因遠行而面有風塵色者，洗之可以除退。時疫流行，用此水灑入衣巾，能免傳染之慮。其他頭目痛暈、身體困倦等症，用此花露水拂拭，自然倍長精神，兼去面上瘰頭火氣。其味馥郁，文靜閨閣、書齋無不相宜，誠無上之妙品也。諸君請試購之，方知言之不謬焉。〔註56〕

這款多功能花露水可以去除雀斑，在沐浴時加入也能洗去因旅途帶來的疲勞困頓，噴在衣物上，還能免除時疫感染。人們以花露水消毒防疫，另外也注重居家的衛生保健，開始推廣沐浴的好處，試看以下這則浴器廣告：

治身如治國，汙點不去，諸病叢生，終負痛去之誚。西人強種之術，首在衛生，而衛生之道，食息運動之外，尤以沐浴為一要義。故其供用篇物，無不精靈妙之施。……主人究心於斯，特向外國名廠訂購最新浴盆，上設蓮蓬管，主引注清水，靈機活潑、神妙獨奏，洵

〔註56〕【格能格花露水廣告】，《游戲報》第2123號（1903年7月9日）。

□租界上最先出也。 物其餘盥盆巾裯、茗煙香皂，悉用上上品物，

以期毫無缺點想之。新滬上諸君，必以先諸為快也。〔註57〕

當時「強國必先強種」的觀念深植人心，西方人以強勢的武力進入中國之後，喜愛運動的習慣令中國人印象深刻，也認為強健的體魄是西方諸國國力之所以強於中國的原因。這則廣告帶入了國族情結，將東、西方的衛生習慣兩相對照，強調洋人之所以有強健體魄，乃在其注重運動和衛生，藉以凸顯個人清潔的重要。

廣告中放上某人在氤氳水氣中悠閒泡澡的圖片（見圖4-16），有乾淨清潔的自來水、能引進熱水的蓮蓬頭和乾淨的浴盆。圖中人雙眼微閉、兩腿微曲，似乎非常享受泡澡的時光，而瀰漫的霧氣也讓人彷彿置身圖中，同感愉悅。

圖 4-16　西式浴器廣告

《游戲報》第 3930 號（1908 年 7 月 24 日）

另外，公共澡堂的開設，也能看出當局提倡洗澡沐浴的用心。廣告中除了可以見到有盆湯浴和木池浴的店家開設，〔註58〕還有兼能沐浴及泡澡的浴堂，【渭水池浴堂廣告】提到：

開設上洋漢璧禮路裏虹橋東首，坐北朝南。新造洋式門面，地位寬

〔註57〕【雙鳳閣浴器廣告】，《游戲報》第 3930 號（1908 年 7 月 24 日）。

〔註58〕參見【天發園盆湯廣告】，《游戲報》第 1852 號（1902 年 9 月 7 日）。

暢，京式暖房，格外清潔。堂內均用熟手應酬，無不週到。木池浴擇于十二月十五日開張，屆期格請早臨，先此奉聞

木池主人謹白〔註59〕

這種場所不但能沐浴，也提供泡澡服務，還設有京式暖房等種種設備，相當類似今日的三溫暖。公共澡堂的出現，除了是當局為改善國人衛生習慣而積極推廣洗澡以外，推測可能也與喜愛泡澡的日本人大量居住在上海有關。

此外尚有因應需求而開設的機器洗衣店，〈魯麟洋行告白〉提到：

本公司厚集資本，在外洋訂購頭等洗衣機器，專洗中外衣服。廠設上海裡虹口裴倫路，用上等肥皂所洗各色衣服等件，清潔異常，與眾不同。但承久不壞，衣身洗價亦格外公道，出衣迅捷，每日備有馬車收送衣服，如蒙賜顧，請任名本公司招牌可也，特此佈告

總經理魯麟洋行白〔註60〕

洗衣店分立數個桶狀機器，分為浸泡、清洗、烘乾三步驟，全程用馬達、皮帶牽引，一分鐘可有一千五百轉的轉速。洗淨後投入烘衣桶中，只消十五分鐘便可全數烘乾，如若有毛衣、被毯等類，則另有專人負責熨貼。衣物洗過後簇簇生新，比手工洗滌還要清潔硬挺，令習慣傳統洗衣方式的人們大開眼界。〔註61〕由於機器洗衣一次可以清潔大量衣物，比手洗來得乾淨又省力，因此許多作風洋派的上海人，也是機器洗衣店的固定客戶。

當時上海若干富有權貴人家多少有些崇洋，行事作風或日常規矩比較洋化，稍微有點資產的人，也競相模仿西人的生活方式，但一般民眾其實並不熟悉西式的衛生習慣，或者說積習已久，一時難以適應，因而發生了不少趣聞：

上海洋場地面，遍設巡捕查察，防人滋事，禁人小便，是為至善之法。論者謂上海為五方雜處、人類不齊，假使無巡捕，不知伊於壺底也。近來中國人士，無論何事，風氣所尚，競學西法。吳中有暴富兒，建造大屋一區，其窗櫺等，悉照洋場式樣。門外小衖邊收拾極為乾淨，高貼「小便遠行」四字，並令僕人輪流查看，如有人誤來小便者，即時拿住，照西法罰洋二角。一日，有某甲特至其地小

〔註59〕【渭水池浴堂廣告】，《游戲報》第 2328 號（1904 年 1 月 30 日）。
〔註60〕【中國機器洗衣公司廣告】，《游戲報》第 1222 號（1900 年 11 月 24 日）。
〔註61〕詳見〈觀機器浣衣記〉，《游戲報》第 1224 號（1900 年 11 月 26 日）。

便，僕人怒叱之，勒令罰洋二角。甲唯唯立向囊中摸出小洋四角付
之，僕人曰：二角足矣。甲曰：小便一次罰洋二角，橫豎有了價錢，
先將二角存在尊處，明日再行補撒也。僕人無可應答，只得一併奉
還。又有某乙，亦來小便。僕人令罰，乙曰：身邊未帶小洋，衹帶
得大洋一塊，全數奉上，令我在此出個恭可乎？僕人無可如何，不
敢索其半文，聽之而去。於此可見西法之不易學，不如我行我素之
為愈也。〔註62〕

當時隨地便溺的情形十分普遍，這則新聞生動活現地描述了上海居民因生活
習慣不同而發生的適應不良情況，同時表露出人們雖然能悉數採用洋人的生
活模式和衛生設備，但只知其一不知其二，因此才會發生高貼「小便遠行」
字條反惹人注目並意圖挑戰，而家僕卻對討價還價的便溺者無可奈何的滑稽
趣事；末二句則透露出習慣傳統生活方式的中國人對洋派規定的不以為然。

第四節　結　語

　　本章的討論，聚焦於《游戲報》醫藥保健類廣告，為便利討論的進行，
將廣告文本劃分為「醫藥項目」與「保健項目」兩部分。透過分析醫藥類廣告
文本，探究人們對醫療和藥物的需求情況，並觀察他們如何理解這些疾病和
治療的方式；保健類廣告可分成三個主題：「營養補給」、「美妝」和「個人衛
生」，在廣告訴求上各有關注的重心。本章的目的在討論醫藥類廣告和保健類
廣告，以此成果來探索晚清上海一般民眾的生活樣態。

　　在「醫藥項目」一節，以「時疫」、「毒門性病」、「壯陽種子」、「牙科」
四類討論《游戲報》醫療及藥物廣告的內容。所謂「時疫」，指的是當時經
常發生的各種不明原因的癥候與流行病。廣告中常見治療喉科、腹瀉、咳嗽、
積痰等症狀，藥品廣告則多宣稱能治療傳染病及消化系統方面的疾病，如痢
疾、鼠疫、痧疹、腸胃不適等等。痢疾的發生，起源於人們食用了受到污染
的水或食物。當時中國人衛生習慣不佳，就地便溺的情況十分普遍，骯髒不
潔的環境污染了水與飲食，終於引發大規模的痢疾流行。而另一項經常威脅
人們的疾病是瘟疫。中國一年四季都可能發生瘟疫，但疫情爆發的高峰期是
每年的夏、秋二季，根據表 4-1 可以得知上海一地在夏、秋二季瘟疫肆虐的

〔註62〕〈仿西法小便遠行〉，《游戲報》第 141 號（1897 年 11 月 11 日）。

嚴重情形。由於瘟疫有強烈的傳染性和極高的致死率，但人們不知道感染的原因，也對感染後的臨床症狀和結果不解，因而對瘟疫存有未知的恐懼，並將它與鬼神連結，使得瘟疫蒙上一層詭異又神秘的色彩。古人深信疫病與鬼神兩相連屬，然而這實際上是出於文化制約的關係。

除了時疫以外，人們尚有其他的醫療需求。一般來說，中醫的醫館不會特別標明專門治療哪些科別，且他們通常採取綜合性的療癒方法，講究全身經脈和氣血的協調，因此許多中式醫館都帶有各科兼治的色彩。一八九九年以後，《游戲報》開始出現一些醫療專科的廣告，如牙科、產科、咒禁科，與立論非常獨特的電氣療法。

在「毒門性病」的部分，欲探討《游戲報》上與治療性病有關的藥物廣告。性病在當時稱為「花柳」、「毒門」、「風流病」，性病由妓家傳出，再由恩客們帶回並殃及妻妾，由於醫療環境十分簡陋，且使用保險套的習慣尚不普及，粗劣的醫療環境與衛生習慣相互加乘，導致罹患性病的人數非常多。與「性」相關的另一課題是「壯陽種子」。壯陽種子藥一直都是非常熱賣的商品，不過當時有一部份原因是起源於性病侵犯了生殖系統的緣故。性病削弱／破壞人類的生殖系統，造成受孕機率降低，這刺激了人們對「種子藥」的需求，各式主打「壯陽種子」的藥物紛紛上市。男人們為增強性能力而服用壯陽藥，性能力被引動了，但消耗對象有限，於是轉向妓女發洩，然後再次染上性病；「性病」與「壯陽廣嗣」二者實際上乃互為因果。市面上治療性病的藥物有許多有趣的名稱，且藥效神奇，不僅能安撫病灶的潰爛紅腫現象，同時也關注婦女私處的衛生問題。許多藥局和醫室乘著這股勢頭，接二連三推出名號各異、具有誇張療效的花柳妙藥，保證「服之內毒立清，敷之外瘡立愈」、「永遠除根，照常生育」等。這些五花八門的花柳聖藥，無非僅能緩解因性病而引發的連帶症狀，實際上療癒效果十分有限，有些甚至毫無作用。真正能起到治療效果的，還是西式的性病醫院，但因醫院裡服務人數不足，而妓女們亦因著種種緣故無法持續接受治療，遂使性病成為晚清時期嚴重的社會問題。這促使人們留意到「預防勝於治療」的重要，因此一八九七年出現了第一則保險套廣告，引進保險套的用意，即在試圖從源頭阻絕性病傳播的可能。

此外不能忽略的是晚清時期新興的醫療行業——齒科門診。執業醫師多向外洋學習相關的知識和技能，許多喝過洋墨水、從國外回來的牙醫師因市

場需求而來到上海，他們大多師承自美國與日本。牙科診所除了治療蛀牙與
補牙之外，也提供鑲牙的服務，廣告中「能令脫牙、補牙毫無痛楚」等字句，
則顯示在鑲補的過程中可能搭配使用了麻醉藥物，且當時已有「牙醫聯合門
診」的服務型態。牙醫行業逐步在中國發展起來，人們愈來愈有保健牙齒的
積極意識，因此在治療齒科疾病之餘，也連帶留意起牙齒的外觀顏色與口腔
氣味。清潔牙齒在今日可以說是一般常識性的衛生習慣，但這個習慣，當時
的上海人還沒有養成；這除了東、西方文化上的差異以外，亦與人們對「潔
淨」和「骯髒」的概念有關。

　　在「保健項目」一節，主要探討與營養補給、美妝和個人衛生有關的商
品廣告，觀察當時人們如何保養自己的身體。在「營養補給」的部分，廣告商
品依照營養需求的不同，可以大致類分為成人及幼兒兩種，成人以養護臟腑、
補充精神、血氣和腦力為主，幼兒營養食品則主飲食增加、開脾健胃等效。
《游戲報》有許多補腦、補血的藥品廣告，在這些廣告裡，腦的病因論和血
的病因論相結合，顯示中國人對疾病成因的看法實際上多圍繞「性、腦、血」
三者，無出其間。而在「美妝」方面，廣告顯示專賣這些商品的店舖裡頭有多
種妝容用粉、胭脂、香水、香水肥皂、生髮油等，也賣香珠、貢香、口香糖等
香氛用物，品項繁雜綜合，堪稱美妝雜貨舖，主打女性消費客層。諸項商品，
分別著重「身體外觀的美容保養」和「身體氣味的美化」；觀察這些商品廣告
的訴求，可以看出當時人們已經有維護儀容的認知和習慣。而在「個人衛生」
部份，首先討論《游戲報》醫藥衛生類廣告中與「衛生」和「防疫」有關的商
品，並酌以其他相關的評論或文章予以佐證。從環境清潔的角度探討因上海
溫暖潮濕的氣候而引發的各種蟲害問題，進而延伸至個人衛生的環節，由花
露水、沐浴器具、公共澡堂和洗衣機等商品廣告的討論，理解個人衛生與公
共環境的重要關聯。

　　值得注意的是，在研究過程中發現報紙上有許多專供女性使用的商品廣
告（如婦科、產科及美妝保養等等），這個現象，顯示社會中出現了新的消費
群體——女性，才帶動此類商品的大量上市；這不僅意味著女性消費能力的
增高，也隱含了婦女地位的變化。以往不是沒有專門賣予女性的商品，但整
體看來，市場經濟的訴求對象仍以男性為主，女性消費者僅止於能公然拋頭
露面的妓女或藝人們。而在上海開埠以後，西方人士帶入新的生活方式與價

值觀，這不僅影響了職業類別的分佈，促使女性職業選項的多元化，也令她們得以在都市中取得更多的活動空間。〔註63〕晚清時期，上海各種身分的女性逐漸以「個體消費者」的獨立姿態進出娛樂空間及社交場所，這顯示個體消費的情況已在各種行業的部分女性中存在並漸趨普遍，此種變化也暗示著女性的角色及其社會生活的內容將要發生根本性的改變。〔註64〕

〔註63〕在此之前，女性的職業選項無非是妓女、京劇演員、說唱藝人等賣身或賣藝的行業，但租界劃分與通商口岸的開啟，帶來了生活和經濟模式的改變，許多富有的洋人或華人家庭的出現，促發了女子幫佣和料理家務需求量的增加；而新式工商企業的形成，則創造了更多女工就業的機會。詳見李長莉著：《晚清上海社會的變遷：生活與倫理的近代化》(天津：天津人民出版社，2002年)，頁380～391、415～417。

〔註64〕羅蘇文提到，在晚清上海的娛樂消費領域中，有一部分的女性是以「個體消費者」的姿態出入各種娛樂空間，而非女眷的身分；在這些人當中有妓女、女工，也有閨閣女子，他們坦然進出戲院包廂、西餐廳與彈子房，從容地在餐桌落座。詳見羅蘇文：〈都市文化的商業化與女性社會形象〉，收入葉文心等合著：《上海百年風華》(臺北：躍昇文化，2001年)，頁67～90。

第五章　西式娛樂類廣告

第一節　前　言

　　中國原本即有自成一套的休閒娛樂習慣，依照歲時節令，一年之中便有不同節目和飲食之法。〔註1〕而西方慣常的休閒娛樂內容，在晚清時期伴隨著政治勢力的移轉一同來到東方，與中國固有之娛樂文化相互融合；不可否認的是，晚清時期的上海居民確實因為不同國別之文化的滲入，而有機會體驗與此前不同的娛樂經驗。

　　《游戲報》有很多與娛樂有關的廣告，例如茶館、酒樓、戲園、煙館等演出及消費的折扣訊息，或遊花園、看焰火、觀影戲等西式娛樂活動宣傳，若干洋味兒十足的休閒小品也來到中國，由美、英、日三國製造的雪茄、紙菸、啤酒在報上大登廣告；雪茄以來自英國屬地印度和呂宋最多，紙菸、啤酒則以美、日兩國為大宗。各式各樣精美的菸盒圖片在報上亮相：來自英國的多半帶有濃厚英式風味，圖片中的人物有著深邃五官、高挺鼻樑和捲翹的鬍子，也有以皇室特有的王冠或武士入圖者；美製香菸以紅玫瑰花作為品牌的象徵，日本官造紙菸則充滿了東洋風情，以華麗氣派的龍鳳姿態為圖記。這些紙菸一推出立刻廣受歡迎，很快在上海風行起來。（參見下方圖片：圖

<hr />

〔註1〕胡樸安曾言：「上海人娛樂之法。以舊曆之季節言。如新年十五日內之城隍廟市。二三月間之龍華桃花。四月初八之靜安寺大佛會。十月初一之迎神賽會。及除夕夜之虹廟香火。」詳見胡樸安編：《中華風俗志》（上海：上海文藝出版社，1988年影印本），〈下篇·卷3〉，頁132。

5-1～5-4）

圖 5-1 英製香菸人物圖　圖 5-2 英製香菸王冠圖　圖 5-3 英製香菸武士圖

圖 5-4　日本官造紙煙龍鳳圖

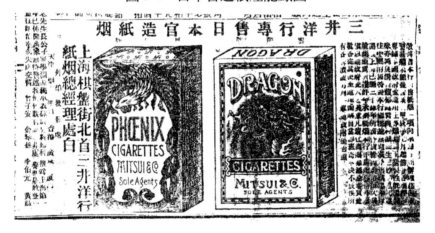

　　檢閱這些廣告文本的過程中，發現一個很有趣的現象：中國本土原有的
傳統娛樂活動，在廣告時內容比較簡省，信息簡單。以戲曲廣告為例，廣告
內容僅告知演出地點、時間、演員名單，有時也公布演出的劇目，但僅此而
已。相較之下，西式娛樂活動廣告則有較多的文字說明，廣告中除了告知上
述資訊，也包含該娛樂活動的起源、內容、類別的說明，《游戲報》亦對活
動過程的紀錄與描述多所著墨，經常在報上刊登相關的新聞或評論；無論是
報館或廣告主的態度，廣告重心側重於西式娛樂活動的傾向均顯而易見。因
此，本章擬討論《游戲報》廣告中的西式娛樂訊息，依廣告文本內容的豐富
程度，劃為「鴉片及其周邊商品」、「彩票」、「洋把戲」三部分，循此理解西
式娛樂活動在晚清城市裡的發展狀況。

第二節　鴉片及其周邊商品

　　本節的討論對象，涵括鴉片煙膏和戒治鴉片煙癮的藥物。之所以將戒煙藥歸入「休閒娛樂」範疇而別立於醫藥廣告之外，乃因該藥雖名為戒治藥物，實則毫無藥效，而是鴉片煙商在政府強制實施的禁煙政策之下，不得不另出奇招所開發的新產品；此舉不但能避開府方查禁，又能維持獲利，因而一八九七年至一八九九年間，市場上出現了為數眾多的戒煙藥廣告。考量該藥的製作動機與實際效果，不論本質或目的，較之藥物，都更貼近鴉片煙膏的解癮性質，因此放入鴉片廣告一節，並將其劃為「鴉片的周邊商品」。

　　學界已有諸多針對「鴉片貿易」進行的相關研究，由龔纓晏所著《鴉片的傳播與對華鴉片貿易》，即以傳統的歷史研究法，爬梳鴉片製作的歷史、傳播路徑與歷來使用方式的演變，並針對晚清時期鴉片入華與貿易的進程進行了全面考察，為理解鴉片在近代中國蔓延的途徑和影響範圍提供不少助益。〔註2〕此外，紹溪以個案研究的方式，探析一八〇五年至一八五八年間美國在中國境內的鴉片傾銷行為，詳細梳理鴉片走私背景、倚靠勢力及美國政府所持的立場，並製作由美方輸入之鴉片數量的量化統計表。一般多以英國為主要的鴉片銷售勢力，紹氏一書，能使研究者從另一角度觀看列強對中國的鴉片傾銷過程。〔註3〕

　　一八五八年前後，清廷內有太平天國之患，外與列強簽訂天津合約，在極需餉源的情況下施行鴉片弛禁政策，以「洋藥」之稱開始徵收鴉片稅。不到數年，鴉片稅便成為國家財政的重要支柱，也形成更為嚴重的民生問題；劉增合著眼於此，以「世變」角度深入探察晚清至民國時期鴉片稅收在政府財政上所佔據之關鍵地位，以及鴉片政策與國家新政之間彼此契合又相互牽制的關係，以此觀照當時中央與地方權力的消長，並佐證清政府覆亡之必然。〔註4〕嚴重的鴉片問題強烈衝擊晚清的國力和經濟，本節著意以當時最具「現代氣味」的城市—上海—為據點，以城市中生活資訊的主要來源—小報—為觀察對象，側面觀看近代中國的鴉片問題。

〔註2〕詳見龔纓晏：《鴉片的傳播與對華鴉片貿易》，北京：東方出版社，1999年。
〔註3〕詳見紹溪：《十九世紀美國對華鴉片侵略》，北京：生活·讀書·新知三聯書店，1952年。
〔註4〕詳見劉增合：《鴉片稅收與清末新政》，北京：生活·讀書·新知三聯書店，2005年。

一、晚清上海之鴉片氾濫情形

　　鴉片吸食方法自明末傳入中國後，以極短的時間在各地流傳開來，煙毒禍害隨之蔓延，並逐漸形成無法抵禦之勢。〔註5〕欲了解煙毒流行的實際情況，方志是很好的追索途徑。地方縣志和鄉鎮志提供了許多瑣碎細微的資訊，雖片斷、破碎，但仍可作為拼湊歷史實況的輔助材料。道光二十二年（1842）上海開放通商，成為外洋貨物流通中國的重要進出口，鴉片乘機輸入，在上海各地形成大規模流行，《南匯縣志》及《羅店鎮志》有如下記載：〔註6〕

　　　　·鴉片流毒無窮，三四十年來，吸食者不特城市殆遍，即鄉僻亦然。
　　　　　計邑城每日所進煙土，其費倍於米糧。〔註7〕

　　　　·鴉片流毒為禍烈矣。道光初年，里中吸食者不過數人，至咸豐間
　　　　　漸染尤多，今則市肆開設煙館不下數十處，而吸食者不下數百人，
　　　　　藏垢納污，釀成巨害。〔註8〕

上面兩段文字說明吸食人口在上海快速擴張的情形以及鴉片的昂貴價格。除了經濟能力較高的城市，窮鄉僻壤亦無法避免鴉片毒害，《松江府續志》提到：

　　　　鴉片之害，古無有也。自邊海通商，遂以盛行。吾郡自道光以前，
　　　　吸食者無多，季年以後，其毒乃不可遏。通衢列肆，嗜者日眾。城
　　　　市而外，寖及鄉鎮，一日之費倍蓰米糧，往往因之敗業，以促其年。
　　　　〔註9〕

道光末年，正是鴉片戰後、上海開埠之時，鴉片藉著通商口岸大量而快速地

〔註5〕鴉片在中國商品化的歷程及使用方式之考察，詳見本節「二、《游戲報》廣告之鴉片及其周邊商品」。

〔註6〕本文使用的地方府縣志書，皆出自臺北成文出版社出版之《中國方志叢書》，為免行文蕪雜，落註時依序紀錄「纂輯者：方志名稱（出版年），卷數，資料歸類，頁數」，如「龔寶琦等修，黃厚本等纂：《金山縣志》（1974），卷17，志餘，遺事，頁96」；鄉鎮志則採上海書店出版之《中國地方志集成·鄉鎮志專輯》，文中將另標出版項以利閱讀。

〔註7〕（清）金福曾等修，張文虎等纂：《南匯縣志》（1970），卷20，風俗志，風俗，頁1441。

〔註8〕（清）潘履祥等纂，王樹棻修：《羅店鎮志》，收入《中國地方志集成·鄉鎮志專輯》第4冊（上海：上海書店，1992年影印〔清〕光緒十五年〔1889〕鉛印本），卷1，疆里志上，風俗，頁197下。

〔註9〕（清）博潤等修，姚光發等纂：《松江府續志》（1974），卷5，疆域志，風俗，頁481～482。

流入中國，導致吸食人口激增，並引發鴉片價格的高抬。然而，高價顯然敵不過毒癮發作時的痛苦，典當家產、妻兒的行徑開始出現，不單是有錢有業的財主，婦女、官吏和市井小民亦皆染毒，《青浦縣續志》裡寫著：

> 閭閻銷耗，以煙賭為最。鴉片極盛時，雖婦女胥吏細民，亦無不染
> 其毒。……自光緒三十三年厲行禁煙，於是各地煙館盡行閉歇，然
> 城鄉私售者，在在有之。〔註10〕

光緒三十二年（1906），清廷開始實施鴉片漸禁政策，計劃逐步縮減國內鴉片的產量，以實際行動掃除煙害。設館販售者首當其衝，在禁煙輿論的支持下，煙館紛紛關閉，但私下兜售者實難禁絕。〔註11〕

　　一般而言，煙毒的流行速度可以距離來論，近海口者染習較速，如《寶山縣志》所纂：

> 邑當海口，漸染尤多，市肆開設煙館，一鎮輒十餘處，多者竟至百
> 餘處，藏垢納污，釀成巨害。〔註12〕

由於鄰近出海口，乘地利之便，鴉片隨到隨賣，且消息傳遞之快，遇有煙土新貨進口，隔日立即見報，更加速了煙毒的傳播。

　　相較之下，離出海口較遠的鄉鎮，傳播速度則趨於和緩；然亦設有煙間，且有洋人攜帶鴉片至當地兜售：

> 吾鄉去上海數十里，習染較便，雖小小村鎮，必有煙室。其中三五
> 成群，所講無一正經語。傷財費事，民生日形憔悴。雖有憲令禁止，
> 然洋人尚在內地兜販，其害未有底也。〔註13〕

　　根據光緒年間的方志記載，攜帶鴉片私下零售的例子所在多有，也因此增加了禁絕的困難。吸食鴉片風靡之際，市場上逐漸出現樣貌多元的商品類型供人選購，下文將以《游戲報》中的鴉片廣告為對象進行分析。

〔註10〕張仁靜修，錢崇威纂，金詠榴續纂：《青浦縣續志》（1975），卷2，疆域下，
　　　　風俗，頁124。

〔註11〕亦可參見林滿紅：〈財經安穩與國民健康之間：晚清的土產鴉片論議（1833～
　　　　1905）〉，《財政與近代歷史論文集》（臺北：中央研究院近代史研究所，1999
　　　　年6月），頁427。

〔註12〕（清）梁蒲貴等修，朱延射等纂：《寶山縣志》（1983），卷14，志餘，風俗，
　　　　頁1609。

〔註13〕（清）金惟龍纂：《盤龍鎮志》，收入《中國地方志集成·鄉鎮志專輯》第2
　　　　冊（影印上海圖書館藏傳抄本），風俗，頁643上。

二、《游戲報》廣告之鴉片及其周邊商品

中國人很早就知道鴉片與罌粟的關係，並有食用罌粟的記載，然而鴉片真正成為貿易的商品，則在明朝成化年間。〔註14〕清朝末年，鴉片一度可以合法販賣，〔註15〕因此《游戲報》充斥著五花八門的鴉片廣告，有做為醫療用途者，有專為吸食者，還有混入戒煙藥品以賺取暴利者，多如牛毛，不可勝數，底下即依商品用途逐一說明。

（一）戒煙藥物

戒煙藥物早期多由華商藥房自製出售，有些以單品或多種中藥材配製而成，有些在藥材中加料，摻入部分鴉片煙灰；通常這些藥物廣告會提及配方中的藥材名稱，其餘一同摻入的材料則以「神方」、「妙品」稱之。此外，亦有對藥物成份隻字未提者，如【耀華照像號戒煙酒廣告】：

> 本主人想到一個容易的方法，只須吃酒一樽便可斷癮。此方由曾戒煙者傳來，曾經戒好過多人，無論時之深淺癮之輕重，無不立見功效，毫不費事，而能除數十年錮病，真天下第一靈酒也。〔註16〕

又如【城濟堂恒記藥房戒煙呬噶藥草批發廣告】：

> 達醫士秘傳戒煙呬噶草，志在濟世，與人除害。殺蟲去積，靈驗異常。服法簡便，即就本埠而論，服此藥草，戒除者已不少，有口皆碑，馳名海□，固有神草之稱。……遂逐漸減服，不及□月煙癮自斷。戒前戒後，無疾無苦，精神強健，面色轉潤，不但癮除患消，且能補元益氣，種子延年。〔註17〕

兩則廣告都將藥方來源模糊化，語焉不詳反而為其披上神秘的色彩，中國人特別相信「秘傳」、「秘方」的效力，因此廣告主力側重在宣傳藥效之神奇、商

〔註14〕詳見（明）徐伯齡：《蟫精雋》，收入《景印文淵閣四庫叢書》第867冊（臺北：臺灣商務，1983年），頁69～188。

〔註15〕當時鴉片嚴重影響中國的財政狀況，並且扮演了進出口貿易順差或逆差的關鍵角色。清廷朝野曾對於是否禁止供給鴉片以及在政策面上如何因應而爆發激烈的辯論，「嚴禁」或「弛禁」的論議也持續了數十年之久，相關的討論詳見林滿紅：〈財經安穩與國民健康之間：晚清的土產鴉片論議(1833～1905)〉，頁501～551。

〔註16〕【耀華照像號戒煙酒廣告】，《游戲報》第662號（1899年5月1日）。

〔註17〕【城濟堂恒記藥房戒煙呬噶藥草批發廣告】，《游戲報》第681號（1899年5月20日）。

品名氣之盛大，及服藥後能帶來的諸多益處；可惜鴉片煙癮欲徹底戒除，依當時的醫療素質而言實有技術上之困難。

　　市面上戒煙藥物名目林立，種類繁多，然而真正能起到抵癮作用的，多半是摻雜了比例不一的鴉片煙灰〔註18〕或嗎啡、海洛因等質地更精純的毒品，〔註19〕廣告主們為了牟利，不惜以毒物誆騙煙民，如中西藥房販售的「獅馬牌嗎啡白藥粉」和「無雙戒煙梅花參片」、中英藥房的「乃安戒煙藥片」、「戒煙精水」、「桂花參片」，都含有或多或少的嗎啡成份，而全球藥房出售的「四合草」，更直接在植物梗上噴灑稀釋後的嗎啡。〔註20〕這些含有毒品成份的戒煙藥，能短暫舒緩隨著吸食鴉片而來的諸多後遺症，如肢體疼痛、精神委靡、食慾不振等等，因此頗得公信，銷路極好。一時之間戒煙商家林立，各色丸散膏丹蠭出，幾有百家爭鳴之態；同業競相仿效的結果，亦顯示當時極可能有以毒代毒的趨勢。

　　如上所述，使用嗎啡等其他毒品製藥早已是業界公開的秘密，它既是龐大利益的來源，同時也成為同業互相攻擊與建立自我品牌清譽的大好機會。戒煙藥品中含有較之鴉片純度更高的毒品成份，因而藥物濫用的成癮性便發展成另一線值得把握的商機，【耀華照像號戒煙糖廣告】這麼寫著：

> （主人）詳考古方，博參西法，務期王道，冀免戕生。製有戒煙糖一物，經驗百有餘人始敢出而問世。不論貴賤老幼與體之壯弱癮之淺深，凡欲癮起之時，含化此糖。輕者一枚，重者二三枚，立可戒絕。自此依次服食，神清氣倍百病不生。輕則數日，重或十餘日，癮盡除而糖亦不思食矣。〔註21〕

廣告主極力吹捧有限的藥效，且相當熟悉消費者心理，為弭平疑慮而宣稱「藥

〔註18〕《游戲報》經常有民眾投書讚揚某醫院、某藥師或某藥之神力，1898 年的一篇投書，提到戒煙藥物中含有鴉片煙灰或毒品成份：「方今天下之戒煙丸藥，不啻汗牛充棟，大都以煙灰摩肥（按：「摩肥」應為「嗎啡」之音譯）製煉而成，使其癮至而不覺，是亦與吸食洋煙無少異矣。」詳見〈奉揚耀華主人戒煙糖靈驗〉，《游戲報》第 549 號（1898 年 12 月 31 日）。

〔註19〕同一時期（十九世紀末），在臺灣臺南縣販售的「存養堂改煙神方酒」，也被日人檢驗出含有嗎啡成份，詳見洪敏麟主編，程大學、許錫專編譯：《日據初期之鴉片政策（附錄保甲制度）》第 2 冊（臺中：臺灣省文獻委員會，1978 年），頁 120～123。

〔註20〕上海市醫藥公司編：《上海近代西藥行業史》（上海：上海社會科學院出版社，1988 年），頁 32～53。

〔註21〕【耀華照像號戒煙糖廣告】，《游戲報》第 431 號（1898 年 9 月 4 日）。

品經過人體實驗，確定有效」，以此強化廣告可信度，並特別加註保證絕無成癮問題，希望取得消費者信賴。

除了此種信心喊話之外，誇大藥物療效是另一種獲得信任的方式，【必達醫生戒煙救苦水廣告】提到：

> 此水性和味甘，芳香適口，善能殺蟲、消積、解毒、清心、化痰、
>
> 止咳、固精、潤肺、開胃、健脾。〔註22〕

這款戒煙藥不但能消解因吸食鴉片而帶來的病苦（消積、化痰、止咳）及後遺症（清新、固精、潤肺、開胃、健脾），還額外有解毒和除蟲的功效，能除癮又能強身健體，堪稱神藥。

在為數眾多的廣告宣傳中，「迅速除癮」已是戒煙藥物的基本配備，不消多提。此外，廣告主還發明不少其他用途，強調治病兼顧養生，十分符合中國人「有病治病，無病強身」的用藥觀念。某些廣告主看準時機，推出以中藥為基底的戒煙藥，所用藥材不外乎人參，有一般人參〔註23〕、老山人參〔註24〕和吉正林人參〔註25〕，在這些商品當中，比較特別的是德星堂半夏餅和中法老藥房戒煙八卦洋參餅。

半夏是一種植物，又名「守田」、「水玉」、「地文」、「和姑」，生於五月，因正當夏季之半故名「半夏」。其根部有毒，若不慎誤食，可能出現舌頭麻痺、喉嚨腫痛及頭暈嘔吐的症狀，因而《本草綱目》將它列為毒草類（圖5-5）。每年五月及八月採取塊莖，以白芥子碎末和濃醋之混合溶液清洗數次後，除去外皮及鬚根曬乾備用，並與生薑或白礬水搭配服用以制其毒。或做餅，或做麴，能止咳、化痰、開胃、健脾、順氣、止吐，主治傷寒、失眠、腹脹、癥疽，及蛇類蚊蟲咬傷（外用）；即使有毒的塊莖汁液，經煉取後亦能作藥，主治掉髮及脫眉。〔註26〕德星堂半夏餅以有化痰、潤肺功能的半夏製成，宣稱能「平和五臟，補充氣血」，分為雙料、單料，能斷癮又治百病。〔註27〕

〔註22〕【必達醫生戒煙救苦水廣告】，《游戲報》第 650 號（1899 年 4 月 19 日）。

〔註23〕【上洋甘澤堂戒煙丹廣告】，《游戲報》第 1567 號（1901 年 11 月 14 日）。

〔註24〕【美華大藥房奇□玫花參片廣告】，《游戲報》第 1765 號（1902 年 6 月 11 日）。

〔註25〕【永濟公司既濟丹廣告】，《游戲報》第 2033 號（1903 年 3 月 21 日）。

〔註26〕詳見〔明〕李時珍：《本草綱目》，收入《景印文淵閣四庫叢書》第 773 冊，卷 17 下，頁 296 上～300 上。

〔註27〕【德星堂戒煙半夏餅廣告】，《游戲報》第 142 號（1897 年 11 月 12 日）。

圖 5-5　《本草綱目》半夏圖

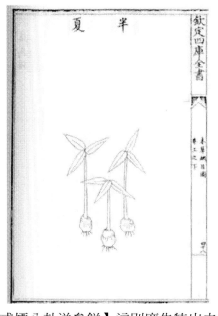

而【中法老藥房戒煙八卦洋參餅】這則廣告特出之處，則在於對「煙民遲遲無法戒除鴉片」的根本原因提出合理且完整的解釋：

> 卒無一能戒除之，在不明生剋之理也。夫生剋之祖於八卦，使於乾，成於兌。洋煙之入腹也，先受肺經，肺屬金，於卦為兌，煙用□火而吸食，金被火剋，安能不百病叢生？〔註28〕

以八卦、五行之刑剋關係說明煙毒的走向，及其所以危害人體臟腑的理由。「八卦」、「五行」皆與當時人們的日常生活緊密結合，這則廣告以普羅大眾便於理解的知識基礎為出發，使推論增加了說服的強度，可能激發出消費者對商品的認同感，進而產生購買欲。

許多戒煙藥廣告多有附語註明個人煙癮和所需藥量的相對比例，強調用藥步驟的簡省便利及強勁藥效，且服用後不需等待便能立即見效，【顧省臣戒煙藥粉廣告】提到：

> 此秘效藥粉，百試百驗，奏效神速，前後戒除□及萬人。……每癮一錢，吃藥粉五厘，用茶送下，日漸減輕，自能除癮。〔註29〕

【必達醫生戒煙救苦水】則發明了有趣的服藥方式：

〔註28〕【中法老藥房戒煙八卦洋參餅廣告】，《游戲報》第 1570 號（1901 年 11 月 17 日）。

〔註29〕【顧省臣戒煙藥粉廣告】，《游戲報》第 710 號（1899 年 6 月 18 日）。

> 吃煙前，煙癮一錢服此水五分，吃足煙後，再服此水五分。三日後
> 便覺煙味甚淡，七日愈覺吃煙無味。

這套別出心裁的說詞，在服用方式和藥效發作時間上，都與其他戒煙藥稍有
不同，明確的用藥指令能引起消費者姑且嘗試的念頭，且因藥效發生的等待
時間比它牌戒煙藥更長，促使消費者不自覺地產生期待心理。廣告主們極力
推陳出新，更有甚者，乃進一步宣稱服藥後仍能繼續吸食鴉片而不受到煙癮
的控制。〔註30〕

　　與此同時，市場競爭愈來愈激烈，因此廣告主們在商品成分、外型、包
裝辨識度等基本要素之外，開始注意起其他更關鍵的致勝細節。同樣一種藥
品，若體積比同種類的他牌產品都來得小，就能連帶引發「藥物純度更高、
藥效更好」的想像，宣傳主力在減輕消費者攜帶時的負擔，強調該商品之便
利性，勢必能拉高銷售數字。在上海經營已久、商譽頗盛的上海華英大藥房，
搶先落實了這個策略（圖5-6）：

圖5-6　華英大藥房神效戒煙一粒金丹

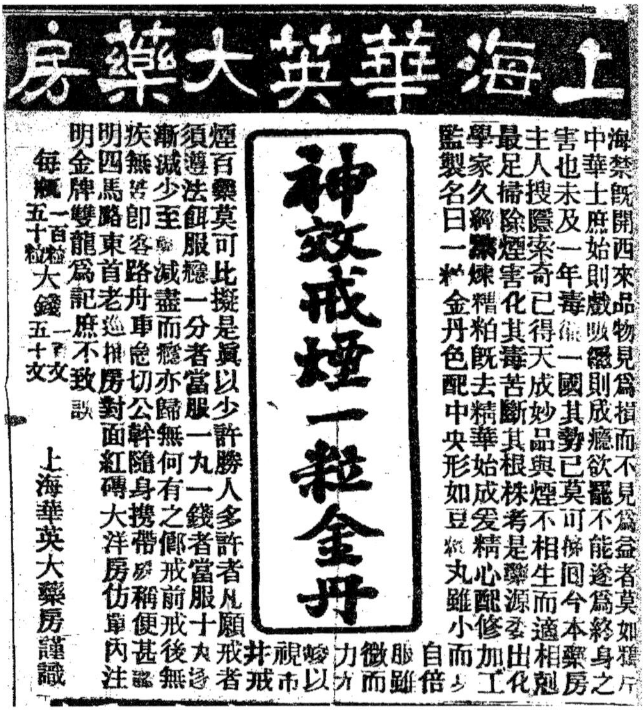

《游戲報》第 754 號（1899 年 8 月 1 日）

〔註30〕【括打藥房普濟水廣告】，《游戲報》第 697 號（1899 年 6 月 5 日）。

廣告內文提到：

> 爰精心配修，加工監製，名曰一粒金丹。色配中央，形如豆粒，丸
> 雖小而□自倍，服雖微而力尤峻。以視市井戒煙百藥，莫可比
> 擬。……即客路舟車，急切公幹，隨身攜帶，殊稱便甚。〔註31〕

華英大藥房向來與政商名流相交，洋行買辦、銀行經理，以及州縣道台都擁
有藥房的股份，政商關係良好，商場上的嗅覺相當靈敏，在當時有「上海藥
業之冠」的稱號，年營業額可達數十萬元。〔註32〕如此豐厚的利潤，也使它
成為其他業者競相仿效的對象。

（二）煙土煙膏

　　大約是在明末，荷蘭人因殖民之便，將現今所熟知的鴉片吸食方式傳入
中國東南沿海地區，此舉帶來嚴重且深遠的影響。〔註33〕第一次鴉片戰爭
之後，清廷視鴉片為開戰禍端，於是不便禁止亦不便課稅，致使戰後二十年
間，鴉片的進口數量激增至七萬五千擔。〔註34〕一八五八年前後，清廷因
太平軍之亂急需餉源且因英方要求能在中國境內合法販賣鴉片，而將鴉片
視作藥材改稱為「洋藥」（產自中國者稱為「土藥」）並開始課稅，〔註35〕
一般將一八五八年至一九〇六年視為滿清政府對鴉片的弛禁時期。

　　中國的鴉片吸食風潮起於十八世紀，弛禁之後，鴉片進口量大增、煙館
競相開張，光是上海一地，煙膏土店就多得令人嘖嘖稱奇，當時上海有句俗
諺：「上海土店多於米店，不吃白飯而爭吃黑飯」〔註36〕，堪稱上海三奇之
一。報上天天都能見到販賣煙膏的廣告，《游戲報》每日刊登的各類廣告總
數共約五十則，煙膏廣告平均每日四則，版面佔有率約為百分之八，是除了

〔註31〕【華英大藥房神效戒煙一粒金丹】，《游戲報》第 754 號（1899 年 8 月 1 日）。

〔註32〕上海市醫藥公司編：《上海近代西藥行業史》，頁 41。

〔註33〕詳見（清）俞正燮：〈鴉片煙事述〉，《癸巳類稿》（臺北：藝文印書館，出版
年不詳，《百部叢書集成三編》影印《安徽叢書》本），卷 14，頁 14～15。

〔註34〕詳見林滿紅：〈清末自產鴉片之替代進口鴉片（1805～1906）〉，收入中村哲主
編；林滿紅監譯：《近代東亞經濟的歷史結構》（臺北：中央研究院人文社會
科學研究中心亞太區域研究專題中心，2007 年），頁 65～66。

〔註35〕詳見〔清〕李圭：《鴉片事略》，收入《近代中國史料叢刊三編》第 61 輯（臺
北：文海出版社，1990 年），603-4-5 冊，頁 61～63。另，與清代鴉片課稅相
關的細緻討論，詳見林滿紅：〈晚清的鴉片稅（1858～1909）〉，《思與言》第
16 卷第 5 期（1979 年 1 月），頁 427～475。

〔註36〕詳見〈安先生飲酒說三奇〉，《游戲報》第 152 號（1897 年 12 月 22 日）。

戲曲廣告以外曝光率最高的廣告類別。以一九〇三年八月十六日《游戲報》
為例，該日共刊登六則煙膏廣告，其中單一張廣告頁上就有三則，足見鴉片
市場之活絡（見圖 5-7）。

圖 5-7　鴉片市場活絡之時，一張報紙就有三則煙膏廣告

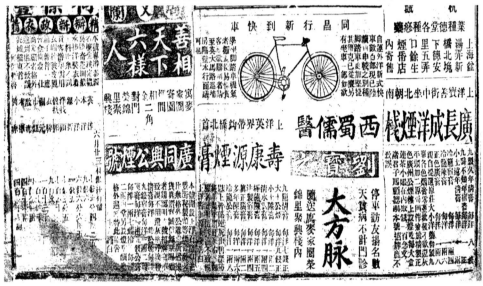

《游戲報》第 2161 號（1903 年 8 月 16 日）

　　報上有時會刊登前一日的土膏行情，方便消費者前往購買時進行比價，
以防不肖業者欺瞞，見圖 5-8：

圖 5-8　（己亥年）四月十四日上海土膏行情

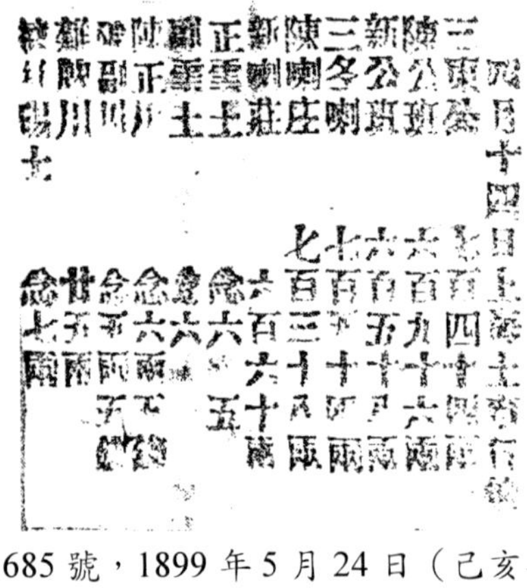

《游戲報》第 685 號，1899 年 5 月 24 日（己亥年四月十五日）

由上圖可知當時市面上販售的煙膏品項有：三東公、陳公班、新公班、三冬
喇、陳喇庄、新喇莊、正雲土、副雲土、陳正川、陳副川、雜牌川和□□碭土

幾種，產品包括大小洋藥，亦有本國煙土。店家提到煙膏品名的時候，一般有兩種說法：1. 依照產地 2. 依照品質。

　　1. 以產地來說，輸入中國的洋藥以印度為主，來自印度東北部恒河流域產區的一般稱為「孟加拉鴉片」，來到中國後稱作「大土」、「公班（土）」、「烏土」、「剌班」或「姑泥」，品質最好，價格也最高；另一種來自印度西北內陸地區的鴉片，一般稱為「麻爾窪」（也稱作「孟買鴉片」），進入中國後名為「白皮」或「白土」，與來自土耳其產區的「金花」和波斯產區的「紅肉」、「新山」合稱為「小土」。〔註37〕而本國鴉片多產自雲南、四川、甘肅、貴州等西南至西北地區農作物歉收的省份和廣州一帶，稱為「雲土」、「川土」、「西土」、「黔土」及「廣土」。〔註38〕雲南是最早開始種植並生產吸食用鴉片的省分，相關文字紀錄可追溯至一八二三年。後來種植和製造技術傳入四川、甘肅和浙江，接著傳入貴州、陝西、山西，再由西北地區傳入東北。到了十九世紀末，鴉片已經成為全中國最重要的一項產品，除海南島因先天自然條件不適合栽種罌粟而全無鴉片生產之外，全國各省包括臺灣，最晚至一八七〇年代都已經開始自產鴉片，總產量以川、滇、黔三省為大宗。〔註39〕眾多土藥之中，以雲土和廣土質地最精，品質優良的煙土經過燃燒吸食，剩餘的煙灰尚能以較低折扣換得比較劣質的煙膏。〔註40〕

　　2. 依品質而言，大致可分為清膏、宿膏、陳膏、公煙、還灰五類，另外也取些喜氣順耳的名字，如「金、粟、仙、糧」或「福、祿、壽、喜」（四字膏），以及「丁、財、貴」（三字膏）等。常用的計價方式有兩種，一是以煙盒大小計價，分為大匣、中匣；另一則是以一洋元能購買的煙種和重量標記，如「大土清膏每洋一兩」、「金字膏每洋一元八錢」、「舊公煙（每洋）一兩三錢」等，也有僅登載煙膏名稱，而未提及價錢細目的例子。

〔註37〕外洋煙土的分類和稱號，詳見（清）李圭：《鴉片事略》，頁 5；及龔纓晏：
　　　　《鴉片的傳播與對華鴉片貿易》，頁 121～142、213～242。
〔註38〕詳見馬模貞：《毒品在中國》（臺北：克寧出版社，1994 年），頁 65～69。
〔註39〕清末自產鴉片的產量變化，詳見林滿紅：〈清末自產鴉片之替代進口鴉片
　　　　（1805～1906）〉，頁 66～81。
〔註40〕1900 年 10 月 31 日【小憩室煙膏廣告】提到：「原灰換膏三折半，潮霉不收」
　　　　（見《游戲報》第 1198 號），其他土店為標榜自售煙膏品質之精良，多在文
　　　　末註明「誓不還灰」等字樣，如廣恒豐土棧、廣長成洋煙棧和廣同興公煙號
　　　　等多家土店皆有此舉，由此推知當時有將燒過的煙膏殘渣經特殊方式重新提
　　　　煉後再上市販售的習慣。

　　弛禁初期，因洋藥品質大優於土藥，許多店家在刊登廣告時多標榜選用純正的陳莊大土或三冬正公班熬製成膏，但實際情況可能並非如此。由於洋藥課稅較昂，為降低煙膏成本同時增加收益，部分不肖業者在製作煙膏的過程中，會將不同種類、等級較次的本國土藥（如川土、雲土）相混熬煮，藉以冒充高級煙膏，也因此出現了特別註明「誓不鑲入川土等料」、「誓不摻雜」等字樣。〔註41〕為宣揚煙土之優質，甚至不惜使用「如有摻雜雲川小土，（願被）雷擊火焚」等激烈言詞，類似今日販賣蜂蜜之「不純砍頭」標語，希望能獲得消費者青睞。販售煙膏的同時，許多店家亦會提供燈吃服務（按：「燈吃」，即現場吸食鴉片），店內設有雅致的座位和器具，〔註42〕標榜空間寬敞清潔、服務周到，有些高舉「來店消費即贈清茶一盞」的口號，〔註43〕有些則送上當時頗受歡迎的月份牌〔註44〕以招攬顧客。此外還提供郵件函購的方式，方便外地顧客來函訂購。

三、鴉片廣告主的類型

　　在《游戲報》刊登鴉片其及周邊商品廣告的廣告主有藥房、煙膏店、茶樓與戲園四種類型，以下分別說明。

（一）藥　房

　　藥房以刊登戒煙藥廣告為主，分為西藥房和中藥房兩種，常在《游戲報》登廣告的中、西藥房詳見下表：〔註45〕

〔註41〕如廣福源公煙店和廣發昌公煙號，聲稱該店煙膏絕不摻雜本國煙土，詳見《游戲報》第668號（1899年5月7日）及《游戲報》第936號（1900年2月11日）；而廣吉祥煙膏店則標榜只用大土洋藥，保證不混用其他煙土，詳見《游戲報》第1919號（1902年11月13日）。

〔註42〕吸食鴉片所用器具參見附圖十二：鴉片煙具組。

〔註43〕詳見【盛信煙號廣告】，《游戲報》第119號（1897年10月20日）。

〔註44〕旭日同昇樓在煙膏廣告上註明「開燈一只奉送富貴壽考月份牌一張」，見《游戲報》第605號（1899年3月5日）。「月份牌」是一種發源於上海的手繪商品海報，因圖畫中印有月份及年曆而得名；最早由外商引進，隨商品附贈以招徠客顧，為各大商行及洋廣貨號用以促銷商品常見的宣傳手法。月份牌上描繪的多是一般市民喜愛並熟悉的通俗題材，有神話傳說、戲曲典故、古典小說，和大量的古今美女圖等等（參見附圖十三：月份牌），關於月份牌更深入的分析解說，詳見《老月份牌廣告畫》，《漢聲雜誌》第61、62期（臺北：漢聲雜誌社，1994年1、2月）。

〔註45〕西藥房及中藥房的判斷，依據黃克武：〈從申報醫藥廣告看民初上海的醫療文化與社會生活，1912～1926〉，頁150～153。

表 5-1　在《游戲報》刊登鴉片廣告的中、西藥房

【西藥房】				
商　號	創立時間	店家地址	創辦人	製銷產品
耀華照像號		大馬路拋球場亨達利對門	施德之	戒煙糖、一樽斷癮戒煙成功酒
華英大藥房	1889 年	四馬路東首老巡捕房對面	莊凌晨	戒煙玫瑰參片、神效戒煙一粒金丹
中法老藥房	1890 年	法大馬路大自鳴鐘西首寶興里對門	黃楚九	戒煙八卦洋參餅
華洋大藥房	1894 年	棋盤街	黃德馨	戒煙極品參片、一粒金丹
括打藥房		虹口白渡橋北首仁智里十三衖		普濟水
威建大藥房		一在棋盤街北首，一在漢口濟通巷		解積戒煙餅
美華大藥房		棋盤街北首		奇口玫花參片
必達大藥房		老閘橋北首唐家弄徐家花園		戒煙救苦水
【中藥房】				
商　號	創立時間	店家地址	創辦人	製銷產品
德星堂		四馬路西園煙館南面庭筠里		戒煙半夏餅
城濟堂恒記藥房		初在老巡捕房南首，後遷法大馬路大自鳴鐘西首寶興里口		戒煙呵噶藥草、戒煙極貞參片、清心戒煙參露、參茸戒煙衛生丸、龍涎香戒煙丸
甘澤堂		四馬路中和里		參燕百補戒煙丹、戒煙一粒金丹
嚴大生藥號		大東門大關南首		戒煙玫瑰參片、一粒金丹、林文忠公戒煙菜子丸、加料參茸丸

　　店家地址和製銷產品以《游戲報》廣告中所見為主，除了華英大藥房、中法老藥房及華洋大藥房有確切的創立時間及創辦人，其餘中、西藥房的創建資料目前仍待調查。〔註46〕表格中比較特殊的是耀華照像號。相館主人施

〔註46〕詳見上海市醫藥公司編：《上海近代西藥行業史》，頁 36、40～44。

德之為英籍廣東人，其於一九○○年在大西路開設施德之藥廠，據悉，該廠所製藥物的販售通路之一即為耀華照像號；因考量其與英商及藥廠均有長期合作的關係，故製表時權且將其列入西藥房一欄。〔註47〕

此外，當時經常有店名或商品遭仿冒的案例，多發生在藥物類的商品上，不少知名店家會定期刊登慎防假冒的文宣廣告，如華英大藥房聲明：

> 本藥房向自泰西採運藥材，選擇經驗良方，虔修丸散膏丹藥水藥酒，療症如神，是以名馳遐邇，踵接購取。而解煙各藥，理法深參，去宿癮如反掌，惟玫瑰參片志在濟世，照本發兌，無怪老癮盡除。其品超恒流，方出杭秘，故此片□行尤廣。近多不肖，以形色名號冒充仿造，購者切須審辨色香味，刊有華英字樣，外加雙龍封口，仿單上印證。傳相賞賣，匾額金牌，乃是元家嫡乳，彼作偽之徒，無從覬覦，並將外埠分設各地址、分售各店號開單於下，以便諸公就近購取。〔註48〕

被仿冒者不外乎是信譽良好或經營規模較大的藥房，及銷路火紅、獲利較高的藥品，店主人聲明假冒時不忘再次宣傳，並提醒顧客明辨產品外觀和氣味，商品字樣、商標和店家招牌也都是可供印證的標記；此外尚有以商品開發者的頭像做為商標的例子，如城濟堂恒記藥房的廣告，就以外國醫士小像為記（圖5-9），圖像清晰，栩栩如生，很容易引人注目並留下印象。

圖5-9　城濟堂恒記藥房的商品標記

（二）煙膏店

煙膏店又可分為土莊（土棧）、洋藥棧、煙號、公煙店四種，店鋪經營的基本形式大同小異，都以販賣鴉片為業。洋藥棧以外國鴉片為主，土莊除了洋藥還兼賣本國品質較優的煙土，產品名目條列得詳細清楚，有時連是否還

〔註47〕同前註，頁27～28。
〔註48〕華英大藥房〈聲明假冒〉，《游戲報》第444號（1898年9月17日）。

灰都會註明。鼎隆真原莊土行販賣的品項有：「精選原莊、大小洋藥，及尖、川、雲、豐、碭各土」，〔註49〕又如壽康源土棧的販售清單為：「九籠清膏、大土公煙、小土陳膏、清水雲膏、極陳陳膏、法製宿膏、法製陳膏、真正廣膏、多年陳膏、冷籠公膏、真正公班、陳莊小土、本牌雲土、上莊雲土、本牌川土、正牌西土」，〔註50〕名目清晰、品項齊備。一般而言，土莊和洋藥棧的經營規模較大，其中，廣恒豐土棧甚至在外地設有莊口，以利自家煙土的流通。〔註51〕

　　煙號和公煙店是小本經營，其所售煙膏通常來源不明，多由二種以上的煙土混製而成，品質良莠不齊，因此廣告上幾乎不會標記煙膏的原料名稱，多以「精製宿膏」、「各式正色公煙」等籠統名目稱之，或以「金、粟、仙、糧」、「福、祿、壽、喜」等吉祥名號代替。

　　吃大煙配香茗後來逐漸成為市民的生活習慣，有時煙膏號亦兼營茶樓，而有「煙茶合一」的情形（圖5-10），二十世紀初期，市面上已經出現「公煙茶樓」的複合式經營型態。〔註52〕

圖 5-10　北協誠煙號兼營鳳池茶樓

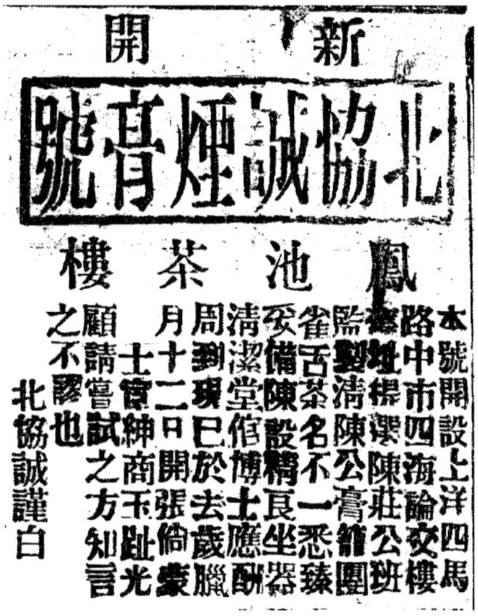

《游戲報》第 930 號（1900 年 2 月 5 日）

〔註49〕【鼎隆真原莊土行廣告】，《游戲報》第 1535 號（1901 年 10 月 12 日）。
〔註50〕【壽康源土棧廣告】，《游戲報》第 2441 號（1904 年 5 月 31 日）。
〔註51〕【廣恒豐土棧廣告】，《游戲報》第 1564 號（1901 年 11 月 11 日）。
〔註52〕【昇園公煙茶樓廣告】，《游戲報》第 2002 號（1903 年 2 月 18 日）。

（三）茶樓與戲園

這兩類廣告主是十九世紀末上海複合式經營的先驅。鴉片煙盛行期間，許多人喜歡在煙館內談生意，無煙不歡。各大茶樓、戲園看準鴉片煙所能帶來的龐大商機，為廣闢財源，於是將鴉片燈吃列入經營項目，於室內設有整潔的座位、臥榻及茶水點心，方便顧客喝茶、吃煙。當時提供鴉片煙的茶樓有：樂也逍遙樓、滬江第一樓、萬華樓、五層樓、清蓮閣、四海昇平樓、留園、西園、群芳花萼樓、四海心平樓、怡珍、同芳、萬寶樓、風聲一嘯樓、旭日同昇樓和迎春閣茶樓等。〔註53〕

除茶樓外，戲園是另一處人潮聚集的地方。許多戲園備有茶點飲食供顧客選用，幾間營運資歷較長的，如丹桂茶園、詠仙茶園和天仙茶園等，由於擁有固定的消費客群和知名度，不太需要再藉由鴉片來提升店家人氣，因此多將廣告重心置於演出劇目和演員名單上頭；惟新開張者，需要快速吸引顧客上門，而不得不藉助鴉片的魅力。〔註54〕

另外，查閱《游戲報》的過程中，發現煙膏廣告大量出現於十九世紀末、二十世紀初，同一時期戒煙藥廣告則明顯減少，經推測得出以下幾點緣由：1. 戒煙藥市場競爭者有限。幾個經常刊登廣告的業主，無論是各大藥房、西式診所醫士，或自營診間的中醫藥劑師和藥材行，皆以其具備之醫藥相關知識的權威背景作為產品效力的保證；不具備藥品知識，則很難獲得消費者信任並進而在戒煙藥市場佔有一席之地。2. 政府弛禁後，鴉片正式成為合法貿易的商品，煙土進出暢行無阻，煙民再也毋須假戒煙之名行吸毒之實，用來抵癮的戒煙藥遂乏人問津，市場也逐漸萎縮。3. 廣告內容多元化。二十世紀初，上海地區商業活動十分熱絡，租界的經濟發展更是一日千里；新型行業爭相出線，書訊、商號（銀行、番菜館、茶樓、藥房、相館等）、洋廣貨物（鑽石、香水、腳踏車、顯微鏡、綢緞布料、金銀鐘錶等）、娛樂活動（影戲、馬戲、傳統戲法、彩票、戲園劇目）等，各式廣告也隨之而起。廣告主急著將商品資訊傳遞至消費者眼前，但報紙廣告欄位有限，愈符合消費者需求的商品愈有競爭力，而商品競爭力即是廣告版面的取得優勢。戒煙藥的商

〔註53〕參考〈上海英界茶坊表〉《游戲報》第49號（1897年8月11日）、〈上海英界煙間表〉《游戲報》第52號（1897年8月14日）和旭日同昇樓及迎春閣茶樓之開張廣告。【旭日】、【迎春】二則廣告分別見於《游戲報》第605號（1899年3月5日）及第1645號（1902年1月31日）。

〔註54〕參見【集豔群芳樓開張廣告】，《游戲報》第1909號（1902年11月3日）。

品需求度已明顯減弱，在激烈的競爭中很快敗下陣來，因而二十世紀初已經幾乎不見戒煙藥廣告的蹤影。

綜上所述，在報上刊登鴉片商品廣告的廣告主，多屬於擁有店面者，而店鋪所在地則多是人來人往、頗有人氣之處，依《游戲報》鴉片類的商品廣告所見，當時尚無以個人為單位的廣告主出現。

第三節　彩　票

中國最早的正式彩票，是嘉慶年間流通於廣東的「闈姓票」。〔註55〕所謂「正式」，指的是「得到政府批准，並在社會上被普遍接受」者稱之；一直到一九○○年，報紙上都還能見到代購闈姓票的廣告。〔註56〕最初發行彩票的目的是為了補充戰爭所需之餉源，以及利用販售彩票所得來賑濟各地發生的水旱災情。〔註57〕學界對晚清彩票的研究，要以大陸地區為夥，研究成果有：趙利峰〈中國最早的彩票形式──白鴿票考述〉〔註58〕、劉力〈助賑彩票：傳統道義的近代關懷──中國近代本土彩票的萌芽〉〔註59〕、〈呂宋票──助賑彩票：晚清舶來品到本土化的移植──試析中國近代彩票的萌芽〉〔註60〕、〈道德與經濟的博弈──晚清洋商彩票公司在華的創設與取締〉〔註61〕、〈重

〔註55〕趙利峰提到：「中法戰爭期間，為塞漏卮（適時澳門闈姓大行其道），以濟餉需，光緒十年（1885）十一月二十九日，清政府正式批准廣東闈姓票，一時風行於海內外。」詳見趙利峰：〈中國最早的正式彩票──清代闈姓票圖說〉，《文化雜誌》中文版第 68 期（2008 年秋季刊），頁 195。有關廣東闈姓票的具體內容與產生源流，另詳見氏著：〈清中後期廣東闈姓考原〉，《暨南史學》第二輯（2003 年 12 月），頁 376～387。或參見氏著：《晚清粵澳闈姓問題研究》，廣州：暨南大學中國古代史博士論文，2003 年。

〔註56〕【鉅安號、廣惠和、萬利昌經理廣益彩票廣告】除了自家發售的第六會彩票以外，還兼售澳門文鄉科闈姓票，由此可知當時闈姓票仍在市面上流通。詳見《游戲報》第 1184 號（1900 年 10 月 17 日）。

〔註57〕此即所謂「義賑」，有關晚清彩票與義賑之間的關聯，詳見本節「二、光緒年間的彩票發行制度」的討論。

〔註58〕詳見趙利峰：〈中國最早的彩票形式──白鴿票考述〉，《西北民族大學學報（哲學社會科學版）》2003 年第 3 期，頁 113～118。

〔註59〕詳見劉力：〈助賑彩票：傳統道義的近代關懷──中國近代本土彩票的萌芽〉，《重慶師範大學學報（哲學社會科學版）》2007 年第 4 期，頁 67～73。

〔註60〕詳見劉力：〈呂宋票──助賑彩票：晚清舶來品到本土化的移植──試析中國近代彩票的萌芽〉，《福建論壇‧人文社會科學版》2008 年第 2 期，頁 63～68。

〔註61〕詳見劉力：〈道德與經濟的博弈──晚清洋商彩票公司在華的創設與取締〉，

利尚義：中國近代彩票的社會文化背景淺析〉〔註62〕、〈晚清「義賑」與中國近代早期彩票〉〔註63〕、〈晚清彩票市場的角逐──以江南義賑彩票與北洋順直義賑彩票間的爭奪為中心〉〔註64〕等、閔杰〈論清末彩票〉〔註65〕、周迎春〈近代彩票研究述略〉〔註66〕；臺灣地區則有吳文星〈日據時期台灣彩票制度之探討〉〔註67〕、徐國章〈臺灣日治時期之彩票發行制度〉〔註68〕、余昌蓬《晚清彩票發行制度的建構與嘗試──以上海為中心的討論》〔註69〕、張敦智《近百年來臺灣彩票展演之研究（1900～2005）》〔註70〕等，或從彩票形式、或從發行制度、或從文化移植、或從社會文化背景分析等面向，考述晚清時期彩票在中國境內發展的歷程和內涵。

一、中國彩票的起源

　　彩票，又叫做「發財票」、「白鴿票」、「獎券」等，是一種以隨機方式抽籤給獎的博奕遊戲，在近代演變為政府募款賑濟或商人斂財營生的方式之一。欲談論晚清的彩票發行，勢必觸及到彩票在中國的起源問題，然而這個問題要在短時間內獲得解答是有困難的。有關此類民生訊息的記錄，向來分散在各種史料當中，如政府文書檔案或文人生活雜記、旅遊隨筆之類，晚清時期尚有新式媒體──報刊的出現，民生訊息更是因此大量集中在報紙上頭。然而，道光朝後期以至民國初年，中國內外戰事頻仍、烽火不斷，即使

《重慶師範大學學報（哲學社會科學版）》2009 年第 1 期，頁 89～94。

〔註62〕詳見劉力：〈重利尚義：中國近代彩票的社會文化背景淺析〉，《重慶師範大學學報（哲學社會科學版）》2009 年第 5 期，頁 74～80。

〔註63〕詳見劉力：〈晚清「義賑」與中國近代早期彩票〉，《雲南社會科學》2009 年第 6 期，頁 125～130。

〔註64〕詳見劉力：〈晚清彩票市場的角逐──以江南義賑彩票與北洋順直義賑彩票間的爭奪為中心〉，《雲南社會科學》2010 年第 5 期，頁 132～136。

〔註65〕詳見閔杰：〈論清末彩票〉，《近代史研究》2000 第 4 期，頁 1～52。

〔註66〕詳見周迎春：〈近代彩票研究述略〉，《貴州文史叢刊》2008 年第 3 期，頁 49～52。

〔註67〕詳見吳文星：〈日據時期台灣彩票制度之探討〉，《師大學報》第 33 期（1988 年 6 月），頁 283～300。

〔註68〕詳見徐國章：〈臺灣日治時期之彩票發行制度〉，《臺灣文獻》第 54 卷第 1 期（2003 年 3 月），頁 133～182。

〔註69〕詳見余昌蓬：《晚清彩票發行制度的建構與嘗試──以上海為中心的討論》，南投：暨南國際大學歷史學系碩士論文，2003 年。

〔註70〕詳見張敦智：《近百年來臺灣彩票展演之研究（1900～2005）》，雲林：雲林科技大學文化資產維護系碩士論文，2004 年。

原有的資料記錄豐富翔實，亦不免受到戰火波及而殘缺四散。再加上年代久遠的緣故，晚清報刊散佚破損得十分嚴重，許多發行未久的小報，其報影如今多半已不復見，僅能由前人製作之報刊名錄一窺名號。集結整理的工作尚在進行，而閱讀報刊微卷亦非易事；這些困難，致使學界至今對「中國彩票的起源」仍處於眾說紛紜階段而未有定論。

有些學者主張將闈姓票、白鴿票納入彩票的範疇，皮志強在〈張之洞與廣東「闈姓」〉〔註71〕一文中提到：「廣東闈姓票的操作方式與今日體育彩票有驚人的相似」，楊聯陞則進一步將中國境內彩票形式的出現時間上溯至元代。他提到當時有些寺院會以大修土木為募款藉口，使用「拈鬮射利」的抽獎票出售募集的物資以獲得豐厚利潤；由於抽獎票具有賭博的性質，因此很快便遭到政府的禁止；十九世紀抽獎票在廣東有死灰復燃的跡象，也就是後來的闈姓票。〔註72〕趙利峰則認為中國最早出現的彩票形式應為乾嘉時期的白鴿票，因為晚清時期發售的各家西式彩票，在當時一律被稱為「白鴿票」，且各國政府公報亦將「白鴿票」視為「中國彩票」之代稱，因此他主張白鴿票應為中國彩票的始祖。〔註73〕當時白鴿票不僅在廣東地區流行，也擴及到鄰近的澳門、香港，甚至上海地區亦可見其蹤影；其後又發展出更多各式各樣別具特色的形式和玩法，如闈姓、田票、山票、舖票等，可說是粵東地區彩票的發源。

另有一派學者則傾向於認同彩票屬於外國舶來品，非由中國自創，而是晚清時期從外洋傳入的，此派說法視中國近代彩票為「舶來洋賭本土化的結果」。大陸學者劉力為此做了一系列的考察，他認為，最早在中國發售的彩票應為十九世紀七〇年代來自菲律賓的「呂宋票」，而中國本土彩票是模仿呂宋票而產生的，發行目的則是為了賑濟各地災情。〔註74〕因此其對中國本土彩票的討論，多半聚焦於助賑彩票與菲律賓呂宋票之間的承繼／模仿關係，及「彩票」與「助賑」的緊密連結，〔註75〕周迎春、馬致遠、王克霞等

〔註71〕詳見皮志強：〈張之洞與廣東「闈姓」〉，《廣州大學學報（綜合版）》第15卷第9期（2001年9月），頁38～41。

〔註72〕詳見楊聯陞著，彭剛、程鋼譯：《中國制度史研究》（南京：江蘇人民出版社，1998年），頁188～190。

〔註73〕詳見趙利峰：〈中國最早的彩票形式——白鴿票考述〉，頁113～114。

〔註74〕詳見劉力：〈呂宋票—助賑彩票：晚清舶來品到本土化的移植——試析中國近代彩票的萌芽〉，頁63。

〔註75〕詳見劉力：〈助賑彩票：傳統道義的近代關懷——中國近代本土彩票的萌芽〉，

人亦持此種看法。〔註76〕本節討論之彩票，是指光緒年間大肆流行的西洋彩票而言。即使中國自古即有類似玩法，但光緒年間的彩票風潮，實起因於江南仕紳為籌措賑災資金而仿效呂宋票形式開辦的「賑彩」。之後賑彩又接連發行了數次，規模愈來愈大，且逐漸脫離原本籌措賑銀的目的而轉為商業經營的形式，至此彩票才開始在中國大大的流行起來，故此處將彩票歸入「洋玩意」的範疇。

二、光緒年間的彩票發行制度

根據《游戲報》廣告得知，光緒二十四年（1898）前後在市面上流通的彩票有：快利洋行彩票、華麥賜發財票、江南義賑票、太德山彩票、江南票、普益票、興商票、和濟票、廣益票、順直義賑普濟票、覺民錄等十數種。當時商家開辦彩票的目的有二：（一）幫助商號宣傳。某些新開的店鋪或名氣不響亮者，會藉由發行彩票的名義吸引買氣，例如快利洋行。這是非常快速有效的行銷方式，因為彩票在當時十分熱賣，很能攫取人們的注意力，以發售彩票做為口號，便能迅速地吸引人潮。（二）奉諭助賑。以「助賑」之名，行攫利之實，在這裡要先談談義賑與彩票的關係。首先讓人疑問的是，「義賑」是什麼？這項看似義舉色彩濃厚的行為，是如何發起？如何得到社會的支持？再者，它與彩票之間怎麼引起關聯？這個關聯又是怎麼發生的？如果不先解釋這些疑問，就很難切入近代中國彩票發展的脈絡，而一旦接觸了這些問題，也就不難發現十九世紀晚期大量出現的彩票，實則揭示了中國近代彩票發展的重要階段，同時也說明中國彩票的發展在此之前已有相當程度的累積。

「義賑」是光緒初年才興起的一種特殊的社會活動，可說是中國救荒史上的新產物。許多研究者都指出，它起源於江南一帶，中心點在上海，活動發起者大多是來自江南地區的民間人士。〔註77〕關於晚清義賑的特性，李

頁 67～70；及其〈晚清「義賑」與中國近代早期彩票〉，頁 126～129。

〔註76〕同註66（周迎春論文），另詳見馬致遠：〈淺談晚清時期的呂宋票〉，《華北水利水電學院學報（社科版）》第 26 卷第 3 期（2010 年 6 月），頁 85～87；及王克霞：〈略論民國彩票〉，《唐都學刊》第 22 卷第 1 期（2006 年 1 月），頁 116～120。

〔註77〕詳見朱滸著：《地方性流動及其超越：晚清義賑與近代中國的新陳代謝》（北京：中國人民大學出版社，2006 年），頁 28～39。

文海提到，由於幾場嚴重的災荒接連發生，加以荒政〔註78〕的衰落及社會經濟結構也正劇烈變動的緣故，民間於是自發性地興起「民捐民辦」的活動，由民間自行組織賑濟單位並募集經費，收到的賑濟資源直接向災民投遞；晚清義賑一開始是由江南仕紳發起的聯合活動，同時也是跨地域的慈善事業。〔註79〕

　　一八七六年爆發了有清以來最為慘烈的災荒，受難地區包括山西、河南、陝西、直隸、山東、蘇北皖北、隴東及川北等地，〔註80〕死亡人數估計約在九百萬至一千三百萬人之間。〔註81〕災情在光緒三年（丁丑年）到四年（戊寅年）之間達到高潮，因此這段期間特別被稱為「丁戊奇荒」，其中又以山西、河南兩省遭遇最嚴重，時人亦以「晉豫奇荒」名之；這場空前絕後的大旱災是義賑活動之所以興起的前提因素。〔註82〕隨著頻繁發生的天災人禍，義賑活動很快地發展成為晚清時期不可忽視的社會救助力量，且其運作機制的彈性遠高於僵硬的官賑政策，這個優點，亦促使它在極短的時間內便獲得社會的接受與認可。

　　那麼，彩票與義賑是如何發生關聯的呢？此二者最初的關係，發生在光緒五年（1879）為募集賑災資金而發出的募捐活動中。當時為了將來自各地的善心助賑物品快速轉化為賑款，因一時難以消化，而「不得已仿呂宋彩票之法」，將賑濟物資當作開彩獎品送出以換取金錢；此雖權宜之計，但也因此募集了不少彩金。〔註83〕此後，售彩助賑之法便逐步獲得重視而經常運用。光緒九年，施善昌再一次發起了彩票助賑活動，然而不同於以往的是，雖然活動目的仍是將賑濟物品轉為賑款，但此次更完整地採用「西人搖彩之法」

〔註78〕「荒政」意指當時滿清政府用以賑濟災荒的政策。
〔註79〕詳見李文海：〈晚清義賑的興起與發展〉，《清史研究》1993年第3期，頁27～35。
〔註80〕詳見夏明方：〈也談「丁戊奇荒」〉，《清史研究》1992年第4期，頁83～91。
〔註81〕光緒二年至五年，各地接連發生了旱災、飢荒、冰雹、寒害、豪大雨、水災、颶風、蝗禍、江水倒灌和地震等重大災害，華洋義賑會的報告指出：「在此次空前巨災之時期中，因受飢餓疾病及強暴之侵迫而犧牲者，約有九百萬至一千三百萬人之多。」以上詳見鄧雲特著：《中國救荒史》（北京：商務印書館出版，1998年2刷），頁37～40。
〔註82〕有關晚清義賑的興起及其初期發展之細部討論，詳見朱滸著：《地方性流動及其超越：晚清義賑與近代中國的新陳代謝》，頁49～146。
〔註83〕詳見〈催取彩件〉，《申報》1879年11月21日。

的形式，不再票票有獎。〔註84〕之後開辦的幾次賑彩也都採取同樣模式：打著義賑的名義，且彩獎以物品為主，不過規模比一開始的賑彩活動要大得多，而且定期發售、長期舉辦；比起籌賑災荒，發行目的更趨近於經濟活動，可說是中國近代彩票業的嚆矢。

承上所述，彩票業在上述發展過程的鋪墊幫助之下，與義賑活動建立起牢不可破的連結，從而帶出光緒二十四年（1898）上海地區彩票的風行及其後的氾濫情況，此時發行彩票的目的已幾與賑濟無涉了。

當時欲開辦彩票者，須先經由英美工部局和各國領事聯合批准後才能發行，類似政府立案一般，【鉅安號、廣惠和、萬利昌經理廣益彩票批發廣告】提到：

> 廣益彩票公司備足資本洋十五萬元□奉駐滬　英美領事暨　工部局諭准開辦在案，本號經理逐月批發及收兌紅票，價皆公道。現發售第六會彩票，外埠函購批拆零售，原班回件，兼代□澳門文鄉科闈姓。此佈。　上海棋盤街　廣惠和　萬利昌　鉅安號　仝啟〔註85〕

有時，財力雄厚的商號會在廣告中註明其為投資彩票而準備了鉅額資本，保證店家不會無預警倒閉，以此表明經營彩票事業的誠意，一般稱做「備產售票」。申請開辦彩票的商號一旦得到英美工部局審核許可，便能取得營業保護的證照，【德商普益公司發售興商大彩票廣告】這麼寫著：

> 本公司振興商□起見，待備美產，鉅資稟准　英美工部局許可。正大光明，誠實可靠。按月在上海□彩售票，各外埠及中國內地均一價銷行，資本充足，章程美備。業蒙　英美工部局驗明，給照保護。本□開辦伊始，□蒙遠近紳商殷殷垂詢，謀信不疑，實為欣喜。前已將紅彩□目刊登□報，其票已經印就，業曾一律發售。每張價五元，售全張、半張者，照數拈送小票，不取分文。……定華九月十三日，在本□以機器當眾開彩，獲中者，頭彩立交房地道契，如不要房地，照章折洋亦可。餘彩立交現洋，核實兌付。屆時當登報飭請　購票諸君臨場□察，並逐細查驗以昭至公無私。本公司實事求

〔註84〕詳見《申報》1883 年 10 月 1 日。

〔註85〕【鉅安號、廣惠和、萬利昌經理廣益彩票批發廣告】，《游戲報》第 1184 號（1900 年 10 月 17 日）。

是，與眾不同，仍擬約法三章如下〇一、開彩日期一定不易，決無臨期展□付洋遊約等情〇一、得彩銀洋照章實兌，決無縮減□號計售派□等情〇一備產售票立基厚實，決無半途中輟飾詞暫停等情〇本公司洋東，公正信實，中外咸知，總公司歸洋東，自為經理，外埠分售歸洋東，給憑保護，無慮意外阻撓。本總公司定宅在上海英大馬路虹廟弄口，因修造未竣仍暫寓三洋涇橋北首泗涇路口洋房，倘蒙　賜顧，格外克己。外埠函授，原班回件。帶力□□貴客自理。此致

德商普益公司經理人塔洛克謹啟〔註86〕

不但發售大張彩票，還額外贈送小票，可以見得民眾對投買彩票十分熱衷，這點也能從豐厚的頭彩獎品看出一個大概。以本則廣告為例，幸運抽中頭彩的民眾可以獲得房產地契，這在今日來說都是大獎，更何況當年？這麼豐富的獎品，再加上廣告中特別強調的「這是由洋人經營的公司」，兩相加乘之下，便足以強壯投買者的信心；而開獎方式十分公開、透明，中獎號碼是透過機器抉擇出來，不經由人工操作的開獎辦法，無疑增加了若干公平性質。

　　林林總總的各式彩票充斥市面，雖然內容五花八門，但都有相同的開獎流程；每期彩票單位以「會」稱之，如「第一會江南票」、「第五會普濟票」，意指「第一期江南票」、「第五期普濟票」，而開獎的方式名為「搖彩」，見【快利洋行彩票廣告】：

> ……本行專為揚名，並非貪利，是以新增搖彩之法。每逢禮拜日，下午三點鐘至四點鐘，借座搖彩，風雨不更。隨目在張園買票，並無別處寄買。至期，即請諸□駕至該處奪標。今立彩票二百五十號，每號售洋一元。……搖點大者為頭彩，同點為二彩，以是大而小為三彩，……如若號數尚未售滿，是日亦當開搖，無悔不更。〔註87〕

彩票行預先印發一定數量的票券，每隔一段固定的時間（間隔一週或一個月）開獎一次，無論票券是否售罄，待開彩日期一到，彩票發行機構便逕行在公開場合以機器搖出中彩號碼，而開獎後不久，便會在各地分發中獎號碼單以供購票人核對票號，【江南籌辦義賑彩票廣告】提到：

〔註86〕【德商普益公司發售興商大彩票廣告】，出處同前註。
〔註87〕【快利洋行彩票廣告】，《游戲報》第363號（1898年6月29日）。

為淮徐海災籌賑孔亟，本公司奉　憲諭開辦籌賑彩票批發，抽釐助賑。其票式仍係每張分十則，全張收洋五元。得彩等第、彩金，列明票上，以昭徵信。每月在上海開彩一次，而開票之法，用機器搖出。眾目共睹，以示公道。開後即有得彩對號單分派，如得彩之票，即可攜票到本公司收銀。票到驗明符合，即照號數等第付銀，斷無延誤。〔註88〕

中獎者需攜帶彩票至機構相驗，確認無誤後即可兌獎。彩獎的等第分為正彩、傍彩，正彩有頭彩、二彩、三彩，最多達到十彩；傍彩（又稱為附彩），有傍頭彩（附頭彩）、傍二彩（附二彩）、傍三彩（附三彩）等，以此類推，例如下面這則廣告：

……○茲將第一會開票一萬張得彩等第開列　頭彩一張，得彩洋一萬二千元　二彩一張，得彩洋四千元　三彩一張，得彩洋二千元　四彩二張，每得洋五百元　五彩廿張，每得彩洋一佰元　六彩五十張，每得彩洋五十元　七彩六百六十五張，每得彩洋二十元　傍頭彩上下各一張，每得彩洋二百元　傍二彩上下各一張，得彩洋每一百元　傍三彩上下各一張，每得彩洋五十元

上海江南籌辦義賑彩票公司廣濟堂告白〔註89〕

傍彩的玩法和正彩相同，唯獨彩金金額相差懸殊，可以看作大彩與小彩之別；為了增加民眾投買彩票的樂趣，太德山彩票公司則在正彩和附彩之外，增加「末尾二碼相同」的彩項，彩金亦十分可觀：

○正彩　頭彩一張得洋三萬元○二彩一張得洋一萬元○三彩一張得洋五千元○四彩三張各得洋一千元○五彩四張各得五百元○六彩二十張各得洋一百元○七彩四十張各得洋五十元○八彩二百五十張各得洋二十五元○九彩七百五十張各得洋二十元○十彩一千零三十五張各得洋十元　附彩　附頭彩二張各得洋一千元○附二彩□張各得洋五百元○附三彩二張各得洋二百五十元○附四彩六張各得洋一百元○附五彩□張各得洋五十元○頭二三彩末尾二號碼同者各二百九十九張○頭彩各得洋五十元○二彩各得洋三十元○三彩各得洋二十元○總共三千零念（按：應為「廿」之同音字）

〔註88〕【江南籌辦義賑彩票廣告】，《游戲報》第590號（1899年2月18日）。

〔註89〕【江南籌辦義賑彩票廣告】，《游戲報》第596號（1899年2月24日）。

　　二張共得彩金十二萬元。〔註90〕

彩票運動風行期間，報紙裡頭就有多達九條的彩票訊息提供給消費者參考，〔註91〕而一八九九年彩金總額已經破萬，顯見民眾對投彩活動的熱度十分高昂。廣告中可見之實際數據，頭彩金額最高曾達到四萬元之譜。〔註92〕

　　二十世紀初期，彩票行進購的票券種類變得更為豐富，有各家、各期發售的彩票供人選購，【鴻運來票行廣告】寫道：

　　　　現售○第一會普濟票，准於九月十三日在申當眾開彩，至公無私。

　　　　全張五元，又附送小彩票一張，半張照算，分條大洋五角○第十八

　　　　會江南票廿八開彩，全張五元三角，分條大洋五角半○覺民報每冊

　　　　小洋一角，附送彩票兩號○廣益票廿八開彩○和濟票十七開彩，全

　　　　張五元，分條照算○諸君欲奪頭彩，請早購票。〔註93〕

這些彩票販售單位串連在一起，形成一個互助型態的銷售網絡，他們不僅印行、發售自家彩票，也相互擔任彼此的代理商，以這樣的方式維持彩票基本市場，並拓展流通範圍。

　　另外，除了獎金，也有以其他物件做為獎品者，如快利洋行便以腳踏車和鑲金手錶做為獎項：

　　　　頭彩得上等腳踏車一部，燈鈴俱全。二彩得上等夾金表一只，三彩

　　　　得二等夾金表一只，四彩得三等夾金表一只，五彩得四等夾金表一

　　　　只。〔註94〕

此外，「上海覺民錄」還以贈送價值四千角的赤金手鐲為獎品。〔註95〕只要投買彩票，就有機會獲得高額獎金，或價值不斐的腳踏車、金錶或手鐲等豐富獎項，使得晚清時期購買彩票的熱潮持續不退。

〔註90〕【太德山彩票廣告】，《游戲報》第 1047 號（1900 年 6 月 2 日）。

〔註91〕《游戲報》每日廣告總量約有 50 則，彩票廣告就佔了將近總數的 10 分之 1，可謂大量。

〔註92〕見【順直義賑普濟票廣告】，《游戲報》第 1575 號（1901 年 11 月 22 日）及【廣濟公司江南義賑票廣告】，《游戲報》第 1645 號（1902 年 1 月 31 日）。

〔註93〕【鴻運來票行廣告】，《游戲報》第 1184 號（1900 年 10 月 17 日）。

〔註94〕【快利洋行彩票廣告】，出處同註87。

〔註95〕【上海覺民錄廣告】提到：「第一名贈赤金鐲一對，值小洋四千角」，詳見《游戲報》第 1613 號（1901 年 12 月 30 日）。

第四節　洋把戲

上海開埠以後，出現了許多由洋人經辦的娛樂場所，最初只允許洋人自由進出。〔註96〕後來華洋雜居日久，部分中國商人亦開始經營西式娛樂場所，許多在西方盛行的娛樂活動，在洋人或經常接觸洋務的華人引介之下，一一進入晚清上海人的眼簾。本節擬先探討當時幾項頗受歡迎的西洋把戲，如焰火、西洋戲法、外國影戲、馬賽、馬戲等，觀察人們對西洋娛樂活動的接受程度。

一、焰　火

新奇焰火初引進中國時，多選在當時的各大公園（如張園、愚園之屬）燃放。為吸引遊客前來，多半採用降價優惠，且童僕不計費用；每人僅收看資二角，即能入場觀看數套不等的焰火秀，堪稱費用低廉。〔註97〕因此不少人在拇戰酒罷之餘，便會轉往各家園林觀賞焰火表演，消磨時光、聊作娛樂。且不只外國人能欣賞，中國仕女亦十分熱衷，【愚園施放煙火廣告】提到：

> 啟者：前在愚園內燃放外洋各種五彩煙火，十色五光。蒙中西士女聯袂來觀，有目共賞，讚與尋常所放者迴乎不同也。茲將玩戲十餘年積存新異煙火，定於禮拜晚及禮拜二四晚十點半鐘，准期燃放。簇簇生新，別開生面，有層出不窮者矣。諸君納涼清興，一擴眼界，幸甚。此佈。〔註98〕

廣告裡通常會有幾個關鍵詞句，以上面這則廣告為例：「外洋」、「五彩焰火，十色五光」、「與尋常所放者迴乎不同」、「簇簇生新」，這幾句完全抓住消費者對新奇事物的期待心理，滿足他們對未知的西方娛樂玩物的想像空間，又

〔註96〕1868 年於黃浦江岸建造、專供洋人遊覽的「公共花園」（Public Park），當時稱為「外灘公園」，乃今日黃浦公園的前身。其《遊覽須知》第六條規定：「除西人傭僕外，華人不准入內」，而其他洋人出入的公共場所，如跑馬場、夜總會等，均有條件地規範華人的出入資格。詳見熊月之：〈張園與晚清上海社會〉，收入蘇智良主編：《上海：近代文明的新型態》（上海：上海辭書出版社，2004 年），頁 44～47。

〔註97〕詳見樂炬社【張園內東莞焰火廣告】，《游戲報》第 101 號（1897 年 10 月 2 日）。

〔註98〕詳見〈愚園內　禮拜晚及禮拜二四晚十點半鐘大放外洋煙火〉，《游戲報》第 43 號（1897 年 8 月 5 日）。

如【愚園大放焰火廣告】：

> 本園特僱東洋粵東名師，縶就奇巧新法各種焰火，與眾不同、變化
> 無窮，擇定廿五晚八點鐘設放。諸君欲賞奇觀，祈請　駕臨為幸。
>
> 〔註99〕

同樣強調「新」、「奇」，焰火的絢爛奇景很能抓住人們的目光，遑論「與眾不同、變化無窮」者，更是充滿了吸引力；而火樹銀花之精彩奪目，連游戲報館主人也發文提倡：

> ○本館昨承張園炬樂社焰火公司邀往該園，縱觀外洋煙火，趁壓線
> 之餘，聞命巾車而前往快睹。五光十色，蔚成海外奇觀。試看火樹
> 銀花，始信城開不夜，請開倦眼，諒有同心。
>
> 游戲主人附識〔註100〕

焰火的燦爛光耀，使上海的夜晚更加美麗，也讓它名副其實地成為一個「不夜城」。人們對焰火節目備感熱情而且趨之若騖，於是煙火社便乘勢推出具有設計內容的焰火秀，【外國新到奇焰火廣告】提到：

> 本園今向外國化學會不惜重資購到格致新奇焰火，精巧莫比，變化
> 無窮，非惟卜夜，更宜卜畫。日觀雲宵，佳妙畢顯，空中人物，頃
> 刻靈現，光彩奪目，迴出意表。定于二月十一日下午四點鐘□放，
> 嗣後每逢禮拜三六禮拜日準演，並請步瀛散人雅幻戲法，洵屬逸趣
> 橫生，風雅□人。此係愚園點綴園景起見，倘蒙　貴客選勝樂觀，
> 概不取資。特此佈。〔註101〕

這則廣告在單純燃放煙火的表演內容中加入了一些新的創意，運用施放焰火的時間差來構圖，使「空中人物，頃刻畢顯」，實可謂妙趣橫生！因此，即使觀賞焰火的過程有意外發生之危險可能，〔註102〕人們仍抱著「既期待又怕受傷害」的心情，盡情追逐著聲光效果的刺激感。〔註103〕

〔註99〕詳見【愚園大放焰火廣告】，《游戲報》第375號（1898年7月11日）。

〔註100〕詳見〈請觀煙火〉，《游戲報》第52號（1897年8月14日）。

〔註101〕〈外國新到奇焰火〉，《游戲報》第618號（1899年3月18日）。

〔註102〕《游戲報》有一則意外事件的報導，指出某日在觀賞焰火的過程中，掉落的火花不慎落在其中一名遊客身上，當時他所穿的鐵線馬褂立時焚毀，造成了不少驚嚇。詳見〈燒衣〉，《游戲報》第83號（1897年9月14日）。

〔註103〕詳見〈遊張園十快說〉，收入陳無我：《老上海三十年見聞錄》（上海：上海書局，1997年），頁91。

當時有些焰火節目是需要收取入門費用的，【張園‧遊樂軒廣告】提到：

> 東洋五彩開花焰火，東莞著名玲瓏焰花，同於七月十五夜十點半鐘
> 燃放，看資三角。此佈。〔註104〕

雖然只需洋元三角，和購買彩票的消費相比，觀賞焰火需要花費的金額並不算昂貴，但沒付錢的人，即使是官員，也會被守門員擋下，不准入園觀看。〔註105〕

二、西洋戲法、外國影戲

「西洋戲法」即今日之魔術表演，常與煙火和電影搭配演出，徐園的節目單（圖5-11）裡頭提到：

圖5-11　徐園節目單

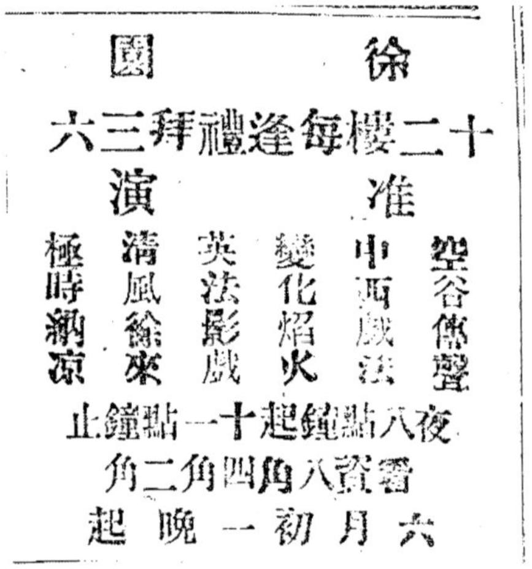

演出內容有：空谷傳聲、中西戲法、變化焰火、英法影戲，在戶外空曠的場地觀賞，涼風襲來，可納涼又可觀劇，是當時人們非常喜愛的休閒活動；而且這些展演場所的節目表，通常都具備了綜合娛樂的性質，愚園的節目單這麼寫著：

> 本園不惜重資而由美國聘到頭等電光影戲，與前在申所演者大不相
> 同，竟然有聲有色，巧妙難言。並又挽邀步瀛散人試演西國戲法，
> 于九點鐘起，演至十一點鐘。准放廣東初到新法焰火，每位只收四

〔註104〕【張園施放煙火廣告】，《游戲報》第426號（1898年8月30日）。

〔註105〕〈阻觀焰火〉一文描述某官員臨時起意欲入園觀賞焰火表演，倉卒之間未攜銀錢，雖向門巡表明官員身份，但仍被拒絕在外，最後只好悻悻然離開。詳見《游戲報》第87號（1897年9月18日）。

角。特此佈聞。尚候早降，試觀為幸。〔註106〕

中國人從來就很喜歡觀看雜技類的表演藝術，因此西洋戲法的引進更是吸睛，表演內容推陳出新，試看以下這則雅仙戲園的廣告：

> 十七日，寶善街雅仙戲園演外國馳名戲法夜戲，每晚七點鐘起。奧
> 樂法者，西部裔人。天下演戲法中之翹楚也。能隱藏人身、飛首、
> 五歌唱水神，能召天上諸仙憑空降世，來去之速，閃爍如電。能勾
> 引生魂任其差遣，能使空中飛擲銀洋如探囊取物，能使雞蛋由人口
> 吐出，纍纍如貫珠；能使野鳥入籠，飛躍變換。其餘變術演窮，不
> 及詳列。仕商惠顧，請到本園一闊眼界可也。價目：包廂，每位洋
> 一元，正廳前排，每位洋一元；後排，每位洋領角；邊廂，每位洋
> 二角；起碼每位洋一角；出局洋人均加倍。逢禮拜六、禮拜日，並
> 演日戲。〔註107〕

演出者不但能隱藏人身，還能使人頭飛起，雖然這看起來有些嚇人，但更刺激著人們的好奇心，想一窺究竟；外國戲法與中國神怪結合，運用奇巧的技術讓人以為諸佛神仙都降臨現場，生魂、諸仙、口吐雞蛋、野鳥入籠，種種不可思議之事，皆幻化在眼前。光看這些描述，幾乎可以想見觀眾們如何此起彼落地發出驚呼聲，以及現場歡聲雷動的熱鬧場景。

　　整個節目的進行有「起、承、轉、合」等變化，先以中國戲劇開場，再上戲法節目，最後才是當晚節目的高潮──西洋影戲播放，〈天華茶園觀外洋戲法歸述所見〉提到：

> 禮拜六夜，本埠胡家宅天華茶園主人以新到美國影戲、法國戲法柬
> 請往觀。該園影戲，聞已來數禮拜矣，頗有人嘖嘖稱其美。游戲主
> 人憚天氣炎熱，故未一往寓目。是晚九句鐘，適偕友人至萬年春□。
> 餐畢，計時尚早，遊興方濃，因挈友前赴該園一擴眼界。至則中國
> 戲劇已演畢，正演法國戲法。有兩西人在檯跳舞，作種種癡態引人
> 嬉笑，間亦插科打諢，如中國之丑腳。然言語雖不通，而其意可領
> 會也。次以巨袋一，有一人自入其內，另遣一人將袋口束縛，即將
> 袋中人鎖閉箱。內外塗火漆，封勢甚固，遮以布幕，約片時許，袋

〔註106〕詳見【愚園　五月廿六、廿七、廿九三夜　廣東新法焰火、美國電光影戲、中西奇巧戲法廣告】，《游戲報》第 380 號（1898 年 7 月 16 日）。
〔註107〕〈時不再來盍往觀乎〉，《游戲報》第 1754 號（1902 年 5 月 31 日）。

中人忽搴幃出。迨啟箱審視，則已另易一人矣！〔註108〕
起始時搬演的中國戲劇僅為暖場作用，開頭帶入中國人習慣的節目，待場子稍熱了之後才進入正題。為充分掌握觀眾的情緒，表演者會在戲法開演前先上演一小段丑角戲碼使眾人發笑，場子氣氛較為輕鬆時，也比較能抓住觀眾的注意力，接著再表演緊張又精彩的脫逃術。

文章後半段則以極大篇幅詳細介紹了播放外國影戲的步驟：

> 法人既演畢，接演美國影戲。是時抬（檯）前懸布幕一縷，上下燈火俱熄。對面另設一檯，有西人立其上，將匣內電光啟放，適照對面布幕。初猶黑影模糊，繼則鬚眉畢現，睹其上，有美女跳舞形、小兒環走形、老翁眠起形，以及火車馬車之馳騁、宮室樹木之參差，無不歷歷現諸幕上，甚至衣服五色，亦俱可辨。神光離合，乍陰乍陽，幾莫測其神妙焉！每奏一齣，其先必西樂競鳴，並有華人從旁解說，俾觀者一覽便知。〔註109〕

「外國影戲」，即今日所謂的「電影」，又稱為「西洋影戲」或「電光影戲」。「影戲」在中國很早就出現了，也稱為「皮影戲」、「影子戲」或「燈影戲」。操作方式是用燈光照射到刮薄的牛皮或羊皮上，再透過人物剪影的活動來表演故事情節，是流傳相當久遠的一種民間戲劇藝術；最遲至宋代，中國影戲的發展便已頗具規模。電影雖同樣利用了燈光的投射，但表現方式實則大相逕庭，人們為區別其與中國影戲的不同，避免因名稱相類而產生混淆，故以「西洋影戲」名之。一八九六年八月十一日，徐園「又一村」放映了西洋影戲，是目前所知的中國播放電影的最早紀錄；〔註110〕此後徐園便一直是上海放映電影的主要地點，且播放的多是由法國出品的影片。

電影初傳入上海之時，沒有字幕，也沒有聲音，是無聲的黑白片。因此，

〔註108〕〈天華茶園觀外洋戲法歸述所見〉，《游戲報》第 54 號（1897 年 8 月 16 日）。
〔註109〕同前註。
〔註110〕另有一說，指出電影傳入中國的最早紀錄應為 1891 年，此說以《申報》該年 1 月 14 日的一則【放映電戲】廣告為憑。然電影史上公認的第一部電影，是 1895 年盧米埃爾兄弟在法國巴黎放映的「火車進站」；此次播放，才宣告了電影世紀的正式來臨。詳見杜雲之著：《中國電影史》（臺北：臺灣商務印書館，1986 年三版），頁 1；及酈蘇元、胡菊彬著：《中國無聲電影史》（北京：中國電影出版社，1996 年），頁 2。兩說在時間點上頗有矛盾，且無從得知《申報》所言之「電戲」是否即指電影，同時亦尚未尋得較「1896 年 8 月徐園播放西洋影戲」更早的紀錄。

第一章 緒 論

第一節 研究動機與目的

晚清報刊的研究，近幾年已沸沸揚揚，儼然成為一門顯學。對十九世紀的中國人而言，報紙這一新興的媒體（載體），無論功能或性質，均與傳統的紙書資料迥異；它非但是新舊文學體裁創作的實驗場地，同時也是日用物類的展示櫥窗。欲研究一份報紙，可以從文學、史學、社會學、經濟學、人類學等角度切入，其所具備之多元、複雜特性，在研讀報刊時不可能忽略，而研究者必須跳脫「竭澤而漁」的研究習慣，帶入文化史、文學場域的眼界和思路，方能在廣大卻瑣碎的有趣史料堆中不感到迷失，進而見其大、且力爭成一家之言。〔註1〕

以往晚清報刊研究的切入重點，或屬宏觀性質的討論，如李仁淵《晚清的新式傳播媒體與知識份子：以報刊出版為中心的討論》〔註2〕，或屬報刊史、文學史等歷史背景的耙梳，如秦紹德《上海近代報刊史論》〔註3〕、孟兆臣《中國近代小報史》〔註4〕等。另外又如徐松榮《維新派與近代報刊》

〔註1〕 詳見陳平原主講，梅家玲編訂：《晚清文學教室：從北大到台大》（臺北：麥田出版，2005年），頁24～42。

〔註2〕 詳見李仁淵：《晚清的新式傳播媒體與知識份子：以報刊出版為中心的討論》，臺北：稻鄉出版社，2005年。

〔註3〕 詳見秦紹德：《上海近代報刊史論》，上海：復旦大學出版社，1993年。

〔註4〕 詳見孟兆臣：《中國近代小報史》，北京：社會科學文獻出版社，2005年。

藏中路間開闢了第二跑馬場，一八六二年再將原場售出，在南京西路、西藏中路和黃陂北路之間興建了第三座跑馬場，即上海人慣稱之「跑馬廳」。〔註113〕

上海跑馬廳設有跑馬場和俱樂部，由股東合資開辦，採會員制。跑馬廳由委員會領導，董事會設主席或董事長一人，委員或董事若干，下設書記、副秘書及若干管理人員；俱樂部則設有各種幹事，負責掌管各部門事宜，內部設備有滾球室、彈子房、游泳池等，類似今日的體育館。入會資格很嚴，除華人外，任何國籍人士，只要年滿二十一歲又有正當職業者，便可申請入會。需填具申請書，經由委員會投票表決，如有三票或三票以上反對，便永久取消入會資格。光緒三十四年（1898），上海跑馬廳已有正式會員三百多名，其他會員則有五百名之多。〔註114〕中國人雖對馬賽十分著迷，但一直沒有資格踏入俱樂部，或成為上海賽馬會的正式成員。〔註115〕

跑馬大賽在每年的春季和秋季舉行，每次連續三天；〔註116〕此外，每星期還舉行一般的馬賽，可謂活動頻繁。根據《清稗類鈔》裡頭相關的紀錄，可一窺賽馬場的設計：

> 旅滬西人，歲於春秋二季，有賽馬之舉。賽馬場在上海靜安寺路，形圓，廣可數里，分為數圈，中央細草如毡，為拍球之所，外圈為賽馬處。〔註117〕

比賽規制如下：

> 賽時或七八騎，或十餘騎，騎者各衣彩衣，勒馬立於場之西北隅黑柱下。鈴動馬發，循欄疾走，以先至黑柱處者為勝。如是者三日，例以星期一始，星期三終，休息二日，至星期六復賽。且有跳浜之舉。浜，累土為之，長丈許，高約三尺，以馬能躍過者為勝。西人視此舉甚重，賽日，海關、郵局午後均停辦公，勝負絕巨。華人雖不得與賽，而亦購其出售之彩票，即視馬之勝負以為買票之勝負。

〔註113〕詳見上海研究中心、上海人民出版社合編：《上海700年》，頁374。
〔註114〕詳見郭雙林、肖梅花：《中華賭博史》（北京：中國社會科學出版社，1995年），頁207～210。
〔註115〕詳見馬學新等主編：《上海文化源流辭典》（上海：上海社會科學院出版社，1992年），頁50。
〔註116〕詳見〈賽馬展期〉，《游戲報》第662號（1899年5月1日）。
〔註117〕詳見（清）徐珂編撰：《清稗類鈔》第10冊（北京：中華書局，1986年），頁4915。

　　至宣統末，江灣亦有萬國體育會之跑馬場，華人始得與焉。〔註118〕比賽前，各騎士身穿不同顏色的衣服立於起跑點上，循欄快走；複賽時難度較高，馬匹選手須跳過三尺高的土臺才算勝利，比賽規則與今日頗為相似。

　　在賽事開始前數日，跑馬場附近的茶樓就已預備著熱烈愉快的氣氛，家家張燈結綵、人人喜氣洋洋，〈萬人喝采〉這則新聞裡提到：

> 昨屆秋賽第一日，天氣晴爽，中外士女無不興高采烈。大馬路一帶茶樓，皆結綵懸燈，生意利市三倍。奇園一帶以及跑馬廳後等處高樓之上，遊人畢集，品茗以觀。此外，沿河濱小臺，人頭簇簇，不知恆河沙數，尚有馬車、東洋車及散步之客，萬目睽睽，然共注於跑馬場中。每至數馬跑過，如風之馳、如電之捲，童子輩皆拍手喝采，萬人同呼，不亦快哉。〔註119〕

人們興高采烈地準備前往賽事地點，無法入場的人也想方設法聚集在附近的高處，悠閒快意地喝茶觀賞。生意頭腦動得比較快的，已在緊鄰賽場的欄杆外頭搭起小平臺，上面放置長板凳供人入座。每人每場只需繳納四、五文至二、三十文不等的「看臺費」便可登台觀賽，索價十分低廉；不過因為臺主貪多不限人數，因此經常鬧出坍臺的慘事。〔註120〕上自王孫顯要，下至販夫走卒，無論閨閣繡女或青樓名妓，無一不神采飛揚地迎接著跑馬賽事，全城熱衷的程度可見一斑。〔註121〕

　　由於賽事十分激烈，不少人私下開盤聚賭。每遇春秋賽日，各種賽馬賭盤大開，從租界蔓延至泥城橋以東的地區，以至南京路都是，賭風十分猖獗。雖政府下令禁止，但有人為了豐厚的賭金不惜鋌而走險，甚至在洋場內花費六千大洋租下一間屋子，賭資之鉅額十分驚人。〔註122〕

　　當時引進了不少以馴服動物為演出主題的洋娛樂，中國雖然也有類似的雜技，不過馴服對象多半以體型較小、方便攜帶的猿猴類為主，大體型的馬、象、獅、虎等類，並不多見。「馬戲」是繼馬賽之後，另外一項很受歡迎的節

〔註118〕詳見（清）徐珂編撰：《清稗類鈔》第 10 冊（北京：中華書局，1986 年），頁 4915。

〔註119〕詳見〈萬人喝采〉，《游戲報》第 132 號（1897 年 11 月 2 日）。

〔註120〕詳見〈坍臺〉，《游戲報》第 133 號（1897 年 11 月 3 日）。

〔註121〕詳見〈滬濱秋賽序〉，出處同前註。

〔註122〕詳見周桂笙：〈二千金一日之租價〉，《新菴隨筆》，收入周桂笙撰譯，邵伯謙校訂：《新菴筆記》，卷 3，頁 6～7。

目。一般民眾也能參加，更大眾化、也更加親民。《清稗類鈔》記載了馬戲場地的規畫：

> 西人之至滬為馬戲者不常有，演時，大抵張廣幕為場，場形圓，中
> 央為奏技處，觀者環坐四周。場有奏樂處，鈴動樂作，演技者連翻
> 而出，騎術極精。初用常法騎馬，循場而走，繼而立於馬背，旋以
> 兩膝跪於馬背，且走且跳索，或令馬走方步。其始馬首尚有韁，未
> 幾，即盡去之。或一人立於場中，舉鞭為號，馬即如法作種種遊戲。
> 又能馴服獅虎及象等獸，驅使之，無異於驅馬。且能倒立，以手代
> 足而步行。或跨一輪，上十數層之階級，或上懸空之梯，或步行於
> 鐵絲之上，或以種種方法踏腳踏車。最妙者為翻棍，其身手之快，
> 直無異於飛鳥也。〔註123〕

馬、獅、虎、象等具備野性的動物竟能被人馴服而在場上表演，令人嘆為觀止；且表演者靈動如飛鳥的身軀，更是讓人大開眼界。人們對馬戲團深感好奇新鮮，即使天候不佳，尚且絡繹不絕地前驅觀賞，燈火之通明，使上海有如不夜之城：

> （俄羅斯馬戲）庚戌二月來滬濱，佈場於泥城橋畔。雖連日春雨
> 綿綿，雷電交作，而連袂往觀者，依然絡繹不絕。亦可想見其聲
> 價矣。余承主人之招，亦嘗冒雨一往。身臨其境，如入不夜之城。
> 〔註124〕

一九〇二年，馬戲團開始有劃位制度，座位分為頭等、二等、三等，每個等級價錢不同，頭等最高，每位洋三元；二等次之，每位洋二元；三等最廉，每位洋一元；另有四人包廂設計，但收費頗高，需洋十五元。〔註125〕

　　下面這則【馬戲開演廣告】非常有趣，掛上醒目的外國人頭像（參見圖5-12）

〔註123〕詳見（清）徐珂編撰：《清稗類鈔》第11冊（北京：中華書局，1986年），
　　　　頁5088。
〔註124〕詳見周桂笙：〈俄羅斯馬戲〉，《新菴隨筆》，收入周桂笙撰譯，邵伯謙校訂：
　　　　《新菴筆記》，卷3，頁21～22。
〔註125〕詳見【新到俄羅斯大馬戲廣告】，《游戲報》第1754號（1902年5月31
　　　　日）。

圖 5-12　馬戲開演

裡頭提到：

　　本班駿馬奇獸，均經教練純熟，曲解人意，馬能寫數，作鞦韆舞。

　　共有馬十七匹，都到過學堂。學業有成，給有憑據。驢能在繩上行

　　走，騎馬者能連跳數板，超躍而過。種種戲劇，新奇奪目。〔註126〕

可能因為競爭激烈的緣故，各馬戲團頻出新招，有站立於動物身上表演特技者，有馴服獅獸做諸類遊戲者，還有學算數、學跳舞的，甚至有空中飛人節目，著實是花招百出、新奇奪目。〔註127〕【華倫馬戲廣告】還推出與彩票結合的活動：

　　・華倫、白而司托馬戲到埠開演，迭登本報。近日班中復別開生面，

　　　前往觀劇者，每人各贈彩票一紙。假海利洋行開彩，第一可得金

　　　表一枚，小彩不計。本館聞之，亟錄報端，想好游諸君亦各爭先

　　　恐後於游目騁懷之外，得逞奪標手段也。〔註128〕

〔註126〕【馬戲開演廣告】，《游戲報》第 650 號（1899 年 4 月 19 日）。

〔註127〕詳見〈馬戲奇觀〉，《游戲報》第 639 號（1899 年 4 月 8 日）。

〔註128〕詳見〈馬戲奪標〉，《游戲報》第 657 號（1899 年 4 月 26 日）。

> ・自今晚起，每夜看客奉送每位彩票各一張。頭彩得金表一隻，二
> 彩得銀表一隻。值洋甚巨，保用六年。又於禮拜一大換新戲，加
> 豬狗貓新戲，與前大不相同。每夜送彩可得金銀表，禮拜三、六
> 下午開演，另送小孩玩耍各物。請早來觀，切勿失此機會。此佈。
> 〔註129〕

馬戲、彩票，兩種熱門項目結合在一起，一邊觀賞新奇的馬戲表演，一邊還
能小試手氣、博奕一番，就算沒有中獎，也因為彩票免費而不減玩興，更是
提高了觀眾的欣賞意願。

第五節　結　語

　　晚清時期，西方國家的的物質文化和休閒娛樂內容，隨同政治局勢的變
動而進入東方，這些新鮮事物，在在引起中國人強烈的好奇而積極參與，也
因此改變了傳統中國的娛樂文化內容。本章著眼於此，將《游戲報》中的西
式娛樂廣告分為「鴉片及其周邊商品」、「彩票」、「洋把戲」三節，藉由深入的
分析與討論，管見西式娛樂內容在近代中國的發展概況。

　　在「鴉片及其周邊商品」中，主要是欲透過整理《游戲報》上頭與鴉片
有關的商品廣告及廣告主的分析，側面理解近代中國的鴉片問題。在「晚清
上海之鴉片氾濫情形」裡，蒐羅了道光至宣統年間上海一地的地方府縣志
書，臚列其中描述鴉片流禍之記錄，可以看見鴉片在中國形成大規模流行
的狀況，還有吸食人口快速擴張的情形以及鴉片昂貴的價格。隨著吸食人
口的快速增加，一些社會問題也隨之產生，典當家產、妻兒等荒唐行徑開始
出現，因而清廷在光緒三十二年（1906）實施了鴉片漸禁政策，逐步縮減國
內鴉片的產量。接著在「《游戲報》廣告之鴉片及其周邊商品」裡，與鴉片
相關的商品可分為「戒煙藥物」和「煙土煙膏」兩種，這部分討論的重心在
商品製造的過程及廣告宣傳手法。市面上戒煙藥物名目和種類繁多，真正
能起到抵癮作用的，多半是摻雜了比例不一的鴉片煙灰或質地更精純的毒
品；這顯示當時極可能有以毒代毒的趨勢，且是業界公開的秘密，同時也成
為同業互相攻擊與建立自我品牌清譽的大好機會；藥物濫用的「成癮性」，
則是另一線值得把握的商機。廣告話術五花八門，有針對「無法戒除鴉片之

〔註129〕詳見【華倫馬戲廣告】，《游戲報》第 1047 號（1900 年 6 月 2 日）。

根本原因」提出合理而完整解釋者，有以八卦、五行之刑剋關係說明煙毒走向及其所以危害人體臟腑之緣由者，有的附語註明個人煙癮和所需藥量的相對比例，有的則進一步宣稱服藥後仍能繼續吸食鴉片而不受到煙癮的控制；競爭愈來愈激烈，因此廣告主們在商品成分、外型、包裝辨識度等基本要素之外，也開始注意起其他更關鍵的致勝細節。而在「煙土煙膏」部分，首先耙梳鴉片傳入中國並改稱為「洋藥」的歷程。鴉片在弛禁之後進口量大增，煙館也競相開張，當時報上天天都能見到販賣煙膏的廣告，有時也會刊登前一日的土膏行情供民眾比價。市面上販售的煙膏，依照產地來源及煙膏品質有更細緻的分類。整體說來，洋藥的品質大於土藥，課稅額度亦相對提高，許多店家為降低成本並提高獲益，會在製作過程中添加品質較劣的本國土藥。在吸引顧客方面亦各出奇招，有提供燈吃服務、有寬敞清潔的座椅和空間、有贈送清茶及月份牌的，還提供郵件函購的方式，方便外地顧客來函訂購；可謂服務多元、花樣翻新。在「鴉片廣告主的類型」裡，分梳了刊登鴉片廣告的廣告主，分別有藥房、煙膏店、茶樓和戲園。總的來說，這些廣告主多半擁有店面，而店鋪所在地則多是人來人往、頗有人氣之處。

　　在「彩票」一節，首先討論學界至今未有定論的「中國彩票的起源」，文中臚列了學界的幾種代表性說法；因本文以《游戲報》廣告為研究對象，因而接下來討論的「彩票發行制度」乃以光緒年間為主。談論「彩票發行制度」之前，不得不談論到「晚清義賑」的發起及其與彩票之間的關係，釐清了這個問題，才能理解光緒二十四年（1898）上海地區彩票的風行及其後的氾濫情況。

　　而在「洋把戲」一節中，討論重心在晚清時期上海地區常見的幾種西洋娛樂活動，欲由此觀察西方娛樂文化進入中國以後，上海居民的接受程度如何？本節依次討論了「焰火」、「西洋戲法、外國影戲」和「馬賽、馬戲」等娛樂節目。這些西方娛樂多以「新」、「奇」、「炫」、「幻」為噱頭，以異國文化、民俗風情和馴服動物為賣點，有時也加入博奕遊戲，如賽馬賭局之類，用以增加消費者的樂趣和期待心理，馬戲亦與彩票結合，更是提高了觀眾的觀賞意願。

　　本章的討論重點，聚焦於《游戲報》的西式娛樂活動訊息。在閱讀文本的過程中，發現若干受歡迎的娛樂活動皆帶有濃厚的西方色彩，而在廣告內容的豐富程度與新聞報導的多寡上看，西式娛樂所受到的關注都遠超過傳統

中國的娛樂活動。因此擬定專章，綜合上述各節之討論成果，以此照見西方娛樂文化在傳統中國的發展狀況。

　　這些迥異於此前的文化經驗進入人們的日常生活，與舊有的娛樂習慣並存，為人們提供更豐富多元的娛樂選項。休閒娛樂內容的多樣化，顯示「傳統」與「現代」雖各自指涉不同的意涵，實際上卻並非截然對立的兩大範疇，二者在各自變化中相互融合或進行文化上的篩選；有些娛樂留下，有些則隨時間自然淘汰。〔註130〕「傳統」與「現代」實則在相互融涉之下，形塑出更豐富的城市娛樂文化內涵。

〔註130〕參見張寧：〈樓嘉軍，《上海城市娛樂研究（1930～1939）》〉（書評），《中央研究院近代史研究所集刊》第 66 期（2009 年 12 月），頁 219～223。

第六章　結論：《游戲報》廣告的
物質文化意涵

　　《游戲報》是晚清時期的第一份小報，作為一個與大報性質截然不同的文化載體，它不僅是外在的報刊形式，或內在的辦報精神、文章風格與廣告內容，在在都與大報有著清楚區別。本論文以《游戲報》廣告為研究對象，試圖透過對廣告內容的分析和討論，觀察晚清城市的物質與生活風貌。全文共分六章，緒論部分闡述本論文的題旨與意涵，並梳理前人研究成果以確立方法取徑與撰寫次第的書寫可能；在「認識《游戲報》」中，試圖建立對《游戲報》與《游戲報》廣告的基礎認知，分為「《游戲報》的發行」和「《游戲報》的廣告」二部份，首先討論創辦人、辦報目的、版式與內容、報紙售價、銷售網絡與銷售量，和報館營運問題，勾勒與《游戲報》發行有關之內外因緣，接著探討《游戲報》廣告的內涵，包括「廣告涵括的面向」、「廣告主」與「讀者」，透過這些討論釐清《游戲報》廣告對日常生活的涉入程度，及廣告主和讀者為何；繼而將《游戲報》廣告分為「器械類」、「醫藥保健類」、「西式娛樂類」三大類別，以專章進行討論，並結合時人詩文雜著與新聞時事報導等資料，期望藉由分析廣告中的物質，一窺晚清上海的城市生活內容。茲將所得研究結果歸結如下：

一、小報的基礎認知與廣告內涵

　　《游戲報》在近五年內，才開始得到較多的關注和探索，本論文即欲在進入正文的論述之前，有系統地形塑該報的概略樣貌與廣告內涵。

　　首先根據報主年譜與相關研究資料的爬梳，建構起報主李伯元的生平梗概，並透過〈論游戲報之本意〉與〈論本報之不合時宜〉二文，釐清他最初的辦報目的，在於藉此喚醒愚痴，更希望以諷刺筆墨描繪炎涼世態與狡獪人心等黑暗世情，達到警醒、照見的作用。除此，經由李伯元經營報館事務的態度以及籌辦多次妓女花榜評選來看，發現他不僅積極改善報館設備，也能立即回應讀者的需求，而令全城為之瘋狂的花榜活動，則能看出他在商場上的敏銳嗅覺；〔註1〕諸此能力與天賦，均隱含成為其背後之商業性動機，而此亦應視為辦報目的之一。在版式與內容方面，《游戲報》在外觀上呈現長、寬皆為二十七公分的正四方形，報紙張數從初期二張、四張，到後來固定每日發行六大張；發行初期並沒有規劃明確的欄目名稱，不過編排上仍有其次序：首列一文，其次接續時事軼文八則，再次為廣告刊登區塊；一九○五年六月，欄目的編列始有不同：報紙首張刊登廣告數則，隨後分別設置了【論說】、【雜記】、【打油詩】、【短篇小說】、【時事偶談】、【海上看花記】、【吳儂軟語】、【海上顧曲記】、【莊諧新誌】、【游戲新誌】、【新小說】等欄位，這時期加入更多詩文、小說等文學作品的刊登，而此變化透露出《游戲報》轉型為文藝小報的趨向。接著以《游戲報》一八九七年至一九○八年間報上刊印的金額討論其「價格、銷售網絡與銷售量」，以之說明該報十餘年間單張報紙售價的變化情形、刊登廣告的收費標準與其他地區訂報的方式與價目；然後將刊頭「各地售報處」所列之售報據點一一登錄並製成圖表，得知最遲至一八九八年，《游戲報》的銷售範圍便已遍及中國各省，甚至遠達日本，而依〈游戲主人擬舉行遴芳會議〉一文與內藤湖南在中國遊歷時所作的紀錄，顯示該報曾有萬份以上的銷售量，據此概見其頗為風行之情狀。最後在「《游戲報》草創時的資金狀況與後期營運問題」部份，歸結項士元《浙江新聞史》之記載和李伯元刊登贈閱廣告時的自稱，推論《游戲報》可能有多方合資的情形，而李伯元在《游戲報》售出前，便已將報館一切事務交由助手歐陽鉅源代理。

　　其次，本論文以《游戲報》廣告為題，究竟「廣告」在報刊裡扮演的角色及重要性如何？該報廣告群體涉及了生活中的哪些面向？廣告中的眾多商

〔註1〕　《游戲報》花榜活動有口皆碑，評林讚譽為「自上海有報紙以來，由報館所
　　　　舉辦的最成功的社會活動」，詳見范伯群：《中國現代通俗文學史（插圖本）》
　　　　（北京：北京大學出版社，2007年），頁60。

品，與人們的日常生活產生什麼聯繫？再者，當時是哪些人願意花錢登廣告？又可能有哪些讀者？此處以《游戲報》廣告文本為據，深入探察上述的提問並獲得若干結果，分別論述如下。

考察《游戲報》十餘年間的「告白刊例」得知，刊登廣告之收費金額乃依廣告位置不同而有價差；以報紙篇首之社論文章為基準，若欲刊登在該文之前，則廣告主須付較平常高兩倍的金額，各類廣告及告白和啟事文字因此多集中在報紙的後半部份。《游戲報》創辦初期，每日僅有廣告四至五則不等，此時廣告約佔整份報紙總面積25％，後來廣告所佔比例逐漸增為50％，到一八九八年九月，已佔有整份報紙的三分之二篇幅；廣告比例的日漸增加，足見其乃維繫報館營運之重要經濟來源。在廣告形式發展方面，初期的表達方式和外觀皆仍屬幼稚狀態，詞語使用得比較簡省，經常僅以幾個字或一行長句來表達，對商品的項目、功能、優點等詳細資訊皆語焉不詳；這種廣告以訊息通知為目的，在番菜館、中餐廳、布料行等廣告中較常見到，有時銀行、商號等機構開張告白，或輪船出航通知等啟事類文字也會使用。相較之下，由西方傳入、或受其影響而出現的營利項目，如洋行、藥房、診間等機構，或觀西洋影戲、遊園賞花等娛樂活動，就有很多情緒豐富的感性文字和口語說明，無論商品種類、性能、價錢、操作方式，或活動的賣點、舉辦場所、確切時間、付費與否以及票價等資訊，都有詳細的敘述。後來廣告形式漸趨成熟，二十世紀初期廣告主已經很會使用吸引人的主題標語，並結合充分明確的文字敘述和畫面清晰的商品圖片，營造出內容豐富、形式活潑的廣告風貌。

隨後將《游戲報》各類廣告置入食、衣、住、行、育、樂六大類目裡頭觀察，結果發現，廣告涵蓋的層面不僅囊括此六大類目，連無法歸入的醫藥與卜筮諸類廣告亦為數眾多。此外值得注意的是，將《游戲報》與同時期的其他報刊仔細比對可知，該報廣告有與時事新聞結合的「互文性」，這個獨特的性質在《游戲報》上經常能夠見到、但卻是其他報刊所不具有的。在「廣告主」方面，透過廣告內容來記錄廣告主的名稱、國別、機構經營類型、產品種類等訊息，整理得出《游戲報》廣告主約有五類：（一）經理洋務／洋物的機構、（二）西式娛樂事業主、（三）傳統產業主、（四）醫藥事業主、（五）文化教育事業主，其中有中式機構，也有西式機構，有新興的事業體，亦有傳統產業；這個結果，顯見該報廣告具備了多元複雜的兼容特性，同時

也呈現出報刊上中西文化並存的局面，最後在「讀者」這部份，則依《游戲報》諸文與廣告內容考察該報之讀者群體。

二、新式器物的迷戀

晚清時期經由遠洋貨船輸入許多新式物件，有器皿、飾物、傢俱、擺設，乃至裁縫機、煤油爐等各種構造機具，這些時髦品項，在在引起人們熱烈的關注與喜愛，癡醉風靡的程度近乎迷戀。本論文第三章著眼於此現象，以物質文化的角度出發，依《游戲報》器械類廣告的物件性質，分為「居家用品」、「時髦奇器」與「交通工具」三個單元展開論述。

在「居家用品」中，經由對廣告文本的閱讀與整理，發現其中出現不少西式家居物件，也有若干運用科學技術製作的新奇發明，如能自動燒茶煮飯的機器、無煙煤油火爐和鐵製裁縫機等等，這些新式器物，是西方文明的具體展現，為人們的日常生活提供了諸多便利；而其中，以「照明」影響最大。晚清新式照明的引進，不但使上海成為即使在夜裡也能光亮如晝的不夜之城，更開拓人們的活動範圍並延長作息時間，此舉帶動了城市裡娛樂事業的發展，亦促使娛樂選項的多元化。在「時髦奇器」中，專門探討「不具生活必需性」的新奇器械，這些物件的裝飾、賞玩性質相對凸出，屬於消遣娛樂一類，人們趨之若鶩，許多婦女甚至養成出門必定攜帶新式物品的習慣，「盡力披掛新奇物品」在當時蔚為風尚。一八七六年上海銷售西洋器物的店鋪已多達百家，而在十九世紀晚期，若干商號則已發展出「言無二價」的商業規範，這種種發展皆顯示了人們對洋貨的歡迎與熱衷，以及西洋奇器將在上海形成流行的必然結果。而在「交通工具」中，關注的層面延伸至人們對「行」的需求；梳理廣告後發現，當時的新式交通工具大多成為上層階級或富有人家炫燿的資產，人們乘坐其上招搖過市，不僅觀看行人街景，也讓自己成為被觀看的對象。

晚清時期在中國流通的各種新式器械，無疑是現代性的絕佳展現，不僅為人們開啟了新的視野，也改變原有的生活方式和內容，並豐富了中國的城市風貌。琳瑯滿目的新樣奇貨令人們癡迷不已，趨新追奇之風延續不輟，透過一連串的討論可知，此中亦隱含著人們對身分、地位的認同與展示。〔註2〕

〔註2〕有關消費迷戀的討論，可參見陳儀芬：〈消費「迷」相與三個希臘神話〉，《中外文學》第31卷第4期（2002年9月），頁39～53；邵毓娟：〈跨國文化／

倘若未來能再就報刊廣告或新聞時事報導做更細密的查閱與解讀，並結合地方志書與時人詩文筆記等文獻紀錄，或許能更深入地探討此一消費現象背後所蘊含之「大眾」、「文化」、「消費」等相關議題。

三、身體的養護與妝飾

本論文第四章，試圖透過與生活息息相關的醫藥保健類廣告，以專題處理的方式解析這類廣告文本，循此探析晚清時期滬城居民的醫藥需求、妝飾用物與養護慣習等議題，希冀從中發現一個能藉以理解晚清社會生活的憑依。

該章次的討論重點有二：在「醫藥項目」中，藉由梳理醫藥類廣告，觀察人們對醫藥的需求何在，透過進一步的觀察則發現，當時人們對不明原因的疾病，有將其與鬼神相連屬的習慣，因此能接受如今看來並不科學的治療方式。在「保健項目」中，將各類廣告依其關注重心細分為「營養補給」、「美妝」和「個人衛生」三點，在「營養補給」的部分，分析結果顯示人們對營養補給的需求為：食飲增加、精氣血與腦力的補充，關注重點圍繞在「性、腦、血」三方面；而「美妝」與「個人衛生」二點的研究結果，則透露人們對身體的保養慣習，已從內在的營養補充延續到身體外觀的妝飾與美化，進而將公共環境清潔與個人衛生二者連繫起來。此外，研究過程發現《游戲報》上出現了許多專為女性設計的商品廣告，如婦科、產科及美妝保養；以往賣予女性的商品或服務多半附屬在男性用品當中，這個特殊現象顯示社會中出現了女性的消費群體，因而帶動此類商品的大量上市，它不僅意味著女性消費能力的增高，也隱含了婦女地位的變化。從「尊生」與「養護」的觀點來看，《游戲報》醫藥保健類廣告關注的主題，無非是疾病之治癒、臟腑的調攝、外觀美化與保養，以及衛生健康之維護，實際上圍繞在「物」、「疾病療治」與「身體妝飾和美化」三者之間，雖不若明人崇尚「尊生」那般尊養俗世的生命，卻仍隱約地呈顯出「以（藥）物構築養生環境」的維護意念。〔註3〕

商品現形記：從「村上春樹」與「哈日族」談商品戀物與主體救贖〉，《中外文學》第29卷第7期（2000年12月），頁41～65。

〔註3〕此論點得益於毛文芳二文之啟發：〈養護與裝飾──晚明文人對俗世生命的美感經營〉，《漢學研究》第15卷第2期（1997年12月），頁109～143；〈尊生與審美──晚明美學之兩大課題〉，收入氏著：《晚明閒賞美學》（臺北：臺灣

四、娛樂新視界

本論文的第五章,嘗試探索《游戲報》中的西式娛樂類廣告,這類廣告包含各種消遣與娛樂活動訊息,分別以「鴉片」、「彩票」和「洋把戲」三個主題進行論述。在「鴉片」中,首先以地方志書的記載說明晚清鴉片氾濫的史實,後以《游戲報》廣告中大量的鴉片及週邊產品予以佐證,其中對戒煙藥物廣告的研究,顯示當時有「以毒代毒」的趨勢,這無疑助長鴉片的肆虐,從而幫助了鴉片商品項目與店家提供之優惠方案的推陳出新;隨後分析鴉片廣告主的類型,得知這些廣告主大多擁有店面,且店址多位於人潮眾多的熱鬧地段。在「彩票」中,首先針對「中國彩票的起源」臚列立說各異的兩派立場,並依晚清彩票的形式予以辯證;其次討論義賑活動與彩票產生關聯的過程,以此為光緒年間彩票風行的背景描述,接著以《游戲報》彩票廣告為例,觀察彩票機構的開設與經營情形,並分析彩票之發行制度與遊戲規則,最後回顧民國初年的禁彩運動;整體的討論,旨在呈現晚清彩票的興衰歷程。在「洋把戲」中,主要採取廣告文本內容分析的方式考察幾項受歡迎的西式娛樂活動,它們各自在廣告中如何呈現、如何宣傳,並結合《游戲報》時事與新聞報導,觀看人們參與這些活動的實際情況。經由以上三個主題的觀察與討論,發現迥異於傳統經驗的西式娛樂內容,大多在很短時間內就為人們所接受,而原有的傳統娛樂習慣仍繼續留存,並未因此而被取代;由此可見,「傳統」與「現代」實際上並非截然對立的兩大範疇,晚清時期西式娛樂內容的加入,實際上不僅為人開啟了新的娛樂視野,同時亦形塑更多元豐富的城市娛樂文化內涵。

五、餘 論

本論文以晚清時期上海第一份小報——《游戲報》的廣告文本為研究對象,除了獲致上述諸項研究結果,尚有以下幾點重要發現:

於晚清時期輸入的西方文化,雖有若干部分被接受了,但倘若將歷史的鏡頭拉遠,卻看見當時人們表現更多的態度是抗拒。這固然是基於中西文化本身的差異以及政治方面的因素,然而,更是因為晚清時期西方的器物、制度和文化大量輸入,受到影響的對象由士大夫階級擴散至平民百姓,範圍是未曾有過的既大且廣;換言之,西方文化實因大量而直面的與中國固有文化

學生書局,2000 年),頁 177～199。

接觸，才形成衝擊感並因此萌發抵抗意識。晚清時期人們對西方文明的接受程度，大抵來說是「有形的層面」優於「無形的層面」，與無形的制度面或生活習慣相比，人們在物質方面的接受程度更大、排斥表現較少，諸如煤氣、電燈、馬車、自行車、照相機等實質器物，或性病、牙科、眼科等醫療資源和療癒藥品，或焰火、影戲等休閒娛樂活動，一旦透過這些具體的西方文明而得到便利、舒適或愉悅感覺，就能因為認同它們的功能而表示歡迎和接納；人們面臨西方物質到來所展現的心態轉變，即如唐振常所言：「初則驚，繼則異，再繼則羨，後繼則效」〔註4〕。

其次，王德威曾以〈沒有晚清，何來五四？——被壓抑的現代性〉一文，提廓對中國現代性追求的起始，實乃肇端於晚清，該文試圖重審晚清時期的定位，挖掘期間的現代性線索；〔註5〕而本論文透過基礎文獻整理的工作以及正文各章一連串的討論結果，正可說明中國現代性的探索時間點，應可溯及至晚清時期。

《游戲報》乃中國第一份小報，裡頭刊載了各式各樣的商品廣告，凡與西方科技有關者，無論新式器械、醫藥保健用品或娛樂內容，廣告中多有較豐富的說明和介紹，而報館亦會針對相關活動做出若干持續性的後續追蹤報導，但若商品性質較趨向中國本土、傳統的用物，如衣料、飯館等，其廣告則經常只有標題或簡要的字句描述；《游戲報》報館與廣告主們，在有意無意之間，試圖將人們的目光集中到由西方引進的新式物質上頭。這些廣告雖然挾帶著微弱的訊息，卻處處閃現了現代性的光芒，因此，可以說《游戲報》廣告就是晚清時期現代性的風向球，而其中有關新物質的廣告和記述，則映現了現代性的一個切面。

〔註4〕 詳見唐振常：〈市民意識與上海社會〉，收入汪暉、余國良編：《上海：城市、社會與文化》（香港：中文大學出版社，1998 年），頁 93～94。

〔註5〕 詳見王德威：〈沒有晚清，何來五四？——被壓抑的現代性〉，收入氏著：《如何現代，怎樣文學？：十九、二十世紀中文小說新論》，二版（臺北：麥田，城邦文化出版，2007 年），頁 23～42。

參考書目

一、報　紙

（依刊名首字筆劃排序）

1. 《申報》（1872～1939），上海：申報社，（南投）暨南大學館藏微縮資料。

2. 《游戲報》（1897～1908），上海：游戲報館，（嘉義）中正大學館藏微縮資料。

3. 《月月小說》復刻版（1906～1908），臺北：文海出版社，1979 年。

二、古　籍

（依 1. 年代　2. 作者姓氏筆畫　3. 出版年排序）

1. （明）徐伯齡：《蟬精雋》，收入《景印文淵閣四庫叢書》第 867 冊，臺北：臺灣商務，1983 年。

2. （明）李時珍：《本草綱目》，收入《景印文淵閣四庫叢書》第 773 冊，臺北：臺灣商務，1983 年。

3. （清）王韜：《漫遊隨錄》，北京：社會科學文獻出版社，2007 年。

4. （清）王韜：《瀛壖雜志》，收入《筆記小說大觀》第 28 編（臺北：新興書局，1988 年。

5. （清）李圭：《鴉片事略》，《近代中國史料叢刊三編》（臺北：文海出版社，1990 年）第 61 輯，603-4-5 冊。

6. （清）李寶嘉：《官場現形記》，收入《晚清小說大系》，臺北：廣雅出版

有限公司，1984 年。

7. （清）林則徐：《信及錄》，《中國史學叢書續編》（臺北：臺灣學生書局，1973 年），第 24 冊。

8. （清）俞正燮：《癸巳類稿》，臺北：藝文印書館，出版年不詳，《百部叢書集成三編》影印《安徽叢書》本。

9. （清）宣鼎：《夜雨秋燈錄》，濟南：齊魯書社，2004 年。

10. （清）徐珂編撰：《清稗類鈔》第 1 冊，北京：中華書局，1984 年。

11. （清）徐珂編撰：《清稗類鈔》第 8～13 冊，北京：中華書局，1986 年。

12. （清）葛元煦：《上海繁昌記》，收入沈雲龍主編：《近代中國史料叢刊三編》第 42 輯（臺北：文海出版社，1988 年）。

13. （清）魏源：《夷艘入寇記》，《近代中國史料叢刊三編》（臺北：文海出版社，1990 年）第 61 輯，603-4-5 冊。

三、方　志

（依 1. 年代　2. 編著者姓氏筆畫　3. 出版年排序）

1. （清）金福曾等修，張文虎等纂：《南匯縣志》，收入《中國方志叢書》，臺北：成文出版社，1970 年。

2. （清）金惟龢纂：《盤龍鎮志》，收入《中國地方志集成·鄉鎮志專輯》第 2 冊，上海：上海書店，1992 年影印上海圖書館藏傳抄本。

3. （清）梁蒲貴等修，朱延射等纂：《寶山縣志》，收入《中國方志叢書》，臺北：成文出版社，1983 年。

4. （清）博潤等修，姚光發等纂：《松江府續志》，收入《中國方志叢書》，臺北：成文出版社，1974 年。

5. （清）潘履祥等纂，王樹棻修：《羅店鎮志》，收入《中國地方志集成·鄉鎮志專輯》第 4 冊，上海：上海書店，1992 年影印（清）光緒十五年〔1889〕鉛印本。

6. 姚裕廉、范炳垣纂修：《重輯張堰志》，收入《中國地方志集成·鄉鎮志專輯》第 2 冊，上海：上海書店，1992 年影印金山姚氏松韻草堂鉛印本。

7. 張允高、錢淦、吳葭、王鍾琦等纂修：《寶山縣續志》，收入《中國方志

叢書》，臺北：成文出版社，1975 年。

8. 張仁靜修，錢崇威纂，金詠榴續纂：《青浦縣續志》，收入《中國方志叢書》，臺北：成文出版社，1975 年。

四、近人專書

（依編著者 1. 中文首字筆畫、西文字母順序　2. 出版年排序）

1. 上海市醫藥公司編：《上海近代西藥行業史》，上海：上海社會科學院，1988 年。

2. 上海研究中心、上海人民出版社編：《上海 700 年》，上海：上海人民出版社，1991 年。

3. 上海市政協文史資料委員會編：《上海文史資料存稿匯編》，上海：上海古籍出版社，2001 年。

4. 上海市檔案館編：《上海檔案史料研究》第三輯，上海：上海三聯書店，2007 年。

5. 中華文化復興運動推行委員會主編：《中國近代現代史論集》，臺北：臺灣商務，1986 年。

6. 中國人民政治協商會議上海市委員會文史資料工作委員會編：《舊上海的外商與買辦》，上海：上海人民出版社，1987 年。

7. 中共上海市盧灣區委黨史研究室編寫：《老話上海法租界》，上海：上海人民出版社，1994 年。

8. 《中國近代史資料叢刊》編委會編：《洋務運動》（上海：上海書店出版社，2000 年），第 8 冊。

9. 戈公振：《中國報學史》，北京：生活・讀書・新知三聯書店，1955 年。

10. 方漢奇：《中國近代報刊史》，太原：山西教育出版社，1981 年。

11. 方平：《晚清上海的公共領域（1895～1911）》，上海：上海人民出版社，2007 年。

12. 王書奴：《中國娼妓史》，上海：三聯書店，1988 年。

13. 王儒年：《欲望的想像：1920～1930 年代《申報》廣告的文化史研究》，上海：上海人民出版社，2007 年。

14. 王德威：《如何現代，怎樣文學？：十九、二十世紀中文小說新論》，二版，臺北：麥田，城邦文化出版，2007年。

15. 毛文芳：《晚明閒賞美學》，臺北：臺灣學生書局，2000年。

16. 內藤湖南著，吳衛峰譯：《燕山楚水》，北京：中華書局，2007年。

17. 包天笑：《釧影樓回憶錄》，收入沈雲龍主編：《近代中國史料叢刊續編》第5輯（臺北：文海出版社，1974年）。

18. 朱傳譽：《中國新聞事業研究論集》，臺北：臺灣商務印書館，1988年。

19. 朱滸：《地方性流動及其超越：晚清義賑與近代中國的新陳代謝》，北京：中國人民大學出版社，2006年。

20. 池志徵：《滬遊夢影》，上海：上海古籍出版社，1989年。

21. 《老月份牌廣告畫》，《漢聲雜誌》第61、62期（臺北：漢聲雜誌社，1994年1、2月）。

22. 《百年煙痕：鴉片煙具遺珍》，臺北：史博館，2004年。

23. 岑德彰編：《上海租界略史》，收入沈雲龍主編：《近代中國史料叢刊》第64輯，臺北：文海出版社，1971年。

24. 杜雲之：《中國電影史》，臺北：臺灣商務印書館，1986年三版。

25. 佚名：《一位美國人嫁與一位中國人的自述》，收入張玉法、張瑞德主編：《中國現代自傳叢書·第4輯》（臺北：龍文出版社，1994年）。

26. 李長莉：《晚清上海社會的變遷——生活與倫理的近代化》，天津：天津人民出版社，2002年。

27. 李仁淵：《晚清的新式傳播媒體與知識份子：以報刊出版為中心的討論》，臺北：稻鄉出版社，2005年。

28. 李楠：《晚清、民國時期上海小報研究——一種綜合的文化、文學考察》，北京：人民文學出版社，2005年。

29. 李孝悌編：《昨日到城市：近世中國的逸樂與宗教》，臺北：聯經出版公司，2008年。

30. 李歐梵：《上海摩登：一種新都市文化在中國（1930～1945)(修訂版)》，北京：人民文學出版社，2010年。

31. 余新忠：《清代江南的瘟疫與社會：一項醫療社會史的研究》，北京：中國人民大學出版社，2003 年。

32. 余新忠等著：《瘟疫下的社會拯救——中國近世重大疫情與社會反應研究》，北京：中國書局，2004 年。

33. 余鳳高編著：《瘟疫的文化史》，香港：中華書局，2004 年。

34. 巫仁恕：《奢侈的女人：明清時期江南的消費文化》，臺北：三民書局，2005 年。

35. 巫仁恕：《品味奢華：晚明的消費社會與士大夫》，臺北：中央研究院·聯經出版公司，2007 年。

36. 何伯英著，張關林譯：《影像中國——早期西方攝影與明信片》，香港：三聯書店，2008 年。

37. 呂文翠：《海上傾城：上海文學與文化的轉異，一八四九～一九〇八》，臺北：麥田出版，2009 年。

38. 周桂笙撰譯，邵伯謙校訂：《新菴筆記》，上海：古今圖書局，1914 年。

39. 周寧：《鴉片帝國》，北京：學苑出版社，2004 年。

40. （清）吳友如繪，孫繼林編：《晚清社會風俗百圖》，上海：學林出版社，1996 年。

41. （清）吳友如等著：《新版清末浮世繪：《點石齋畫報》精選集》，臺北：遠流出版，2008 年。

42. 孟兆臣：《中國近代小報史》，北京：社會科學文獻出版社，2005 年。

43. 孟悅、羅鋼主編：《物質文化讀本》，北京：北京大學出版社，2008 年。

44. 洪敏麟主編，程大學、許錫專編譯：《日據初期之鴉片政策》，臺中：臺灣省文獻委員會，1978 年。

45. 洪煜：《近代上海小報與市民文化研究（1897～1937）》，上海：上海書店出版社，2007 年。

46. 胡樸安編：《中華風俗志》，上海：上海文藝出版社，1988 年影印本。

47. 范伯群：《中國現代通俗文學史（插圖本）》，北京：北京大學出版社，2007 年。

48. 孫玉聲：《退醒廬筆記》，收入沈雲龍主編：《近代中國史料叢刊》第 80 輯（臺北：文海出版社，1972 年）。

49. 孫燕京：《晚清社會風尚研究》，北京：中國人民大學出版社，2002 年。

50. 徐公肅：《上海公共租界史稿》，上海：上海人民出版社，1980 年。

51. 徐雪筠等譯編，張仲禮校訂：《上海近代社會經濟發展概況》（1882～1931），上海：上海社會科學院出版社，1985 年。

52. 徐松榮：《維新派與近代報刊》，太原：山西古籍出版社，1998 年。

53. 唐振常主編：《上海史》，上海：上海人民出版社，1989 年。

54. 唐振常主編：《近代上海繁華錄》，臺北：臺灣商務，1993 年。

55. 馬學新等主編：《上海文化源流辭典》，上海：上海社會科學院出版社，1992 年。

56. 馬模貞：《毒品在中國》，臺北：克寧出版社，1994 年。

57. 馬光仁：《上海新聞史》，上海：復旦大學出版社，1996 年。

58. 秦紹德：《上海近代報刊史論》，上海：復旦大學出版社，1993 年。

59. 紹溪：《十九世紀美國對華鴉片侵略》，北京：生活·讀書·知識三聯書店，1952 年。

60. 陳邦賢：《中國醫學史》，臺北：廣文書局，1979 年。

61. 陳無我：《老上海三十年見聞錄》，上海：上海書店，1997 年。

62. 陳平原主講，梅家玲編訂：《晚清文學教室：從北大到台大》，臺北：麥田出版，2005 年。

63. 張仲禮主編：《近代上海城市研究》，上海：上海人民出版社，1990 年。

64. 張偉：《滬瀆舊影》，上海：上海辭書出版社，2002 年。

65. 婁承浩、薛順生編著：《消逝的上海老建築》，上海：同濟大學出版社，2002 年。

66. 梁元生：《晚清上海：一個城市的歷史記憶》，香港：香港中文大學出版社，2009 年。

67. 項士元：《浙江新聞史》，杭州：之江日報社，1930 年。

68. 程麗紅：《清代報人研究》，北京：社會科學文獻出版社，2008 年。

69. 楊光輝：《中國近代報刊發展概況》，北京：新華出版社，1986 年。

70. 楊聯陞著，彭剛、程鋼譯：《中國制度史研究》，南京：江蘇人民出版社，1998 年。

71. 楊聯芬：《晚清至五四：中國文學現代性的發生》，北京：北京大學出版社，2003 年。

72. 賈樹枚主編：《上海新聞志》，上海：上海社會科學院出版社，2000 年。

73. 熊月之：《上海通史》，上海：上海人民出版社，1999 年。

74. 劉增合：《鴉片稅收與清末新政》，北京：生活·讀書·知識三聯書店，2005 年。

75. 劉典嚴：《廣告學》，臺中：滄海書局，2008 年。

76. 鄭逸梅：《逸梅小品》，上海：中孚書局，1934 年。

77. 鄭逸梅：《逸梅小品續集》，上海：中孚書局，1934 年。

78. 鄭逸梅：《人物品藻錄》，上海：日新出版社，1946 年。

79. 鄧雲特：《中國救荒史》，北京：商務印書館出版，1998 年 2 刷。

80. 魯迅：《中國小說史略》，臺北：五南圖書，2009 年。

81. 樓嘉軍：《上海城市娛樂研究》，上海：文匯出版社，2008 年。

82. 盧漢超著，段煉、吳敏、子羽譯：《霓虹燈外——20 世紀初日常生活中的上海》，上海：上海古籍出版社，2004 年。

83. 樽本照雄著，陳薇監譯：《清末小說研究集稿》，濟南：齊魯書社，2006 年。

84. 薛正興主編：《李伯元全集》，南京：江蘇古籍出版社，1997 年。

85. 蔡豐明：《上海都市民俗》，上海：學林出版社，2001 年。

86. 戴寶村：《樟腦、鴉片與專賣制度產業文化展示資料調查》，臺北：臺灣博物館，2009 年。

87. 魏紹昌編：《李伯元研究資料》，上海：上海古籍出版社，1980 年。

88. 魏紹昌編：《晚清四大小說家》，臺北：臺灣商務印書館，1993 年。

89. 譚其驤主編：《簡明中國歷史地圖集》，北京：中國地圖出版社，1991 年。

90. 顧炳權編：《上海風俗古蹟考》，上海：華東師範大學出版社，1993 年。

91. 顧炳權編：《上海洋場竹枝詞》，上海：上海書店，1996年。

92. 酈蘇元、胡菊彬：《中國無聲電影史》，北京：中國電影出版社，1996年。

93. 蘇智良：《中國毒品史》，上海：上海人民出版社，1997年。

94. 龔纓晏：《鴉片的傳播與對華鴉片貿易》，北京：東方出版社，1999年。

95. Booth，Martin 馬丁·布思：《鴉片史》，海口：海南出版社，1999年。

96. Barbara Hodgson 芭芭拉·霍奇森著，邱文寶譯：《鴉片：黑色迷霧中的極樂天堂》，臺北：三言社出版，2005年。

97. Gall Hershatter 賀蕭著；韓敏中，盛寧譯：《危險的逸樂：二十世紀上海的娼妓與現代性》，臺北：時英出版社，2005年。

98. Christian Henriot 安克強著；袁燮銘，夏俊霞譯：《上海妓女——19—20世紀中國的賣淫與性》，上海：上海古籍出版社，2004年。

99. Jean Baudrillard 尚·布希亞著，林志明譯：《物體系》，臺北：時報文化出版公司，1997年。

100. Markman Ellis 馬克曼·艾利斯著，孟麗譯：《咖啡館的文化史》，桂林：廣西師範大學出版社，2007年。

101. Roy Moxham 羅伊·莫克塞姆著，畢小青譯：《茶：嗜好、開拓與帝國》，北京：生活·讀書·新知三聯書店，2010年。

102. Sidney W. Mintz 西敏司著，朱健剛、王超譯：《甜與權力——糖在近代歷史上的地位》，北京：商務印書館，2010年。

103. Nicolas Tanco Armero 唐可·阿爾梅洛著，鄭柯軍譯：《穿過鴉片的硝煙》，北京：北京圖書館，2006年。

104. Tim Dant 著，龔永慧譯：《物質文化》，臺北：書林出版，2009年。

105. Timothy Brook 卜正民著，黃中憲譯：《維梅爾的帽子：從一幅畫看十七世紀全球貿易》，臺北：遠流出版，2009年。

五、單篇論文

（依 1. 作者中文姓氏筆畫、西文字母順序　2. 出版日期排序）

1. 又太：〈譴責小說與清末上海文藝小報〉，《縱橫》2003年第1期，頁36～37。

2. 毛文芳:〈養護與裝飾——晚明文人對俗世生命的美感經營〉,《漢學研究》第 15 卷第 2 期(1997 年 12 月),頁 109~143。

3. 毛文芳:〈《三六九小報》報的書寫視界〉,《中央研究院近代史研究集刊》第 46 期(2004 年 12 月),頁 159~222。

4. 王鴻泰:〈美感空間的經營——明、清間的城市園林與文人文化〉,收入《東亞近代思想與社會:李永熾教授六秩華誕祝壽論文集》(臺北:月旦出版社,1999 年),頁 127~186。

5. 王鴻泰:〈從消費的空間到空間的消費——明清城市中的酒樓與茶館〉,《新史學》11 卷 3 期(2000 年 9 月),頁 1~48。

6. 王鴻泰:〈商業社會中的城市生活與公眾場域〉,收入甘懷真主編:《文明對話下的中國性與歐洲性》(桃園:中央大學,2005 年),頁 230~259。

7. 王鴻泰:〈雅俗的辨證——明代賞玩文化的流行與士商關係的交錯〉,《新史學》17 卷 4 期(2006 年 12 月),頁 73~143。

8. 王鴻泰:〈世俗空間與大眾廣場:明清城市中的寺廟空間與公眾生活〉,《明代研究》第 10 期(2007 年 12 月),頁 71~103。

9. 王鴻泰:〈明清的資訊傳播、社會想像與公眾社會〉,《明代研究》第 12 期(2009 年 6 月),頁 41~92。

10. 王學鈞:〈李伯元與白雲詞人談小蓮〉,《明清小說研究》2003 年 第 2 期,頁 224~236。

11. 皮志強:〈張之洞與廣東「闈姓」〉,《廣州大學學報(綜合版)》第 15 卷第 9 期(2001 年 9 月),頁 38~41。

12. 左鵬軍:〈新見晚清民國傳奇雜劇十五種考辨〉,《華南師範大學學報(社會科學版)》2006 年第 5 期,頁 73~80、159。

13. 李文海:〈晚清義賑的興起與發展〉,《清史研究》1993 年第 3 期,頁 27~35。

14. 李孝悌:〈中國近代大眾文化中的娛樂與啟蒙——以改良戲曲為例〉,收入陳平原、王德威、商偉編:《晚明與晚清:歷史傳承與文化創新》(武漢:湖北教育出版社,2001 年),頁 199~226。

15. 李楠:〈於現代市民文化變遷中安身立命——論上海小報的文化定位、生

存境遇和策略〉，《中國現代文學研究叢刊》2003 年第 4 期，頁 101～122。

16. 李楠：〈市民文化籠罩下的都市想像──上海小報中的「上海」〉，《學術月刊》2004 年第 6 期，頁 74～82。

17. 李楠：〈上海小報中的兩種市民文化〉，《河南師範大學學報》（哲學社會科學版）2004 年第 31 卷第 2 期，頁 107～110。

18. 李楠：〈游戲筆調之下的時評雜說和風月小品──上海小報（1897～1952）散文概貌〉，《廣東社會科學》2005 年第 3 期，頁 155～161。

19. 李楠：〈上海小報的上海想像〉，《粵海風》2007 年第 3 期，頁 14～16。

20. 李尚仁：〈腐物與骯髒感：十九世紀西方人對中國環境的體驗〉，收入余舜德主編：《體物入微：物與身體感的研究》（新竹：清大出版社，2008 年），頁 45～82。

21. 巫仁恕：〈明末的戲劇與城市民變〉，《九州學刊》6 卷 3 期（1994 年 12 月），頁 77～94。

22. 巫仁恕：〈明代平民服飾的流行風尚與士大夫的反應〉，《新史學》10 卷 3 期（1999 年 9 月），頁 55～109。

23. 巫仁恕：〈明代士大夫與轎子文化〉，《中央研究院近代史研究所集刊》第 38 期（2002 年 12 月），頁 1～69。

24. 巫仁恕：〈晚明的旅遊活動與消費文化──以江南為討論中心──〉，《中央研究院近代史研究所集刊》第 41 期（2003 年 9 月），頁 87～143。

25. 巫仁恕：〈晚明的旅遊風氣與士大夫心態──以江南為討論中心〉，收入熊月之、熊秉真主編：《明清以來江南社會與文化論集》（上海：上海社會科學院出版社，2004 年），頁 225～255。

26. 巫仁恕：〈晚明文士的消費文化──以傢俱為個案的考察〉，《浙江學刊》第 6 期（2005 年 11 月），頁 91～100。

27. 巫仁恕：〈清代士大夫的旅遊活動與論述──以江南為討論中心──〉，《中央研究院近代史研究所集刊》第 50 期（2005 年 12 月），頁 235～285。

28. 巫仁恕：〈明清消費文化研究的新取徑與新問題〉，《新史學》17 卷 4 期（2006 年 12 月），頁 217～254。

29. 巫仁恕：〈明清飲食文化中的感官演化與品味塑造——以飲膳書籍與食譜為中心的探討〉，《中國飲食文化》第 2 卷第 2 期（臺北：飲食文化基金會，2006 年），頁 45～95。

30. 巫仁恕：〈一几一榻見風致：晚明傢俱的消費文化〉，收入《近世中國的社會與文化（960～1800）論文集》（臺北：臺灣師範大學歷史學系，2007 年），頁 509～549。

31. 巫仁恕：〈江南園林與城市社會——明清蘇州園林的社會史分析〉，《中央研究院近代史研究所集刊》第 61 期（2008 年 9 月），頁 1～59。

32. 余舜德：〈物與身體感的歷史：一個研究取向之探索〉，《思與言》第 44 卷第 1 期（2006 年 3 月），頁 5～47。

33. 余舜德：〈從田野經驗到身體感的研究〉，收入余舜德主編：《體物入微：物與身體感的研究》（新竹：清大出版社，2008 年），頁 1～43。

34. 呂文翠：〈「觀」「看」新視界：視覺現代性與晚清上海城市敘事〉，《中央大學人文學報》第 36 期（2008 年 10 月），頁 97～138。

35. 呂文翠：〈玻璃、燈與視覺現代性：情色敘事傳統之「海派」變異〉，收入吳方正、林文淇：《觀展看影：華文地區視覺文化研究》（臺北：書林出版社，2009 年），頁 1～44。

36. 杜新豔：〈晚清報刊詼諧文學與諧趣文化潮流〉，《中國現代文學研究叢刊》2008 年第 5 期，頁 56～69。

37. 林滿紅：〈晚清的鴉片稅，1858～1909〉，《思與言》第 16 卷第 5 期（1979 年 1 月），頁 427～475。

38. 林滿紅：〈財經安穩與國民健康之間：晚清的土產鴉片論議（1833～1905）〉，收入中央研究院近代史研究所社會經濟史組編：《財政與近代歷史論文集》（臺北：中央研究院近代史研究所，1999 年 6 月），頁 501～551。

39. 林滿紅：〈晚清土產鴉片的運銷市場〉，收入李國祁教授八秩壽慶論文集編輯小組：《近代國家的應變與圖新》（臺北：唐山出版社，2006 年 11 月），頁 127～169。

40. 林滿紅：〈清末自產鴉片之替代進口鴉片〉（1805～1906），收入中村哲主

編，林滿紅監譯：《近代東亞經濟的歷史結構》（臺北：中央研究院人文社會科學研究中心亞太區域研究專題中心，2007 年 12 月），頁 63～117。

41. 林梅村：〈大航海時代東西方文明的衝突與交流──15～16 世紀景德鎮青花瓷外銷調查之一〉，《文物》2010 年第 3 期，頁 84～97。

42. 吳文星：〈日據時期台灣彩票制度之探討〉，《師大學報》第 33 期（1988 年 6 月），頁 283～300。

43. 吳娜、周迎春：〈20 世紀 20 年代上海禁彩運動的反思與啟示〉，《遼寧大學學報（哲學社會科學版）》第 34 卷第 6 期（2006 年 11 月），頁 93～97。

44. 邵毓娟：〈跨國文化／商品現形記：從「村上春樹」與「哈日族」談商品戀物與主體救贖〉，《中外文學》第 29 卷第 7 期（2000 年 12 月），頁 41～65。

45. 周迎春：〈近代彩票研究述略〉，《貴州文史叢刊》2008 年第 3 期，頁 49～52。

46. 邱仲麟：〈保暖、炫耀與權勢──明代珍貴毛皮的文化史〉，《中央研究院歷史語言研究所集刊》第 80 本，第 4 分（2009 年 12 月），頁 555～631。

47. 洪煜：〈近代上海小報中上海市民的人格特徵分析〉，《史學月刊》2006 年第 9 期，頁 126～128。

48. 胡瑜：〈近代戲曲家談小蓮事蹟考〉，《文教資料》2009 年第 18 期，頁 167～169。

49. 徐頌周：〈鴉片輸入中國考〉，收入包遵彭、李定一、吳相湘編：《中國近代史論叢‧第一輯第三冊──早期中外關係》（臺北：正中書局，1956 年），頁 156～158。

50. 徐國章：〈臺灣日治時期之彩票發行制度〉，《臺灣文獻》第 54 卷第 1 期（2003 年 3 月），頁 133～182。

51. 夏明方：〈也談「丁戊奇荒」〉，《清史研究》1992 年第 4 期，頁 83～91。

52. 祝鳳岡：〈「廣告理性訴求策略」之策略分析〉，《廣告學研究》第 8 集，1996 年 7 月，頁 1～26。

53. 祝鳳岡：〈「廣告感性訴求策略」之策略分析〉，《廣告學研究》第 5 集，

2005 年 1 月，頁 85～112。

54. 唐振常：〈市民意識與上海社會〉，收入汪暉、余國良編：《上海：城市、社會與文化》（香港：中文大學出版社，1998 年），頁 91～112。

55. 陳文瑜：〈上海開埠初期的洋行〉，收入《上海地方史資料（三）》（上海：上海社會科學院出版社，1984 年），頁 189～197。

56. 陳平原：〈晚清人眼中的西學東漸——以《點石齋畫報》為中心〉，收入陳平原、王德威、商偉編：《晚明與晚清：歷史傳承與文化創新》（武漢：湖北教育出版社，2001 年），頁 179～198。

57. 陳儀芬：〈消費「迷」相與三個希臘神話〉，《中外文學》第 31 卷第 4 期（2002 年 9 月），頁 39～53。

58. 陳俊啟：〈晚清報刊雜誌中小說讀者群體概念的形塑和消解〉，《漢學研究》第 28 卷第 4 期（2010 年 12 月），頁 201～232。

59. 張純：〈《游戲報》——晚清小說研究資料的大發現〉，《明清小說研究》2000 年第 3 期，頁 214～231。

60. 張寧：〈樓嘉軍，《上海城市娛樂研究（1930～1939）》〉（書評），《中央研究院近代史研究所集刊》第 66 期（2009 年 12 月），頁 219～223。

61. 許紀霖：〈近代中國的公共領域：形態、功能與自我理解——以上海為例〉，收入蘇智良主編：《上海：近代新文明的形態》（上海：上海辭書出版社，2004 年），頁 59～81。

62. 郭奇正：〈衛生、城市現代基礎設施與商品化過程中的身體經驗——上海里弄住宅的社會形構〉，收入余舜德主編：《體物入微：物與身體感的研究》（新竹：清大出版社，2008 年），頁 83～133。

63. 黃克武：〈從申報醫藥廣告看民初上海的醫療文化與社會生活，1912～1926〉，《中央研究院近代史研究所集刊》第 17 期下冊（1988 年 12 月），頁 141～194。

64. 閔杰：〈論清末彩票〉，《近代史研究》2000 年第 4 期，頁 1～52。

65. 趙利峰：〈中國最早的彩票形式——白鴿票考述〉，《西北民族大學學報（哲學社會科學版）》2003 年第 3 期，頁 113～118。

66. 趙利峰：〈清中後期廣東闈姓考原〉，《暨南史學》第二輯（2003 年 12 月），

頁 376～387。

67. 趙利峰：〈中國最早的正式彩票——清代闔姓票圖說〉，《文化雜誌》中文版第 68 期（2008 年秋季刊），頁 195～206。

68. 熊月之：〈張園與晚清上海社會〉，收入蘇智良主編：《上海：近代文明的新型態》（上海：上海辭書出版社，2004 年），頁 27～58。

69. 劉力：〈助賑彩票：傳統道義的近代關懷——中國近代本土彩票的萌芽〉，《重慶師範大學學報（哲學社會科學版）》2007 年第 4 期，頁 67～73。

70. 劉力：〈呂宋票—助賑彩票：晚清舶來品到本土化的移植——試析中國近代彩票的萌芽〉，《福建論壇・人文社會科學版》2008 年第 2 期，頁 63～68。

71. 劉力：〈道德與經濟的博弈——晚清洋商彩票公司在華的創設與取締〉，《重慶師範大學學報（哲學社會科學版）》2009 年第 1 期，頁 89～94。

72. 劉力：〈重利尚義：中國近代彩票的社會文化背景淺析〉，《重慶師範大學學報（哲學社會科學版）》2009 年第 5 期，頁 74～80。

73. 劉力：〈晚清「義賑」與中國近代早期彩票〉，《雲南社會科學》2009 年第 6 期，頁 125～130。

74. 劉力：〈晚清彩票市場的角逐——以江南義賑彩票與北洋順直義賑彩票間的爭奪為中心〉，《雲南社會科學》2010 年第 5 期，頁 132～136。

75. 鄭揚文著，溫楨文、詹怡娜譯，張寧校對：〈清代洋貨的流通與城市洋拼嵌（mosaic）的出現〉，巫仁恕、康豹、林美莉主編：《從城市看中國的現代性》（臺北：中央研究院近代史研究所，2010 年），頁 37～52。

76. 潘桂成：〈飲食文化之空間透視〉，收入林慶弧主編：《第四屆中國飲食文化學術研討會論文集》（臺北：中國飲食文化基金會，1996 年），頁 353～367。

77. 賴惠敏：〈乾嘉時代北京的洋貨與旗人日常生活〉，收入巫仁恕、康豹、林美莉主編：《從城市看中國的現代性》（臺北：中央研究院近代史研究所，2010 年），頁 1～36。

78. 蔡佩芬：〈想像的社群——《游戲報》中的晚清上海藝文活動〉，《中極學刊》第 6 輯（2007 年 12 月），頁 123～145。

79. 羅蘇文:〈都市文化的商業化與女性社會形象〉,收入葉文心等合著:《上海百年風華》(臺北:躍昇文化,2001 年),頁 57～110。

80. Craig Clunas 柯律格:〈物質文化──在東西二元論之外〉,《新史學》17 卷 4 期(2006 年 12 月),頁 195～215。

81. Frank Dikötter 馮客著,葉毅均、程曉文譯:〈民國時期的摩登玩意、文化拼湊與日常生活〉,收入李孝悌編:《中國的城市生活》,頁 477～495。

82. Paola Zamperini 曾佩琳著,余芳珍、詹怡娜譯:〈完美圖像──晚清小說中的攝影、慾望與都市現代性〉,收入李孝悌編:《中國的城市生活》(臺北:聯經出版,2005 年),頁 451～475。

六、學位論文

（依 1. 作者姓氏筆畫　2. 出版年排序）

1. 王嘉慧:《晚清臺灣鴉片進口貿易研究(1858～1894)》,臺北:政治大學歷史研究所碩士論文,1995 年。

2. 王鴻泰:《流動與互動──由明清間城市生活的特性探測公眾場域的開展》,臺北:臺灣大學歷史研究所博士論文,1998 年。

3. 余昌蓬:《晚清彩票發行制度的建構與嘗試─以上海為中心的討論》,南投:暨南國際大學歷史學系碩士論文,2003 年。

4. 李佳螢:《報紙廣告中之台灣庶民生活影像:1950～1999》,臺北:政治大學廣告研究所碩士論文,2006 年。

5. 呂美玲:《報紙廣告與臺灣社會變遷(1898～1944):以「臺灣日日新報」為例》,臺北:中國文化大學新聞研究所碩士論文,2007 年。

6. 林煌村:《台北報紙不良醫藥廣告現狀之研究》,臺北:政治大學新聞研究所碩士論文,1971 年。

7. 林滿紅:《清末社會流行吸食鴉片研究──供給面之分析,1773～1906》,臺北:臺灣師範大學歷史研究所博士論文,1985 年。

8. 林幸慧:《《申報》戲曲廣告所反映的上海京劇發展脈絡:1872～1899》,新竹:清華大學中國文學系博士論文,2005 年。

9. 林冠瑩:《晚清公共空間中的上海婦女:以晚清上海婦女報刊為研究中心》,臺中:東海大學中國文學系碩士論文,2006 年。

10. 林淑杏：《三六九小報》的笑話研究，臺北：臺北教育大學台灣文化研究所碩士論文，2009 年

11. 周明華：《李伯元小說、報刊研究》，臺北：中國文化大學中國文學研究所碩士論文，1991 年。

12. 柯喬文：《三六九小報》古典小說研究，嘉義：南華大學文學研究所碩士論文，2003 年。

13. 俞佩君：《日治「皇民化運動」時期（1937～1945）臺灣報紙廣告之戰爭風格設計研究》，臺中：臺中技術學院商業設計研究所碩士論文，2008 年。

14. 張志桂：《廣告訴求方式對消費者態度影響之研究》，桃園：中原大學企業管理研究所碩士論文，1990 年。

15. 張智清：《梁啟超與《時務報》、時務學堂》，臺北：臺灣大學中國文學系碩士論文，1997 年。

16. 張敦智：《近百年來臺灣彩票展演之研究（1900～2005）》，雲林：雲林科技大學文化資產維護系碩士論文，2004 年。

17. 張詩怡《廣告用詞對消費者購買意願影響之研究》，臺北：中國文化大學國際企業管理研究所碩士論文，2005 年。

18. 張愛玲：《恐懼強度與威脅類別之反菸平面廣告效果研究》，臺北：世新大學公共關係暨廣告學研究所碩士論文，2006 年。

19. 許宏彬：《臺灣的阿片想像：從舊慣的阿片君子，到更生院的矯正樣本》，新竹：清華大學歷史研究所碩士論文，2001 年。

20. 莊曙綺：《從報紙廣告看戰後（1945～1949）台灣商業劇場的演劇生態》，臺北：臺灣大學戲劇學研究所碩士論文，2005 年。

21. 陳佩榛：《上海《申報》副刊「婦女園地」之研究（1934～1935）》，佛光大學歷史學系碩士論文，2007 年。

22. 陳思宇：《三六九小報·新聲律啟蒙》人文現象之研究，臺北：臺灣師範大學台灣文化及語言文學研究所碩士論文，2011 年。

23. 陳進盛：《日據時期臺灣鴉片漸禁政策之研究（1895～1930）》，臺北：臺灣大學政治學研究所碩士論文，1988 年。

24. 曾海蒼：《廣告目標、廣告表現方式之組合與廣告效果關係之研究》，臺

北：臺灣大學商學研究所碩士論文，1988 年。

25. 曾婉君：《三六九小報》通俗小說中的女性形象——文學敘事與文化視域的探討，臺北：政治大學國文教學碩士學位班碩士論文，2007 年。

26. 馮國蘭：《台灣中產階級的消費文化品味研究——以《天下》雜誌廣告為例》，臺北：世新大學傳播研究所碩士論文，1999 年。

27. 黃碧淑：《夾心式廣告策略之探討：不同內容與位置對廣告記憶效果之影響》，桃園：元智大學企業管理學系碩士論文，2004 年。

28. 黃耀賢：青樓敘事與情色想像——以《三六九小報》和《風月》報系為分析場域（1931～1944），南投：暨南國際大學中國語文學系碩士論文，2008 年。

29. 楊詞萍：《李伯元《游戲報》、《世界繁華報》研究》，桃園：中央大學中國文學研究所碩士論文，2009 年。

30. 趙利峰：《晚清粵澳闈姓問題研究》，廣州：暨南大學中國古代史博士論文，2003 年。

31. 劉懷明：《民國六十年代初期台灣報紙醫事廣告問題之研究》，臺北：政治大學新聞研究所碩士論文，1973 年。

32. 劉蘊儀：《1997～2003 年台灣報紙廣告數量與表現內容之研究——以自由時報為取樣對象》，桃園：中原大學商業設計研究所碩士論文，2005 年。

33. 黎曼妮：《報紙廣告中女性角色的研究——以一九六〇年至一九八九年聯合報廣告為例》，臺北：輔仁大學大眾傳播研究所碩士論文，1990 年。

34. 鄭世芸《傳播・權力・文化的新場域——以晚清留日學生報刊為研究中心》，臺北：淡江大學漢語文化暨文獻資源研究所碩士論文，2006 年。

35. 鄧淑英：《晚清通俗性報刊與現代知識啟蒙：以《圖畫日報》為中心》，臺北：臺灣師範大學歷史學系碩士論文，2009 年。

36. 鍾宜君：《臺中地區報紙讀者閱讀行為及廣告態度之研究》，臺中：東海大學企業管理研究所碩士論文，1992 年。

37. 謝省民：《以母親節為訴求的臺灣報紙廣告 1949～1991 年的風格分析》，臺北：臺灣師範大學美術研究所碩士論文，1992 年。

38. 蕭方瑜：《生活世界的無限衍義：從皮爾斯符號學看消費者對贈品意義的

解讀》，臺北：世新大學傳播研究所碩士論文，2004 年。

39. 戴維怡：《台灣報紙廣告風格之演變：1945～2005》，臺北：政治大學廣告研究所碩士論文，2006 年。

40. 蔡佩芬：《晚清浮世繪：《游戲報》與上海文人的文化想像》，南投：暨南國際大學中國與文學研究所碩士論文，2009 年。

41. 蔡淑華：《漫遊海上櫥窗：晚清《世界繁華報》中的文化圖景》，南投：暨南國際大學中國語文學系碩士論文，2009 年。

42. 饒健生：《我國報紙醫事廣告訴求趨勢之分析》，臺北：國防大學政治作戰學院新聞學系碩士論文，1987 年。

附　錄

附錄一　《游戲報》微縮資料各片卷攝製目錄

【第一卷】

1897 年 8 月 5 日、11 日～20 日、22 日～31 日、9 月 1 日～12 月 12 日（缺：9 月 3 日～4 日、10 月 11 日、19 日、21～23 日、25 日）

1898 年 6 月 29 日（第 4 版天窗）、7 月 5 日（第 4 版天窗）、11 日（第 4 版天窗）、16 日（缺：第 2 版左下角、第 4 版天窗）、8 月 30 日、9 月 4 日、16～30 日、10 月 1 日～14 日（缺：12 日）、11 月 14 日、12 月 31 日

1899 年 1 月 1 日～2 日、7 日、20 日、30 日、2 月 2 日、18～21 日、24 日、26 日、3 月 5 日～9 日、11 日～27 日、29 日～31 日、4 月 1 日～5 月 25 日（缺：4 月 10 日、17 日、22 日、5 月 8 日～9 日、21 日）

【第二卷】

1899 年 5 月 26 日～9 月 4 日（缺：6 月 27 日～7 月 7 日、8 日洞、8 月 6 日～7 日略損；附張）

1900 年 2 月 5 日（略損、缺：附張）、11 日（缺：附張）、19 日（缺：附張）、6 月 2 日、10 月 17 日、19 日、23 日、27 日～28 日、31 日（缺：本月附張）、11 月 1 日殘、4 日、23 日～26 日、29 日～30 日（缺：本月附張）、12 月 10 日（缺：附張）、27 日（缺：第 1、4 版及附張）

1901 年 1 月 9 日（缺：附張）、3 月 26 日（缺：附張）、4 月 8 日（殘）、9 日、15 日～16 日（缺：本月附張）、6 月 23 日、24 日（缺：本月附張）、7 月 1 日（殘、缺：附張）、11 日（缺：附張）、12 日、8 月 10 日（缺：附張）、10 月 12 日～15 日、11 月 11 日～12 月 15 日

【第三卷】

1901 年 12 月 16 日～1902 年 1 月 20 日（缺：1901 年 12 月 17 日）、22 ～31 日、2 月 1 日～2 日、26 日～29 日、3 月 2 日～9 日、4 月 17 日（缺：附張）、5 月 20 日～21 日、30 日～31 日、6 月 3 日、6 日～15 日（缺：12 日附張）、17 日～22 日、23 日（缺：附張）、24 日、25 日（缺：附張）、26 日～30 日（缺：29 日附張）、7 月 1 日～4 日

1902 年 7 月 6 日、7 日～8 日（缺：附張）、9 日、10 日（缺：附張）、12 日（缺：附張）、31 日、8 月 14 日、23 日（缺：附張）、9 月 5 日（缺：附張）、7 日（缺：附張）、10 月 3 日、5 日、13 日（缺：本月附張）、11 月 3 日、13 日、15 日（缺：本月附張）、12 月 3 日、15 日、22 日～24 日

1903 年 2 月 2 日（缺：附張）、14 日（缺：附張）、15 日、17 日～20 日（缺：附張）、3 月 21 日～22 日（缺：附張）、7 月 9 日（缺：附張）、8 月 16 日（缺：附張）、9 月 15 日（缺：附張）、12 月 27 日（缺：附張）

1904 年 1 月 8 日～9 日、14 日、17 日～31 日（缺：本月附張）

【第四卷】

1904 年 2 月 1 日～10 日（缺：3 日、本月附張）、3 月 15 日（缺：附張）、5 月 31 日（缺：附張）、6 月 1 日（缺：附張）、7 月 6 日、14 日、25 日（缺：本月附張、14 日殘）、8 月 2 日（缺：附張）

1905 年 6 月 24 日

1908 年 7 月 24 日

附錄二　《游戲報》微縮資料複印月份統計表

	1月	2月	3月	4月	5月	6月	7月	8月	9月	10月	11月	12月
1897年								v	v	v	v	v
1898年				v	v	v	v	v	v	v		v
1899年	v	v	v	v	v	v	v	v	v			
1900年		v				v				v	v	v
1901年	v		v	v			v	v		v	v	v
1902年	v	v	v	v	v	v	v	v	v	v	v	v
1903年		v	v				v	v				v
1904年	v	v	v		v	v	v	v				
1905年						v						
1908年							v					

*備註：1950年及1908年《游戲報》僅存各一天份，分別為1905年6月24日、1908年7月24日，且內容十分殘缺。

附錄三　《游戲報》單日廣告數量抽樣調查表

【說明】

　　因《游戲報》缺損期數頗多，依附錄二（《游戲報》微縮資料複印月份統計表）得知，《游戲報》微縮資料（1897～1908）每年八月的報紙保存率最高，因而擇定以各年八月的首份《游戲報》為抽取樣本；若該年八月缺，則以最接近八月者來觀察。

年　份	日　期	廣告數量	備　　　註
1897年	8月5日	4	
1898年	8月30日	47	報紙張數增為六張
1899年	8月1日	57	
1900年	6月2日	85	8月缺。本日報紙共八張，此前一日僅二張，此後皆為六張，疑混入其他天數報紙
1901年	8月10日	51	
1902年	8月14日	48	

1903 年	8 月 16 日	52	
1904 年	8 月 2 日	37	
1905 年	6 月 24 日	36	1904 年 8 月 2 日以後的《游戲報》嚴重缺損，僅存 1905 年 6 月 24 日及 1908 年 7 月 24 日兩張
1908 年	7 月 24 日	31	

附　圖

附圖一　上海市區域圖

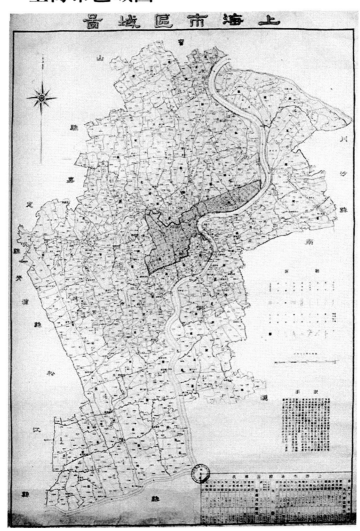

圖片來源：唐振常主編：《近代上海繁華錄》（臺北：臺灣商務，1993 年）。

附圖二　上海租界擴張圖

上海租界擴張圖

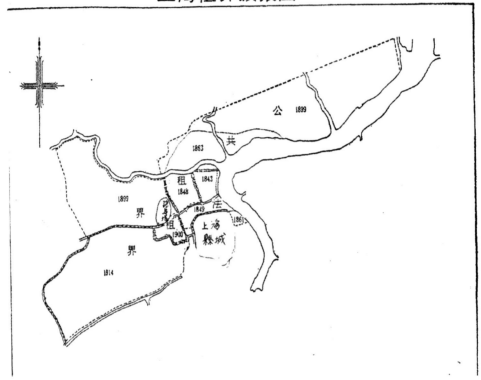

圖片來源：唐振常主編：《上海史》（上海：上海人民出版社，1989 年），亦參考徐公肅：《上海公共租界史稿》（上海：上海人民出版社，1980 年）所附之〈上海公共租界和法租界擴展示意圖〉。

附圖三　《游戲報》報影（共六大張）

之一

第一大張

之二

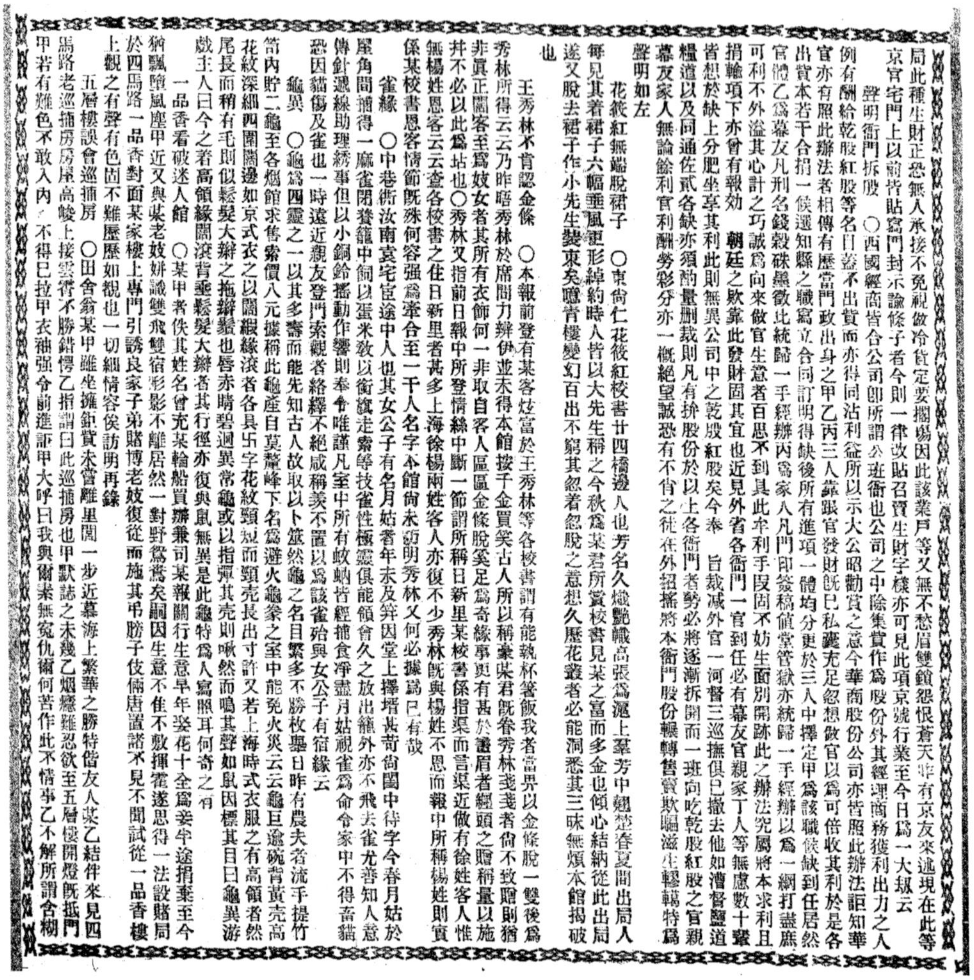

第二大張　傳言或趣聞數則

之二

局此種生財正恐無人承接不免視做冷貨定要擱𢡟因此該業戶等又無不愁眉雙鎖怨恨蒼天非有京友來述現在此等京官宅門上以前皆貼寫門封示諭條子者今則一律改貼召賣生財字樣亦可見此項京號行業至今日爲一大劫云

聲明衙門拆股　○西國經商皆合公司即所謂公班衙也公司之中除集貲作爲股份外其經理商務獲利出力之人例有酬給乾股紅股等名目蓋不出貲而亦得同沾利益所以示大公昭勸賞之意今華商股份公司亦皆照此辦法詎知華官亦有照此辦法者相傳有歷當門政出身之甲乙丙三人靠跟官發財既已私囊充足忽想做官以爲可倍收其利於是各出貲本若干合捐一候選知縣之職寫立合同訂明得缺後所有進項一體均分更於三人中擇定甲爲該職候缺到任居然官體乙爲幕友凡刑名錢穀硃墨徵比統歸一手經辦丙爲家人凡門印簽稿値堂管獄亦統歸一手經辦以爲一網打盡庶可利不外溢其心計之巧誠爲向來做官生意者百思不到具此牟利手段固不妨生面別開跡此之辦法究屬將本求利且捐輸項下亦曾有報効　朝廷之欵靠此發財固其宜也近見外省各衙門一官到任必有幕友官親家丁人等無慮數十輩皆想於缺上分肥坐享其利此則無異公司中之乾股紅股矣今奉　旨裁減外官一河督三巡撫俱已撤去他如漕督鹽道糧道以及同通佐貳各缺亦須酌量刪裁則凡有拚股份於以上各衙門者勢必將逐漸拆開而一班向吃乾股紅股之官親幕友家人無論餘利官利酬勞彩分亦一概絕望誠恐有不肖之徒在外招搖將本衙門股份輾轉售賣欺騙滋生轇轕特爲聲明如左

花衩紅無端脫裙子　○東尚仁花衩紅校書廿四橋邊人也芳名久熾艷幟高張爲滬上羣芳中翹楚春夏間出局人每見其着裙子六幅垂風裡形綽約時人皆以大先生稱之今秋爲某君所賞校書見某之富而多金也傾心結納從此出局遂又脫去裙子作小先生裝束矣聽青樓變幻百出不窮其忽着忽脫之意想久歷花叢者必能洞悉其三昧無煩本館揭破也

王秀林不肯認金條　○本報前登有某客炫富於王秀林等各校書謂有能執杯箸飯我者當畀以金條脫一雙後爲秀林所得云云乃昨晤秀林於席間力辨伊並未得本館按千金買笑古人所以稱豪某君既眷秀林戔戔者尚不致贈則猶非眞正闊客至爲妓女者其所有衣飾何一非取自客人區區金條脫奚足爲奇緣事更有甚於畫眉者纏頭之贈稱量以施并不必以此爲玷也○秀林又指前日報中所登情絲中斷一節謂所稱日新里某校書係指渠而言渠近做有徐姓客人惟無楊姓恩客云云查各校書之住日新里者甚多上海徐楊兩姓客人亦復不少秀林既與楊姓不恩而報中所稱楊姓則實係某校書恩客情節既殊何容强爲牽合至一千人名字本館尚未訪明秀林又何必據爲已有哉

雀緣　○中巷衖汝南宦宅宦途中人也其女公子有名月姑者年未及笄因堂上擇壻甚苛尚闔中待字今春月姑於屋角間捕得一麻雀閉養籠中飼以蛋米教以銜旗走索等技雀性極靈俱能領會久之放出籠外亦不飛去雀尤善知人意傳針遞線助理綉事但以小銅鈴搖動作響則奉令唯謹凡室中所有蚊蚋皆經捕食淨盡月姑視雀爲命令家中不得畜貓恐因貓傷及雀也一時遠近親友登門索觀者絡繹不絕咸稱美不置以爲該雀殆與女公子有宿緣云

龜異　○龜爲四靈之一以其多壽而能先知古人故取以卜筮然龜之名目繁多不勝枚舉日昨有農夫者流手提竹筥內貯二龜至各烟館求售索價八元據稱此龜產自莫釐峰下名爲避火龜豢之室中能免火災云云龜巨逾碗背黃殼高花紋深細四圍闊邊如京式衣之以闊緄緣滾者各具𠀉字花紋頸短而頸殼長出寸許又若上海時式衣服之有高領者然尾長而稍有毛則似鬆髮大辮之拖辮鬚也唇赤睛碧迥異常龜或以指彈其殼則啾然而鳴其聲如鼠因標其目曰龜異游戲主人曰今之着高領緣闊滾背垂鬆髮大辮者其行徑亦復與鼠無異是此龜特爲人寫照耳何奇之有

一品香看破迷人館　○某甲者佚其姓名曾充某輪船買辦兼司某報關行生意早年娶花十全爲妾中途捐棄至今猶飄墮風塵甲近又與某老妓姘識雙飛雙宿形影不離居然一對野鴛鴦矣嗣因生意不佳不敷揮霍遂思得一法設賭局於四馬路一品香對面某家樓上專門引誘良家子弟賭博老妓復從而施其吊膀子伎倆唐置諸不見不聞試從一品香樓上覩之有聲有色固不難歷歷如覩也一切細情容俟訪明再錄

五層樓誤會巡捕房　○田舍翁某甲雖坐擁鉅貲未嘗離里閭一步近慕海上繁華之勝特偕友人某乙結伴來見四馬路老巡捕房房屋高峻上接雲霄不勝錯愕乙指謂曰此巡捕房也甲默誌之未幾乙烟癮難忍欲至五層樓開燈既抵門甲若有難色不敢入內乙不得已拉甲衣袖強令前進詎甲大呼曰我與爾素無冤仇何苦作此不情事乙不解所謂含糊

第二大張　傳言或趣聞數則

之三

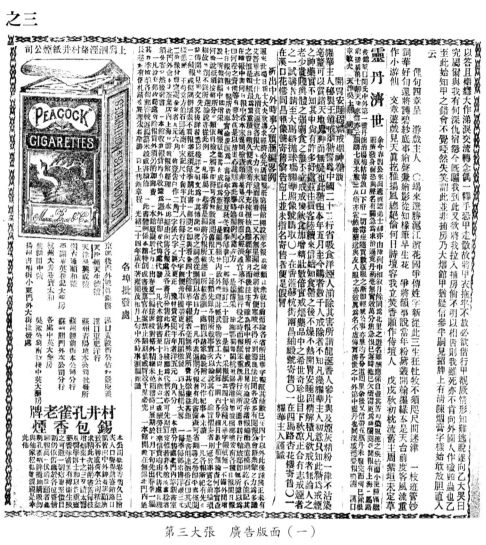

之四

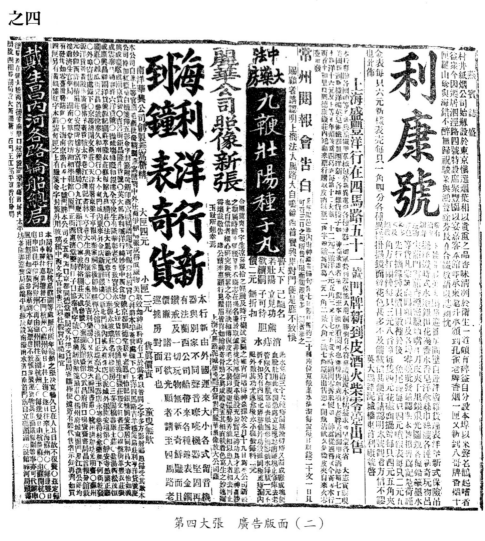

第四大張　廣告版面（二）

之五

第五大張　廣告版面（三）

之六

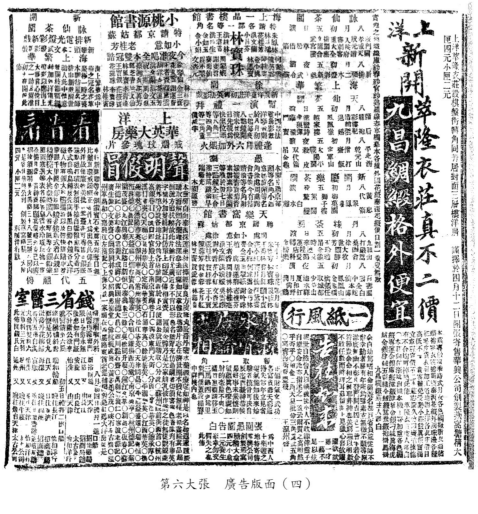

第六大張　廣告版面（四）

附圖四　《游戲報》局部放大（含比例尺）

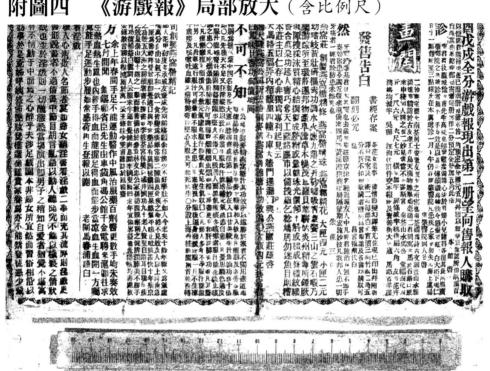

附圖五　《游戲報》各售據點分佈圖（圖中紅點）

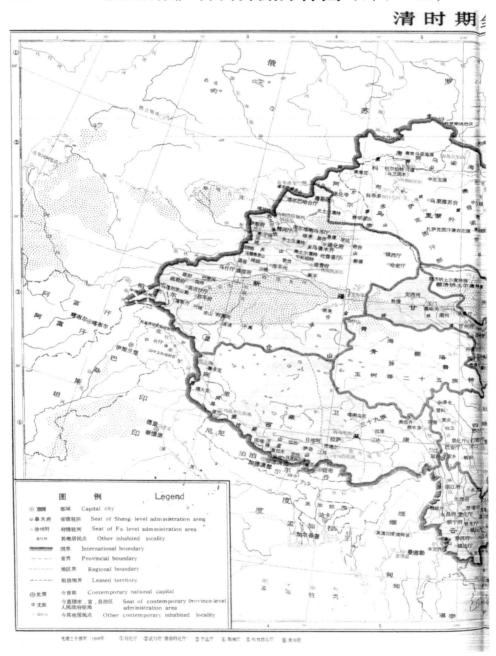

全圖（二）

比例尺　二千一百萬分之一

「政區圖」摘自譚其驤主編《簡明中國歷史地圖集》，北京：中國地圖出版社，1991年。

附圖六　張園內部實景圖

圖片來源：婁承浩、薛順生編著：《消逝的上海老建築》（上海：同濟大學出版社，2002年），下圖亦同。

附圖七　張園安塏第洋樓

附圖八　　張園內張燈結綵的熱鬧情形

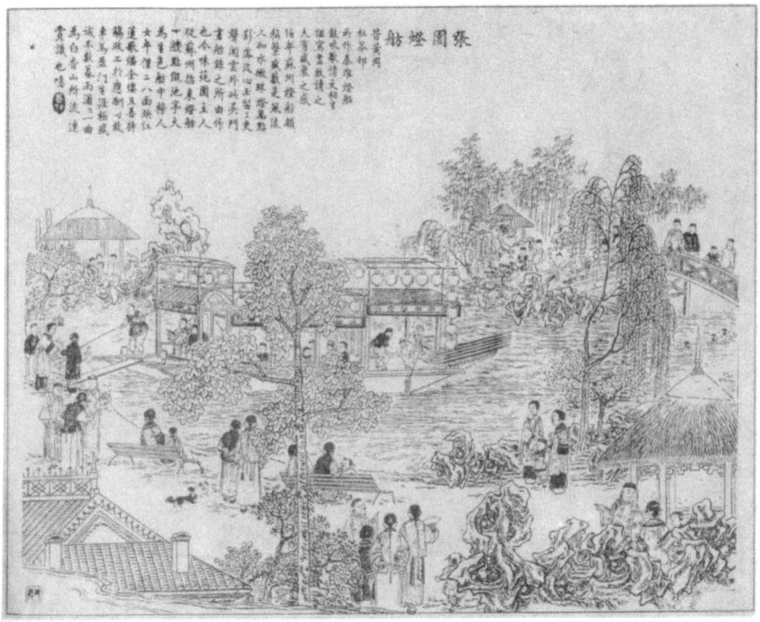

附圖八～附圖十一均選自（清）吳友如繪，孫繼林編：《晚清社會風俗百圖》，上海：
學林出版社，1996 年。

附圖九　　愚　　園

附圖十　　上海仕女乘坐馬車圖

附圖十一　　匪車（又名東洋車、人力車）

附圖十二　鴉片煙具組

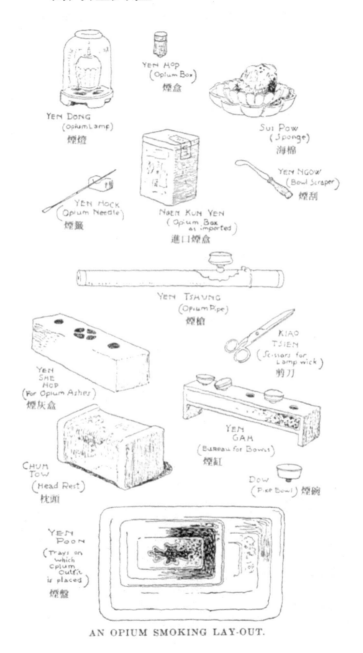

圖片來源：芭芭拉・霍奇森（Barbara Hodgson）著，邱文寶譯：《鴉片：黑色迷霧中的極樂天堂》，臺北：三言社出版，2005 年；另可參閱《百年煙痕：鴉片煙具遺珍》，臺北：史博館，2004 年。

附圖十三　月份牌（共四張）

之一

月份牌附圖均選自：《老月份牌廣告畫》，《漢聲雜誌》第 61、62 期（臺北：漢聲雜誌社，1994 年）。

之二

之三

之四